Pour Cyrielle-Sarah Cohen,
amicalement,
Serge Toubiana

On ne connaît du film que la scène des adieux

Du même auteur

Persévérance, Entretien avec Serge Daney, P.O.L., 1994.
L'Arrière-mémoire, Entretien avec Micheline Presle, Flammarion, 1994.
Le Cinéma vers son deuxième siècle (ouvrage collectif), Le Monde Éditions, 1995.
François Truffaut, Biographies/Gallimard, 1996 (coécrit avec Antoine de Baecque).
Cannes Cinéma, Cinquante ans de Festival vus par Traverso, Éd. Cahiers du cinéma, 1997. Édition mise à jour en 2003.
The Misfits, Chronique d'un tournage par les photographes de Magnum (coécrit avec Arthur Miller), Éd. Cahiers du cinéma, 1999.
Simenon Cinéma, Textuel, 2002 (avec Michel Schepens).
Amos Gitai, exils et territoires, Éd. Cahiers du cinéma, 2003 (avec la collaboration de Baptiste Piégay).
Isabelle Huppert, La femme aux portraits (préface), Seuil, 2005.
Maurice Pialat, Peintre & Cinéaste, Somogy – La Cinémathèque française, 2013.
François Truffaut, ouvrage collectif (sous la direction de Serge Toubiana), Flammarion – La Cinémathèque française, 2014.
Les Fantômes du souvenir, Grasset, 2016.
Le Temps de voir, Coll. « Fiction & Cie », Seuil, 2017.
Les Bouées jaunes, Stock, 2018.
L'Amie américaine, Stock, 2020.
Ozu et nous, coécrit avec Nathalie Azoulai, Arléa, 2021.
Le Fils de la maîtresse, Arléa, 2022, Prix Marcel Pagnol 2022.
François Truffaut & Helen Scott, « *Mon petit Truffe, ma grande Scottie* », *Correspondance 1960-1965*, édition établie et commentée par Serge Toubiana, Denoël, 2023.

Serge
Toubiana

On ne connaît du film que la scène des adieux

CALMANN LEVY

CALMANN LÉVY

Couverture
Maquette : 'Olo
Photographie : Catherine Deneuve et Nino Castelnuovo
dans le film de Jacques Demy *Les Parapluies de Cherbourg*,
photographie de Léo Weisse © 1963 Ciné-Tamaris

ISBN : 978-2-7021-9291-7

Julien Davenne : *Mes morts possèdent un endroit maintenant qui est irrévocablement à eux. Et vous voyez, cette ancienne chapelle ne sera pas un lieu de mort ni un lieu de repos, mais un lieu de vie. Même lorsque nous ne serons pas là, ni vous ni moi, ces flammes continueront à briller, à respirer au rythme du cœur humain. Aucune d'elles ne devrait s'éteindre...*

Cécilia : *Mais tous ces portraits, toutes ces personnes, vous les avez connus ?*

Julien Davenne : *Oui. Ce sont mes amis disparus. Vous êtes jeune, mais vous verrez qu'à partir d'un certain moment on en arrive à connaître beaucoup plus de morts que de vivants...*

Extrait de *La Chambre verte* (1978)
de François Truffaut, scénario et dialogues
de François Truffaut et Jean Gruault,
sur des thèmes de Henry James,
avec François Truffaut et Nathalie Baye

Préface

Ce sont amis que vent emporte

Pauvre Rutebeuf est une chanson ancienne, chantée tantôt par Léo Ferré, tantôt par Joan Baez, ou par le duo très glamour Nana Mouskouri-Alain Delon, dont je n'oublie pas les paroles :

Que sont mes amis devenus
Que j'avais de si près tenus
Et tant aimés
Ils ont été trop clairsemés
Je crois le vent les a ôtés
L'amour est morte
Ce sont amis que vent emporte
Et il ventait devant ma porte
Les emporta…

J'ignore pour quelle raison j'ai été durant quatre décennies en quelque sorte préposé aux morts du cinéma. Pourquoi ai-je écrit ou prononcé tant d'éloges, d'hommages, d'oraisons funèbres, réunis dans ce volume, dès lors qu'un cinéaste, un acteur ou une actrice, une personnalité du monde du cinéma, venait à disparaître ? De quelle injonction intime cela procédait-il ? Était-ce par obligation ou devoir, ou bien y ai-je aussi pris un certain plaisir ? Tout cela se mêle dans ma tête et ma mémoire, sans que je le sache précisément.

Le désir de réunir ces textes, souvent écrits *au bord de la tombe*, dans l'urgence de témoigner, d'évoquer la vie et l'œuvre de la personne disparue, pendant ce court laps de temps durant lequel la trace ou la mémoire de sa présence et de son art est encore vive, procède du réflexe inconscient de constituer une *collection*. Une collection de *morts* – la mienne.

Au tout début de *La Chambre claire*, Roland Barthes évoque une photographie du dernier frère de Napoléon, Jérôme (1852) : « Je me dis alors, avec un étonnement que depuis je n'ai jamais pu réduire : "Je vois les yeux qui ont vu l'empereur."[1] » Mes textes témoignent sans doute d'une volonté avouée d'être le *gardien des morts*. Celui « qui a vu les yeux » de ces *chers disparus*. Ces nécrologies hâtives sont comme les dernières lettres ou les derniers messages adressés à des mourants. Et pourtant ces morts ne se ressemblent pas, chacune est singulière, tantôt logique lorsque le grand âge amène une vie à son terme, tantôt scandaleuse lorsqu'elle survient trop tôt, par accident, stoppant net la vie d'un artiste en pleine activité. Mais toutes sont à prendre avec considération et émotion. Car la mort ne prévient jamais, elle arrive au hasard et l'on ne peut rien prévoir, juste se tenir à l'affût. Le réflexe d'écrire devient presque naturel, il trouve son origine dans le désir de prolonger de manière illusoire toutes ces vies. De les accompagner encore, jusqu'au bord de la tombe.

---

1. Roland Barthes, *La Chambre claire. Note sur la photographie*. Cahiers du cinéma/Gallimard/Seuil, 1980, collection dirigée par Jean Narboni.

Tout a commencé à l'époque où j'étais critique aux *Cahiers du cinéma*, revue dont je devins le rédacteur en chef en 1981. Je considérais alors comme naturel d'informer le lecteur de la mort d'un réalisateur ou d'un artiste, homme ou femme, et de rendre un « dernier hommage », selon l'expression consacrée. Une tâche ingrate mais nécessaire, un exercice délicat consistant à résumer une vie et une œuvre en quelques lignes. En y ajoutant ce qui fait l'essentiel : de l'affect.

Des années plus tard, j'ai poursuivi cet exercice lorsque j'ai dirigé la Cinémathèque française, de 2003 à 2016, rendant hommage à des cinéastes, acteurs et actrices, scénaristes ou producteurs, dont nous venions d'apprendre la disparition. Ce faisant, je n'étais pas totalement conscient du caractère sacré que cela pouvait revêtir, ne voulant pas prendre trop au pied de la lettre la métaphore souvent employée qui fait de la Cinémathèque française « le temple du cinéma ». J'ai beau être laïc, je sais que la mort crée du cérémonial. Avec d'autres, je me suis plié à cet exercice de l'éloge ou de l'hommage, oralement ou à l'écrit pour nourrir mon blog. Plus récemment encore, en tant que président d'Unifrance, de 2017 à juillet 2023, il m'est arrivé de rédiger des textes plus brefs sur des figures du cinéma français venant de disparaître. Ce devoir de mémoire, expression pesante et trop institutionnelle, s'est poursuivi, comme si j'avais du mal à m'en défaire.

Dans cette longue histoire, la mort de François Truffaut, le 21 octobre 1984, aura été un déclencheur hautement symbolique. Une sorte de déclic. C'est en effet le premier éloge que j'ai écrit, consacré à un cinéaste admiré, trop tôt disparu. Personne ne s'attendait à ce que cet homme, heureux et épanoui dans son travail, auteur d'une œuvre cohérente, aimée du public et reconnue dans le monde entier, disparaisse à l'âge de 52 ans. Ce fut un véritable choc émotionnel, doublé d'un réel sentiment de perte. Très jeune, au tout début des années cinquante, François Truffaut avait fait ses classes aux *Cahiers du cinéma*, sous la protection ou le parrainage d'André Bazin, son père spirituel. À sa mort, j'étais rédacteur en chef de cette même revue ; il était donc logique que nous lui rendions le plus bel hommage possible. C'était une sorte d'obligation morale, disons plutôt de devoir fraternel. D'autant qu'entre François Truffaut et les *Cahiers du cinéma*, il y avait eu une longue histoire, un long trajet ponctué de disputes et de retrouvailles.

En effet, vers la fin des années soixante-dix et le début des années quatre-vingt, je fus le critique de cinéma le plus ardent à militer en faveur d'une réconciliation entre les *Cahiers du cinéma* et François Truffaut. J'estimais que la longue période de froid, courant de la fin des années soixante jusqu'à la fin des années soixante-dix, n'avait que trop duré. Durant près d'une décennie, le désaccord, marqué par l'engagement politique et théorique aveugle de la revue, me semblait dépassé. Il n'avait pour ainsi dire plus été question des films de Truffaut dans les pages de la revue. Cela ne me paraissait guère convenable, ni concevable, que les *Cahiers du cinéma* continuent à se désintéresser de son œuvre, ou à la tenir pour négligeable. D'autant plus qu'il réalisa durant cette période, entre 1969 et 1975, certains films majeurs, comme *L'Enfant sauvage*, *Les*

Deux Anglaises et le Continent, La Nuit américaine ou encore *L'Histoire d'Adèle H.* Le fait est que la revue ne fut pas au rendez-vous, engluée dans des partis pris idéologiques et politiques qui sclérosaient son approche critique du cinéma. Ainsi, Truffaut y fut longtemps boudé et l'homme, comme le cinéaste, en fut sans doute affecté.

Je devins en quelque sorte l'artisan d'une réconciliation, dans laquelle j'entraînais avec moi mes amis Serge Daney et Jean Narboni. Le symbole de ce que je considérais comme une victoire personnelle fut le très long entretien que François Truffaut nous accorda, en juillet 1980, quelques semaines avant la sortie de son film *Le Dernier Métro*. Un entretien dense et passionnant, dans lequel il s'expliquait de manière précise et approfondie sur son approche du cinéma, sa méthode de travail, le choix de ses sujets, les vraies raisons de sa fâcherie définitive avec Jean-Luc Godard, mais également sur le long silence des *Cahiers*. À sa demande, et j'y voyais là un signe de son désir de réconciliation, cet entretien eut lieu chez lui, au 12 avenue Pierre 1er de Serbie, dans le XVIe arrondissement de Paris. Nous l'entourions dans son salon lumineux qui offrait une vue magnifique sur la tour Eiffel. La conversation, entrecoupée d'un déjeuner frugal préparé par Carmen, sa gouvernante, dura une journée entière. Notre entretien fut si approfondi et passionnant qu'il fut publié dans deux numéros successifs des *Cahiers du cinéma*, en septembre et en octobre 1980. Entre-temps, *Le Dernier Métro* connut un énorme succès public, le plus important de toute la carrière du cinéaste depuis *Les Quatre Cents Coups*. Dès lors, la relation avec lui s'en trouva apaisée, confortée. Plus encore : amicale. Truffaut n'attendait que cela, tant les *Cahiers* avaient compté dans sa vie de jeune critique et de cinéphile. Durant les quatre années qu'il lui restait à vivre, il se montra attentif, répondant généreusement à nos nombreuses sollicitations – une préface sur Orson Welles, une autre sur André Bazin à l'occasion de la parution de la biographie du grand critique écrite par Dudley Andrew, un universitaire américain, sa recommandation insistante pour faire paraître les écrits sur le cinéma de Jacques Audiberti, écrivain qu'il admirait, etc. Il m'arrivait régulièrement de déjeuner avec lui, la considération amicale qu'il me témoignait m'honorait et me comblait.

Et puis tout cela s'arrêta soudain. L'annonce de son décès fut pour nous un véritable choc émotionnel. Nous conçûmes aussitôt et à la hâte un numéro spécial des *Cahiers du cinéma*, copieux et dense, entièrement consacré à son œuvre. Ses amis et ses proches, ses collaborateurs artistiques, ses acteurs et actrices, les nombreux cinéastes qui l'admiraient dans le monde – Miloš Forman, Steven Spielberg, Éric Rohmer, Claude Berri, et même Godard qui écrivit un texte bref mais sincère – témoignèrent dans ce numéro intitulé *Le roman de François Truffaut*. La mort faisait pour ainsi dire son entrée par la grande porte : il était le premier cinéaste de la Nouvelle Vague à disparaître ; ainsi, en plus de la tristesse réelle, nous ressentions très fortement la charge symbolique de sa mort. Sa disparition m'a marqué, par son caractère imprévu et injuste – on ne meurt pas si jeune ! –, et parce qu'elle venait mettre un terme à une relation de confiance somme toute récente. Et surtout, je l'admirais.

Au fil des années, j'ai côtoyé et admiré d'autres artistes et créateurs, certains proches, d'autres plus lointains. Mais toutes et tous méritaient qu'on leur rende hommage. La mort touche en moi un point sensible qui est la crainte absolue de l'oubli. Celle de l'effacement, du trou noir dans lequel disparaissent celles et ceux qui ont compté dans nos vies – nos parents, nos amis, les écrivains, chanteurs ou musiciens admirés. Je n'ignore pourtant pas que les œuvres – films, romans, tableaux ou chansons – survivent dans notre mémoire, que le talent de celles et ceux qui les ont créées ne s'efface pas du jour au lendemain. Mais, détachée de son créateur ou de sa créatrice, une œuvre devient orpheline, happée plus ou moins rapidement par l'oubli. Tôt ou tard, la vie s'en va. À peine a-t-on le dos tourné qu'elle s'en est déjà peut-être allée. Il nous faut donc veiller sur les morts, entretenir la flamme, faire en sorte qu'ils ne soient jamais oubliés. Je n'invente rien, c'est le thème central de *La Chambre verte*, ce film de François Truffaut vu et revu. Au fond, je n'aurais été qu'un exécutant, un pâle imitateur de Julien Davenne – « l'homme qui aimait les flammes ». À propos de ce personnage raide et sombre qu'interprète Truffaut lui-même, Jean Dasté, le patron du journal *Le Globe* où travaille Davenne, prononce ces mots inoubliables : « le virtuose des notices nécrologiques ». Ce serait fort présomptueux d'oser prétendre à la virtuosité, il n'en reste pas moins qu'en assemblant ces textes, j'imite en quelque sorte Julien Davenne lorsqu'il accumule de manière fiévreuse et obsessionnelle un nombre incalculable de cierges dans la petite chapelle entièrement dévolue à *ses morts*. Qu'est-ce qui le pousse à le faire ? Quelle passion ou quelle idée fixe l'anime ? Il s'agit pour lui « d'achever la figure », dit-il en s'adressant à Cécilia, le personnage interprété avec une grande délicatesse par Nathalie Baye, qui l'accompagne dans son obsession. Achever la figure, pour Julien Davenne, c'est préparer sa propre entrée dans le monde des *disparus*.

Ce recueil de textes se présente dans un ordre chronologique dicté par la mort et ses hasards, depuis celle de François Truffaut jusqu'à celle plus récente d'Alain Delon, star du cinéma français, à la fois adulé et moqué, mais, il n'empêche, immense acteur. Et pour finir, celle de David Lynch, cinéaste et artiste culte dont l'œuvre nous a fascinés, tant elle flirtait de manière virtuose avec les puissances des ténèbres. Ce recueil épouse ainsi le fil du temps, en le ponctuant d'hommages à mes chers disparus.

Le roman de François Truffaut

(1932-1984)

Il est indéniable qu'à travers ses vingt et un films, François Truffaut fit également œuvre de romancier. C'est le mystère Truffaut, qui fait de ses nombreux films une œuvre unique dans le cinéma français de cette seconde moitié du XXe siècle. La seule évidence, c'est qu'il existe un univers romanesque chez Truffaut qui prime tout, qui englobe aussi bien sa propre personne que ses créatures ou personnages, le ton de sa voix que les gestes de ses acteurs. La question de savoir ce qui a été premier, le roman ou la réalité, la fiction ou la biographie, n'a dès lors plus grande importance. Il semble que Truffaut ait eu le désir fervent d'organiser sa vie et ses films avec la logique et la belle cohérence de ces romans qu'il a tant aimés dès sa jeunesse – Balzac bien sûr, mais également Marcel Proust, Henry James, Jean Cocteau, Charles Dickens, Jacques Audiberti, Jean Genet et d'autres –, même si l'on sent de temps en temps les blessures et les failles que la vie oppose inévitablement à ce genre de désir. Au fond, il se peut que François Truffaut et Jean-Pierre Léaud aient voulu ressembler à Antoine Doinel, ce personnage imaginaire qui tenait tour à tour de l'un et de l'autre. Il se peut aussi que le cinéaste se soit inventé une enfance et une adolescence plus romanesques que celles qu'il avait vraiment vécues. Pour que le cinéma l'emporte sur la vie réelle.

Quoi qu'il en soit, faire exister cet univers romanesque a toujours été pour lui plus important que la volonté péremptoire de s'en désigner comme l'auteur. Humblement, Truffaut a toujours eu tendance à privilégier ses personnages par rapport à leur créateur. Adepte, sinon à l'origine, de la fameuse « politique des Auteurs » au temps où il était encore critique de cinéma et interviewait tour à tour Renoir, Becker, Rossellini, Ophuls et bien sûr Hitchcock, il sut intelligemment tirer parti de cette attitude qui fonde sa carrière de cinéaste : mieux vaut filmer beaucoup, faire exister un monde cinématographique qui ne ressemble qu'à soi, aligner le plus de fictions possible en les faisant naître au bon moment, dans l'ordre où le désir et l'urgence les désignent, que s'autoproclamer « auteur » et ne jouer que sur des effets de signature. Voilà une des grandes forces de son cinéma : avoir su jouer avec le temps, en évitant les modes (et en se méfiant toujours d'elles), en tenant compte du public sans se plier à lui. Aussi le public, en France et dans le monde entier, est-il venu aux films de Truffaut, plus que lui n'est allé au-devant de son désir.

Il faut dire que François Truffaut avait bâti, dès son premier long-métrage en 1959, *Les Quatre Cents Coups*, un cadre économique de production – à travers les Films du Carrosse – qui lui assurait une relative indépendance. Mais celle-ci n'eut d'existence que grâce au succès public de son premier film, qui lui permit d'être à la fois son propre maître et d'inventer sa propre démarche cinématographique, sans jamais être dans la situation d'accepter telle ou telle commande. C'est là un phénomène presque unique dans l'histoire mondiale du cinéma d'auteur (en France, Marcel Pagnol et Sacha Guitry ont peut-être eu cette chance, mais tous deux tiraient une part de leur autorité ou de leur légitimité du fait qu'ils étaient aussi des hommes de théâtre et d'écriture, ce qui ne fut pas le cas de Jean Renoir dont le cheminement fut beaucoup plus escarpé), que de voir un réalisateur de cette importance travailler pratiquement à l'abri des rapports de force avec l'industrie cinématographique – sans être pour autant un marginal –, tensions qui sont le lot commun de nombreux grands cinéastes.

On pourrait trop vite en conclure que Truffaut n'eut jamais de difficultés. Il en eut, comme tout cinéaste qui doit vaincre les contraintes du cinéma pour réaliser le film que son scénario et son désir lui dictent. Mais Truffaut eut la chance et la volonté de toujours surmonter seul, avec l'aide de ses fidèles collaborateurs, ces obstacles, dans le cadre qu'il s'était donné à lui-même : celui d'un système artisanal, à la fois protégé et très risqué. Ce qui permet de mieux comprendre un trait de son caractère, assez rare au fond parmi les gens qui font ce métier : ne jamais se plaindre en cas d'échec commercial ou artistique, ne jamais faire porter à d'autres les causes d'un échec ou d'un relatif succès, toujours prendre sur soi toutes les responsabilités artistiques et économiques. On est là en plein cœur de la morale cinématographique d'un Truffaut qui, à l'époque où il fut critique, avait acquis assez d'expérience pour ce qui est de juger du travail des autres (il eut des partis pris mais je ne crois pas qu'il fut injuste) pour s'appliquer à lui-même la même règle d'exigence et de lucidité.

Ce regard indépendant et singulier sur les films, les siens et ceux des autres, et cette façon de travailler à son œuvre rapprochent Truffaut de l'écrivain ou du romancier qui invente sur une page blanche des personnages romanesques que le récit va faire vivre. On dira très justement que le cinéma n'a rien à voir avec la littérature. Pourtant, comment expliquer que le spectateur éprouve à la vision d'un film de Truffaut une telle sensation de proximité, de familiarité, comme si derrière les images de ses films c'était Truffaut lui-même qui s'adressait à lui ? Truffaut a réussi là où, avant lui, seuls les grands comiques, les génies du burlesque pouvaient capter cette attention et cette sympathie du spectateur de cinéma, presque acquises d'avance. La saga Doinel y est pour beaucoup, ses apparitions en tant qu'acteur aussi (dans *La Nuit américaine*, *L'Enfant sauvage*, *La Chambre verte*), ou avec le rôle du savant français chez Steven Spielberg dans *Close Encounters of the Third Kind* (*Rencontres du troisième type*, 1977), et tout le monde connaît son image d'homme paisible et passionné de cinéma, qui parlait si bien des films des autres ; mais c'est sa manière de peindre les sentiments et de rester lui-même en toute occasion qui est aussi à l'origine de sa renommée. Voilà pourquoi il est peut-être l'un des derniers grands auteurs de cinéma populaire en France et dans le monde.

Ce numéro spécial étant avant tout un recueil de témoignages, il est logique qu'il y soit beaucoup question de l'homme, et l'on a dit que celui-ci était tout entier dans ses films. Tous ceux qui l'ont connu dessinent le tracé d'une vie hélas trop courte, stoppée en pleine maturité, selon un itinéraire qui, allant de l'enfance à l'âge mûr est l'un des plus beaux, des plus émouvants et des plus romanesques du cinéma. D'une enfance pénible et presque solitaire à une adolescence frisant la tentation délinquante, en passant par l'amour autodidacte du cinéma, parrainé par André Bazin, puis relayé par d'autres, comme Jean Renoir, Jean Cocteau, Roberto Rossellini, Max Ophuls, Jacques Becker, Alfred Hitchcock ou Orson Welles, illustres cinéastes qui l'estimèrent autant qu'il les admirait, c'est là le trajet « balzacien » de François Truffaut, unique. Individualisme forcené, volonté farouche de penser par soi-même, haine des modes et des idées toutes faites, soutien indéfectible à des auteurs – de films ou de livres – de chevet, puis, à un moment, besoin du collectif, d'appartenir à une famille de pensée (la naissance dans les années 1950 du « groupe des *Cahiers du cinéma* », qui allait plus tard former la Nouvelle Vague), à nouveau l'aventure solitaire de la mise en scène, alliée à la volonté du travail en équipe au sein des Films du Carrosse, où se nouent des relations de travail fortes et où se crée un esprit de famille, qui régnera de 1957 jusqu'à la fin.

Tous ces bouts de vie, ces morceaux épars de biographie, sont réunis ici et mêlés aux images de ses films, comme dans un puzzle que tous ces témoignages nous aident à construire ou composer. C'est donc un numéro à plusieurs voix, un portrait relevant d'une écriture collective et multiple, une sorte de dédicace de groupe, à celui qui fut pour beaucoup un ami, un compagnon de vie et de travail, un repère ou une référence pour la pensée. Nombreux sont ceux qui, plus d'une fois, s'interrogent en ces termes : « Qu'en penserait François ? » Il ne serait pas surprenant que le lecteur se sente en connivence avec François Truffaut, proche de lui : les témoignages ont parfois quelque chose de poignant, ils parlent à la première personne de quelqu'un qui a toujours dit « je », dans la vie et dans ses films. Et dont l'existence fut vouée à l'amour du cinéma, exclusivement. Il disait, dans un long et passionnant entretien dans les *Cahiers du cinéma* en septembre 1980 : « Ce que j'ai toujours aimé chez Renoir et Hitchcock, c'est un de leurs points communs, d'être deux artistes qui préféraient le travail à leur propre personne. » Il disait aussi cette phrase, qui venait de la bouche d'Hitchcock, mais qui s'applique si bien à lui : « Pour vous ce n'est qu'un film, pour moi c'est toute ma vie. »

Parlant d'émotion, il en est une qui, pour des raisons évidentes, ne transparaît pas dans ce numéro, c'est le souvenir très fort de sa voix. Pour ceux qui l'ont connu, ou qui ont eu l'occasion de l'écouter parler de cinéma à la radio ou à la télévision (chez Bernard Pivot, par exemple), il est indéniable que cette voix a presque autant compté que l'intelligence naturelle des propos qu'elle libérait. La voix de François Truffaut ou la marque d'une singularité : chaude, intérieure, profonde, mélodieuse et morale. Une voix humaine. Il y a des voix de cinéastes que l'on reconnaît, certaines que l'on peut imiter ; celle de Truffaut est inimitable et inoubliable.

Cette maladie à laquelle nous ne voulions pas croire. Je me souviens, lors de notre dernière rencontre, un déjeuner qui eut lieu le 26 juin 1984, de cette phrase lourde de sens : « Moi qui ai toujours organisé ma vie autour d'un emploi du temps, c'est la première fois que je suis dans l'incertitude, que je ne maîtrise pas mon emploi du temps. » Et, bien que fatigué, il parlait de projets le concernant, par exemple de cette envie d'écrire de courtes nouvelles en reprenant les moments forts de sa vie, s'inspirant du dernier livre de Françoise Sagan, *Avec mon meilleur souvenir*, qu'il avait adoré. On repense après coup à cette phrase qui boucle son *Journal de tournage de Fahrenheit 451* : « Je suis un cinéaste français qui a trente films à tourner au cours des années à venir ; certains réussiront, d'autres pas et cela m'est presque égal pourvu que je puisse les faire. » On imagine que le plus douloureux pour lui fut de ne pas être en mesure de respecter son propre programme…

Il faut aussi dire ce que les cinéphiles doivent à François Truffaut, dont les films ont suscité chez les autres l'amour du cinéma et l'envie de découvrir et de comprendre. Avoir vu *Les Quatre Cents Coups* au sortir de l'enfance, vers l'âge de 10 ou 12 ans, puis *Tirez sur le pianiste*, *Jules et Jim*, et dans le même temps *À bout de souffle* de Godard (dont Truffaut écrivit le scénario), ainsi que d'autres films de cette génération, c'est ce qui déclenche plus tard l'envie de poursuivre par écrit ces impressions fortes d'images inoubliables. Avoir grandi avec Antoine Doinel – alias Jean-Pierre Léaud – est le plus sûr moyen de s'autoriser plus tard à mêler sa vie avec ces images-souvenirs, ces films qui font partie de notre enfance, qui aident à découvrir en nous ce sentiment d'appartenance à une famille de cinéma. C'est ce que nous devons à François Truffaut.

Pierre Kast ou la mort de Marat

(1920-1984)

Pierre Kast a disparu le 20 octobre, la veille de la mort de François Truffaut, entre l'Italie et la France. À Rome il achevait le tournage de *L'Herbe rouge*, adapté du roman de Boris Vian qui avait été son ami, dans lequel jouait Jean-Pierre Léaud. Pris d'un malaise au cœur – Pierre Kast avait eu ces dernières années quelques ennuis cardiaques qui l'obligèrent à ralentir son rythme de vie et de travail –, il dut interrompre son tournage, que Maurice Dugowson acheva, pour être rapatrié d'urgence à Paris. Il est donc mort derrière les caméras, ce qui est, pour un homme de cinéma, une mort noble, une mort de combat. Il avait 63 ans.

Sa carrière cinématographique s'inaugure au début des années 1950 par le court-métrage et l'assistanat : Jean Grémillon, René Clément, Jean Renoir, Preston Sturges, des cinéastes pour qui il gardait une affection particulière. Kast était l'ami de nombreux écrivains – Jacques Prévert, Raymond Queneau, Boris Vian et surtout Roger Vailland ; il a lui-même écrit des romans historiques et des essais, se considérant volontiers comme étant à cheval entre la littérature et le cinéma, goûtant Stendhal tout en incarnant un certain dandysme de gauche (en référence à la notion de souveraineté chère à Vailland, si bien illustrée dans son roman *Drôle de jeu*, paru à la Libération), conforté par son passé de résistant et de militant politique. Dans la vie, il faisait montre d'un humour caustique et d'un esprit bien fait.

L'activité de Pierre Kast fut multiple. Dès la Libération, il seconda Henri Langlois dans son travail de constitution d'une vraie Cinémathèque, devint critique aux *Cahiers du cinéma* – dans une situation plutôt marginale par rapport à la future bande de la Nouvelle Vague, plus proche du clan « rive gauche » à l'intérieur du cinéma français de la fin des années 1950 et du début des années 1960, incarné par Agnès Varda, Alain Resnais, Chris Marker, sans oublier son grand ami Jacques Doniol-Valcroze. Kast collabora également à *L'Écran français*, à *Cinéma*, à *La Revue du cinéma*, voire à *Positif*, à qui il réserva son dernier article paru en juillet 1984, dans lequel, profitant d'un hommage à Preston Sturges, il réglait quelques vieux comptes avec les *Cahiers du cinéma* et *Libération* sur un mode qui trahissait un fort ressentiment.

Mais le plus important ce sont ses films ou son œuvre, qu'une relecture permettra d'évaluer de manière juste. Pierre Kast y est fidèle à sa thématique : héroïsme romantique, conception libertine de l'amour, dandysme « rive gauche », mais il arrivait souvent que, par une sorte de bâclage au tournage, ce qui aurait dû passer pour effet d'écriture, souci de la majesté ou de la souveraineté du point de vue, sonnât faux. Il y avait de la sincérité dans son œuvre, mais pas assez de vérité. Ou bien la vérité qui transparaissait renvoyait à une défaillance de la mise en scène, à un fossé souvent criant entre l'intention avouée de l'auteur et la réalisation, qui laissait souvent à désirer. Il faut mentionner toutefois *Le Soleil en face* (1980), dont le sujet – la mort du « héros » kastien – est un film très émouvant, certainement plus fort que les reproches qu'on pouvait faire à Pierre Kast metteur en scène.

Pascale Ogier, un elfe a disparu
(1958-1984)

Pascale Ogier est morte dans la nuit du 25 octobre 1984 des suites d'un arrêt cardiaque. Elle avait 25 ans, l'âge où, quoi qu'on fasse dans la vie, on est prêt pour le grand décollage. Pour elle il n'y avait *que* le cinéma, toujours, depuis l'enfance. Dire qu'ici nous l'aimions relève d'un euphémisme. Non seulement elle nous intriguait comme personnage de cinéma, surgie d'une douce rêverie (elle n'était pas la fille de Bulle Ogier pour rien), mais nous nous réjouissions, après son récent succès personnel dans *Les Nuits de la pleine lune* (où elle est époustouflante) et celui du film qu'elle portait de façon têtue, opiniâtre, sur ses épaules qu'elle avait frêles, d'être témoin de son envol en tant que comédienne capable de servir d'autres films, de s'intégrer à d'autres familles que celle d'Éric Rohmer ou de Jacques Rivette. Déjà, dans *Ave Maria*, de Jacques Richard, Pascale tirait son épingle du jeu. Toute illuminée, douce et appliquée, rêveuse encore, mais se donnant à son rôle, elle ne paraissait pas totalement dupe qu'à côté d'elle passait un gros camion poussif qui ne la concernait pas vraiment. Dans ce film, elle incarnait tout bonnement la poésie, rôle que Jacques Richard avait eu l'intuition de lui confier.

Présente début septembre à la Mostra de Venise, Pascale était venue en mission, accompagnée de Tchéky Karyo et Fabrice Luchini, ses partenaires de jeu, représenter l'équipe des *Nuits de la pleine lune*, Rohmer ne goûtant guère ce genre de festivités. Il fallait la voir, travailleuse, dévouée à sa mission de représentation, ajoutant toujours le détail concret qui prouvait à quel niveau d'investissement elle s'était consacrée au personnage de Louise, ainsi qu'aux décors et aux costumes, toujours légère, comme sa voix. Ah, comme il est difficile de parler des voix singulières de ceux qui sont morts ! Pascale faisait son apprentissage des journalistes italiens et du monde entier, qui la découvraient à cette occasion, des télévisions et des gentils mais encombrants paparazzis. Elle se confiait, n'hésitant pas à demander des conseils à ceux, plus anciens, qu'elle sentait comme faisant partie de sa famille. Sa famille justement : Pascale était inséparable de Bulle et de sa grand-mère. Une généalogie de femmes liées au spectacle. Un talent qui se transmettait avec amour. Pascale va manquer au cinéma, comme à ses proches, parmi lesquels nous nous sentions.

Simone Signoret, sacrée monstre

(1921-1985)

Le cinéma français ne produit pas ou plus assez de monstres sacrés pour qu'on ne salue pas ici la mémoire de Simone Signoret. En quarante années de cinéma, elle aura joué tous les rôles, amante ou femme de petite vertu, militante ou patronne de presse, résistante, et tant d'autres encore. Mais pour les spectateurs, il ne reste au fond que deux visages, celui de la prostituée au grand cœur et aux cheveux d'or, sublime dans *Casque d'or* (1951), de Jacques Becker, et celui, déjà mûr, marqué, d'une actrice qui a su s'accepter et se regarder en face, l'inoubliable Mathilde dans *L'Armée des ombres* (1969) de Jean-Pierre Melville. Entre ces deux figures il n'y a pas que le courage, la douleur aussi, d'une femme qui a réussi à passer l'examen du temps ; il y a également le décalage parfois cruel entre deux époques du cinéma, entre un personnage qui, le temps d'un film, *Casque d'or*, fait corps avec la poésie, le renouveau, l'émotion romanesque, qui imprime son image, sa beauté et qui en sort auréolée de gloire, et un autre qui n'est plus qu'un monstre sacré qui prête, de film en film, son image, sa voix et son regard, de manière très professionnelle, sans provoquer toutefois avec le cinéma de réelle étincelle.

Femme d'autorité, en prise avec la deuxième moitié de ce siècle, dont l'influence dépasse, et de loin, la seule sphère de son métier, Simone Signoret a pris le risque de ne plus avoir avec le cinéma qu'une relation strictement professionnelle. Elle fut souvent une très grande comédienne, dans des films plutôt moyens, en même temps qu'une femme passionnée dans la vie, s'engageant pour les grandes causes et la liberté. On avait commencé à oublier qu'elle fut aussi une star, auréolée d'un incroyable prestige (elle reçut l'Oscar de la meilleure actrice en 1960 pour son rôle dans *Les Chemins de la haute ville*, film réalisé par Jack Clayton).

Ce qui s'est passé de plus important dans le champ du cinéma durant ces vingt-cinq dernières années ne l'a pas directement concernée. Ce n'est ni un oubli ni un ratage : elle venait de plus loin que le cinéma novateur incarné par la Nouvelle Vague au début des années soixante, puisqu'elle avait déjà beaucoup tourné au cours de la période précédente souvent marquée du plus pur académisme. Ce divorce tacite, profond, n'a fait ensuite que se prolonger, comme deux lignes qui ne se croisent jamais. Très vite elle n'a plus été seulement qu'une actrice, et chaque ride de son visage était comme une trace de son entêtement à défendre des causes, à prendre la mesure de son temps et à s'indigner devant l'injustice. Il lui restait d'autres voies à explorer, d'autres paris à relever, comme si son seul métier de comédienne ne la satisfaisait plus entièrement. En témoignent son passage réussi à la télévision et sa fierté d'être accueillie comme une reine parmi les écrivains, lors de la parution de son livre *La nostalgie n'est plus ce qu'elle était* (en 1976, aux éditions du Seuil). Il n'empêche que, jusqu'au bout, il est resté dans son regard cette volonté acharnée de dire avec passion et intelligence certaines vérités.

Orson Welles, la mort d'un géant

(1915-1985)

La mort d'Orson Welles, survenue le 10 octobre boucle définitivement un pan de l'histoire du cinéma. Cette mort nous émeut bien sûr, mais, pourrait-on dire, abstraitement, comme si l'événement humain et la tristesse étaient déjà brouillés par l'image légendaire du personnage : cette mort n'est ni juste ni injuste, elle n'est tout simplement pas à la hauteur du mythe. Même parmi les plus grands, Orson Welles était à part. Impossible de le ranger aux côtés de Chaplin, Griffith, Stroheim, Hitchcock, Lang et Renoir, qui tous venaient d'une rencontre plus ancienne avec le cinéma, du temps du muet. Quoique tous aient eu, à un moment ou à un autre, des démêlés avec l'industrie, ceux-là faisaient davantage corps avec le cinéma, et leurs films, au fond, restent les meilleures traces, les plus beaux témoignages ou les pièces à conviction de ce que fut pour chacun la nature singulière de cette rencontre.

Celle de Welles avec le cinéma fut d'emblée placée sous le signe de l'électrochoc : *Citizen Kane* (1941). Elle n'a ensuite plus jamais cessé, jusqu'à la fin, de ressembler à une courbe asymptotique : de tous les génies du cinéma, Welles fut le plus rebelle, le moins « classable », le plus nomade aussi, laissant derrière lui une œuvre inachevée, à tout jamais, à cause des films qu'il n'a pas réalisés ou pas terminés, ou aussi parce que sa vie elle-même était devenue son œuvre. Souvent loin d'Hollywood.

L'autre différence, qui rend notre tristesse, disons, abstraite, c'est qu'il ne faisait pas vraiment partie du monde réel, il ne vivait pas parmi nous (son cinéma déborde largement le siècle, en amont vers la Renaissance, et vers l'aval en visionnaire) : mythe vivant, dinosaure fragile, demi-Dieu qui ne régnait plus depuis longtemps sur aucun empire ni aucun territoire, sinon sur celui du cinéma lui-même, sur le versant utopie ou mirage. Welles n'était pas un cinéaste de qui l'on pouvait, à l'occasion de tel ou tel événement, cinématographique ou autre, se demander tout bêtement : qu'en pense-t-il ? Que ferait-il ? Comment résoudrait-il ce problème ? Nous ne connaissions pas Orson Welles, seulement des traces de Welles. Tous les témoignages sur lui, ceux qui surviennent après sa disparition comme ceux qui parlaient de lui vivant, disent à peu près ceci : de lui, de son cinéma, du monde imaginaire où il vivait, nous n'avons eu droit qu'à une infime partie, celle visible de son iceberg. Le reste, il nous faut l'imaginer. Et c'est grandiose.

L'énigme à tout jamais restera attachée à cette figure : comment un cinéaste d'une telle ampleur, qui fit à 25 ans une irruption tonitruante dans le cinéma, a-t-il pu être à ce point malmené et maltraité par l'industrie de son propre pays ? À peine écrite, la formule paraît banale, les mots ne peuvent rendre compte de la violence de l'antagonisme entre cet artiste au caractère résolument novateur et la réalité économique du cinéma à

Hollywood. Lui qui fut tout sauf un « artiste maudit », se situe au-delà de l'opposition classique, juste mais *commode*, entre « auteur » et « système ». Le rejet violent dont Orson Welles fut l'objet, et dont il a souffert, a signifié tout au long de ces quarante dernières années une limite objective du cinéma, comme une perte de puissance inhérente à cet art. Ce que d'autres génies ont réalisé à l'époque du muet (souvent d'ailleurs en y laissant des plumes), des œuvres au souffle épique qui hantent aujourd'hui le cinéma et qui demeurent comme des traces d'une autre histoire, d'un autre monde, Welles se mit lui-même au défi de les imiter à l'époque du parlant, dans la phase de rationalisation maximum de l'industrie cinématographique.

Il reste les films qu'il a réalisés, immenses, comme issus de ce combat, mais qui sont aussi comme des gages offerts au cinéma, à la fois de son talent, de sa générosité (Truffaut disait justement combien *Citizen Kane* avait déclenché de vocations cinématographiques), et le fantôme de ceux qu'il ne put terminer ni même entreprendre. Comme si l'industrie lui faisait payer en retour le prix d'être un personnage à part, qui ne venait pas du sérail, qui excédait le cinéma proprement dit. C'est-à-dire un génie.

Mais il y a une autre image de Welles qui mérite la postérité, moins celle de l'ogre à laquelle on a coutume de l'associer, qu'une *image d'enfance* : celle du « Petit Poucet », qui est attachée à son œuvre. Ses films sont comme des cailloux semés sur le chemin d'une carrière noble, d'une très grande dignité, profondément *démocratique* et généreuse, et qui ne cessera d'évoquer la rêverie pour d'autres. Une lueur d'Orson Welles.

Jean Riboud, un ami du cinéma
(1919-1985)

« Renoir, Rossellini, Truffaut. Ma trinité n'est plus. Ils sont tous morts. J'étais à New York pour apprendre à une heure d'intervalle la mort de Michaux et celle de François. Ce n'est pas marrant, la vie. Merci pour votre *Cahiers* Truffaut. Il y a dans certains textes, mais presque à chaque page, l'irremplaçable sourire de François, malin, bon, ironique, drôle, subtil. Mon Dieu, que la dernière année a été dure. Il me disait : "N'est-ce pas, Jean, il y a des questions qu'il ne vaut mieux pas poser aux médecins." Je le comprends si bien aujourd'hui. »

Ces mots de Jean Riboud, dans la dernière lettre qu'il m'ait adressée aux *Cahiers du cinéma*, sont émouvants et malheureusement tellement lucides, prémonitoires – surtout la dernière phrase. Jean Riboud est décédé dans la nuit du 20 au 21 octobre, le même jour, à un an d'intervalle, que François Truffaut qui était son ami, un de ses nombreux amis dans le cinéma.

Cet homme exerçait un métier très prenant, occupé par de hautes responsabilités qui l'obligeaient à voyager entre Paris et New York, l'Asie, l'Amérique, partout dans le monde. C'était un entrepreneur respecté, à la tête d'une des sociétés, Schlumberger, parmi les plus importantes sur le plan international. Mais ce n'est pas ce Jean Riboud-là que nous connaissions, c'est l'autre, le grand amateur d'art, féru de littérature, de peinture et de cinéma, qui n'hésitait pas à prendre, sur son emploi du temps très chargé, quelques heures pour évoquer avec nous les artistes qu'il aimait : Jean Renoir, Roberto Rossellini, Henri Langlois et Mary Meerson – que n'a-t-il pas fait pour venir en aide à la Cinémathèque française et au Musée du cinéma chers à Langlois ! – qui étaient ses proches, et la Nouvelle Vague, Truffaut, Godard, sans oublier André Bazin dont il aimait évoquer la pensée fondatrice.

À une époque difficile, en 1969, il avait eu la générosité de venir en aide aux *Cahiers du cinéma* par l'entremise de François Truffaut, en souscrivant des parts au sein de la nouvelle société d'édition qui prenait en charge la revue, à la suite du rachat du titre au groupe Filipacchi. Sans lui, rien n'aurait pu se faire, et il le fit dans la discrétion.

Plus récemment, lors d'une augmentation de capital de la SARL des Éditions de l'Étoile, éditrice des *Cahiers du cinéma*, il nous avait renouvelé sa confiance. Mais le plus important pour moi, c'étaient les conseils qu'il n'hésitait pas à me donner, les recommandations en matière de gestion, comme les encouragements à poursuivre en toute indépendance – un mot-clé dans son langage – notre propre cheminement, saluant régulièrement chaque progrès accompli. Jean Riboud était proche de nous, non pas que nous le voyions souvent, car il avait bien d'autres tâches à accomplir, d'une bien plus grande ampleur, mais le savoir attentif à notre travail et fidèle lecteur nous était d'un précieux réconfort. Nous saluons la mémoire de cet être d'exception, et présentons à sa famille, à tous ses proches et à ses collaborateurs, notre pensée respectueuse.

Helen Scott l'intrépide

(1915-1987)

Dans la nuit du jeudi 19 novembre, notre amie Helen Scott s'est endormie à jamais, à l'âge de 72 ans. Celle que François Truffaut aimait gentiment surnommer sa « Mascotte » était un personnage extrêmement attachant, d'un humour corrosif, vif et intelligent. Un de ses grands plaisirs était de déjeuner ou dîner avec les amis qu'elle s'était faits durant les vingt-deux années de sa vie parisienne ; nous étions ravis de faire partie du club de ses « fans » à qui elle aimait raconter des histoires juives – son répertoire était inusable – ou des bouts de son itinéraire personnel qui aurait mérité à lui seul une énorme autobiographie – je ne pense pas avoir été le seul à tenter de la convaincre de s'y atteler. Mise en confiance, elle se laissait parfois aller à remonter plus loin dans sa jeunesse et à évoquer son séjour en Afrique, lorsqu'elle « débarqua » à Brazzaville en 1943 pour travailler à la radio, se mettant ainsi au service de la France Libre. Ou encore de ses années de militantisme, avant et après la guerre, au sein du Parti communiste américain, puis de ses graves difficultés durant la période du maccarthysme où, « blacklistée », elle devint presque un paria au sein de l'intelligentsia américaine.

Mais ce dont elle aimait parler avec le plus de fierté, c'est sa longue complicité et sa longue amitié avec François Truffaut. Si celui-ci fut très vite connu et célébré en Amérique, c'est en partie au travail d'Helen Scott qu'il le devait. Entre 1959 et 1965, en charge des relations publiques au sein du « French Film Office » à New York – c'est-à-dire le bureau d'Unifrance –, elle joua un rôle considérable pour faire connaître le jeune Truffaut fraîchement débarqué en 1960 afin d'y recevoir le Prix de la critique new-yorkaise pour son premier film *Les Quatre Cents Coups*. Au-delà de Truffaut, les films de Godard, Resnais, Varda et de beaucoup d'autres cinéastes lui doivent une fière chandelle. C'est encore elle qui fut l'éminence grise, en plus d'être l'interprète, entre Hitchcock et Truffaut, au moment des fameux entretiens réalisés à Hollywood en août 1962, parus en livre quatre années plus tard chez Robert Laffont : *Le Cinéma selon Hitchcock*. François Truffaut entretint avec elle une correspondance régulière lorsqu'Helen vivait à New York, qui deviendra une collaboration plus régulière lorsqu'elle s'installera à Paris en 1965. En France, tout en faisant partie de la « famille du Carrosse », Helen Scott travailla quelques années pour le compte de compagnies américaines comme lectrice de scénarios, conseillère pour l'adaptation d'ouvrages ou responsable du sous-titrage, poste auquel sa parfaite connaissance du cinéma américain comme du cinéma français la rendait indispensable.

Elle fut aussi l'amie de nombreux cinéastes, de Miloš Forman à Claude Berri, en passant par Robert Benton et d'autres, sans oublier Jean-Pierre Rassam dont elle fut en quelque sorte la marraine et la complice. Pour paraphraser Godard, rares sont ceux que le cinéma a aimés et Helen Scott, dont le regard sévère cachait un cœur généreux, était de ceux-là.

L'esprit John Cassavetes

(1929-1989)

Depuis quelques années, nous le savions malade et condamné. Ainsi parlait la rumeur, sinistre. On a eu beau vouloir la conjurer, rien à faire : John Cassavetes est mort vendredi 3 février à Los Angeles. Sa disparition nous touche tout particulièrement, comme elle a touché dans le monde des milliers et des milliers de cinéphiles. Aussi, en apprenant cette triste nouvelle, davantage que pour d'autres cinéastes, ressentons-nous un tel sentiment d'injustice. Sans doute parce que John Cassavetes laisse derrière lui une œuvre inachevée. Pas seulement du fait qu'à 59 ans cet homme avait encore de belles années à vivre, et d'autres films à faire. Cet inachèvement, qui est la marque d'une véritable fêlure, fait intrinsèquement partie du cinéma de John Cassavetes, de la forme même qu'il a su et voulu donner à ses films. Depuis *Shadows* (1959), son premier film, jusqu'au dernier, *Big Trouble* (1986), qu'il n'avait pas prévu de réaliser mais dont il avait assumé la mise en scène. Pour continuer de tourner, de sentir vibrer autour de lui les acteurs, sa troupe, ses potes qui formaient sa famille de cinéma.

Il y a dans chacun de ses films une ouverture, une porte qu'on ne referme pas, une interrogation qui ne trouve pas de réponse définitive. Une inquiétude existentielle aussi, qui traverse son œuvre. Mais, parce qu'il avait horreur du pathos, Cassavetes savait admirablement faire avancer le drame jusqu'au point de rupture ou de bascule, vers le comique ou la comédie. Les flux d'amour les plus beaux que l'on trouve chez lui (*Love Streams*, 1984) portent aussi leur part d'humour, un humour de l'âme, une ironie qui est peut-être celle du désespoir.

C'est pour cela que les films de John Cassavetes sont sans doute ce que l'Amérique nous a envoyé de plus émouvant depuis une trentaine d'années. À propos du cinéma américain, il y aura désormais un « avant J-C » et un « après J-C » : car il est à peu près sûr qu'aucun autre de la génération des cinéastes qui comptent actuellement – de Coppola à Scorsese, en passant par les plus jeunes, du côté de Jim Jarmusch, malgré tout le talent dont leurs films font preuve – puisse jouer le rôle que tint Cassavetes comme ambassadeur singulier d'une certaine Amérique moyenne, ballottée entre la folie ordinaire et la banale quotidienneté familiale. Une image fêlée, béante, d'une Amérique sans histoire, sans légende, sans son théâtre habituel de héros et de gagnants. L'Amérique de Cassavetes était plus petite, confinée dans son propre théâtre, aux limites de la tribu, des amis, de la famille élargie, d'une sorte d'inceste généralisé, matrice des relations les plus enfouies, les plus obscures, mais aussi les plus à même de s'extérioriser. Un cinéma de l'*acting out*, de l'*uppercut*. Essentiellement physique, rythmique, biologique.

Chez les jeunes gens qui découvrent et aiment le cinéma, comme chez ceux qui prennent le chemin d'en faire, le nom de John Cassavetes est devenu mythique, synonyme de l'artiste indépendant, du rebelle vivant à deux pas de Hollywood-Babylone, jamais complètement admis, jamais non plus complètement exclu ou rejeté. Une figure à laquelle se rattache un cinéma de l'amitié virile (mais cachant une vraie humanité), du transbordement affectif, de la sensualité à fleur de peau, du rythme, de la folie, de l'amour. Le nom de Gena Rowlands est immédiatement lié à ce cinéma : Cassavetes, son mari, lui a offert les plus beaux rôles qu'une actrice puisse imaginer et rêver. Peter Falk, Ben Gazzara et Seymour Cassel ont fait partie de cette famille en y apportant le meilleur d'eux-mêmes, tout en recevant en retour cette part d'*aura* qui caractérise chaque film de Cassavetes et irradie son cinéma.

Il n'empêche qu'aujourd'hui cette image d'auteur maudit n'est pas la plus intéressante à garder de J-C (imaginerait-on l'un de ses personnages se plaindre de n'être pas reconnu à sa véritable place ?). Ou alors il faut vite lui accoler une autre image, celle d'un cinéaste libre. Et qui accepte en connaissance de cause d'en payer tout le prix. Au péril de sa vie.

Cela devait être ça, l'esprit John Cassavetes.

Les secrets de Sergio Leone

(1929-1989)

La mort de Sergio Leone nous a évidemment pris de court car personne ne se faisait de souci à son égard, sachant que son rêve de réaliser en grand la bataille des 900 jours de Leningrad allait enfin se concrétiser, après dix années d'interminables discussions avec les autorités soviétiques.

Sergio Leone avait à peine 60 ans, comme John Cassavetes, autre grand disparu de cette fatidique année 1989. Nous n'avons pas réagi aussitôt, ni pris le temps de relier l'information brute – Sergio Leone est mort ! – avec le central de nos émotions cinéphiliques, pris collectivement dans la frénésie cannoise et les comptes rendus à vite écrire. D'où ce léger différé pour lui rendre hommage. Mais toute l'œuvre de Leone ne s'était-elle pas inscrite sous le signe du « différé » ? Son cinéma n'a-t-il pas constamment joué sur les étirements du *Temps*, les va-et-vient, les cheminements tortueux de la mémoire, les réminiscences d'images primitives ou les images-souvenirs ? Comme si Leone avait soumis son genre de prédilection, le western, à une sorte de psychanalyse sauvage ou brutale, mais empreinte de mélancolie, pour aider ses héros à se libérer de destins trop lourds à porter.

Il se trouve qu'au même moment ou presque sortait sur les écrans parisiens, dans sa version d'origine (trois heures quarante minutes), le beau film de Michael Cimino, *Heaven's Gate*, dont on se souvient qu'il fut affreusement mal accueilli aux États-Unis en 1980 (dans une version charcutée), un euphémisme pour dire qu'il y fut massacré par la critique (Pauline Kael en tête dans *The New Yorker*) et l'establishment du cinéma, avant même que le public ait pu s'en faire par lui-même une idée. Il est vrai que fut associée à ce film la faillite d'une compagnie : United Artists.

Mais le problème n'est plus là aujourd'hui. Il est de dire, sans nostalgie aucune, qu'il y a dans *Heaven's Gate*, comme dans les films de Sergio Leone – les *Il était une fois... dans l'Ouest*, *Il était une fois la Révolution* ou *Il était une fois en Amérique* en disent assez long, il me semble, sur le sujet – une envie de prolonger le plus longtemps possible le temps des récits épiques et des grandes mythologies, de renouer avec cette grande tradition du cinéma de l'espace et du mythe, de la mise en scène des élans collectifs et des grandes croyances. Nous ne sommes plus au temps de John Ford, ce nom qui justement fait lien entre Leone et Cimino, par-delà l'origine culturelle (l'Italie et le désir d'Amérique chez l'un, l'Amérique et le désir d'Italie chez l'autre). John Ford, cet immense refoulé du cinéma actuel, le cinéaste qui a le mieux filmé les groupes, la relation entre l'individu et la communauté, saisi mieux qu'un autre ce qui fait lien au sein d'une tribu et d'une nation.

Sergio Leone s'est donc entièrement investi, sans aucun cynisme en dépit des apparences, dans cette idée folle de prolonger le temps des histoires de pionniers, des sagas primitives du cinéma d'autrefois. Il contribua à retarder la triste échéance d'un genre magnifique, le western, partie intégrante de ce rêve d'enfance de l'Amérique, faisant prendre à l'histoire du cinéma une boucle, un véritable détour pour nous aider à « y croire » plus longtemps. Leone fut au fond un grand styliste, qui s'entêta à voler à l'Amérique ce qu'elle avait de meilleur, le sens de l'espace, du mythe, ce capital de culture non dite que son cinéma était en train de perdre peu à peu depuis les années 1960. On mesure mieux aujourd'hui ce que cette aventure et ce pari cinématographique avaient d'irréalisable, venant d'un homme né à Rome en 1929, qui avait baigné dans une culture familiale – théâtre, musique, opéra, cinéma – très européenne. Sergio Leone tint ce pari, atteignant parfois des sommets (*Il était une fois en Amérique*, chef-d'œuvre devenu sans qu'il le veuille son film-testament), de faire survivre ou renaître l'esprit du western, en adaptant les lois du genre, à une époque caractérisée par le recyclage des images dans la publicité, la citation rétro, la culture kitsch, tout ce qu'on voudra de clinquant et de superficiel. Il n'empêche que les images de Leone ont évité ces multiples pièges du « cinéma filmant du cinéma », le mal absolu de notre époque.

En revoyant récemment quelques plans du *Samouraï* à la télévision, je me suis dit que Jean-Pierre Melville avait peut-être eu, avant Leone, le même désir : celui de prolonger un genre, le film policier, jusqu'à la limite ultime, pour en étirer au maximum les formes ou les règles, en suspendre la temporalité, enfermant le tout dans un style et une dramaturgie qui font la beauté de ses films.

Leone, Melville et le Cimino de *Heaven's Gate* : trois noms de grands stylistes du cinéma, envoûtés par leur approche si singulière des genres (le western, le polar ou le film épique), ce qui fait que leurs films regorgent parfois d'un *trop-plein*, du fait sans doute de ce décalage spatio-temporel entre l'histoire du cinéma (et ce qu'elle véhicule comme mythes) à laquelle ils se rattachent, et la demande plus banale d'une époque qui, depuis trente ans, voit sonner le glas des grandes légendes cinématographiques, en se contentant de vivre sur le recyclage d'images publicitaires. D'où peut-être le fait qu'il sont parfois haïs (Cimino), aimés du bout des lèvres (Melville) ou sur des malentendus (Leone). Sergio Leone rejoint hélas trop vite *Le Cimetière des éléphants* déjà peuplé de quelques-uns de ses meilleurs inspirateurs.

Joris Ivens s'est assis dans le désert et il a attendu le vent

(1898-1989)

Joris Ivens est mort le 28 juin dans sa quatre-vingt-dixième année. Il était, il y a quelques mois encore, le cinéaste le plus âgé en activité, réussissant à terminer, avec Marceline Loridan, son film sans doute le plus libre : *Une histoire de vent* (1988). À la fin de sa vie, le vieil homme s'est assis en Chine, quelque part dans le désert, attendant que le vent souffle... Je me souviens de l'entretien que nous avions mené, Frédéric Sabouraud et moi, chez eux, rue des Saints-Pères. Ivens nous avait dit ceci : « Ces dix dernières années, j'ai beaucoup repensé à mon travail antérieur, à ce à quoi j'ai cru, les utopies, les idéologies très figées ; et le vent, je crois, emporte tout. » Il voulait filmer le vent, le capturer avec sa caméra. *Une histoire de vent*, coréalisé avec sa complice et compagne Marceline Loridan-Ivens, est indéniablement un de ses plus beaux films.

Espiègle et un peu fier, Joris nous montrait les photos de la presse hollandaise où il figurait aux côtés de la reine Béatrix. Ainsi, la boucle était bouclée pour celui qu'on surnommait le « Hollandais volant », accueilli triomphalement chez lui, dans son pays, après de longues années d'exil et de malentendus, de pérégrinations à travers le monde.

Ivens a roulé sa bosse, est passé partout, caméra au poing, tel un cinéaste tout-terrain. Il a connu du monde (il nous parlait de ses débats avec Dziga Vertov et Robert Flaherty comme si c'était hier), dernier témoin du cinéma des origines. Il a épousé des causes (profil Troisième Internationale : de l'héroïque et romanesque guerre d'Espagne à l'hagiographique et beaucoup moins romantique construction du socialisme, d'abord soviétique, puis chinois), s'est engagé et très souvent trompé : il suffisait de discuter avec lui pour deviner que, derrière le beau visage de chef indien, les rides cachaient quelques cicatrices. Mais peut-être que pour lui, le principal n'était pas là. Comme si, derrière le cinéaste militant, après la « cause » et le dogme, ce qui comptait le plus c'était de bouger, de dompter le mouvement, le sens de l'Histoire, et de capturer le vent.

Il se dégageait de lui comme une naïveté, un sourire d'enfant, une innocence peut-être, qui très vite vous charmait. Cet homme n'avait aucune difficulté de communication. À Cannes, il y a deux mois, Marceline et lui m'annonçaient leur prochain film, qui se serait vraisemblablement tourné moins loin, sans doute en France. C'était une sorte de défi, le dernier, le seul qu'il ait sans doute perdu. Il sera temps de revoir un jour tous ses films, de les voir comme des cailloux jetés sur le chemin de l'Histoire, pour témoigner et, comme on dit, d'en « faire le bilan ». Ce qui est sûr, c'est que, jusqu'au dernier souffle, cet homme ne renonça pas au cinéma.

Jacques Doniol-Valcroze, salut Bibi !

(1920-1989)

Jacques Doniol-Valcroze était un ami. Avec lui le mot prenait tout son sens : fidélité, affection, protection, compagnonnage. Nous n'étions pourtant pas de la même génération, et de beaucoup. Il fut de ceux qui contribuèrent à faire exister dans la France de l'immédiat après-guerre une critique de cinéma digne de ce nom, d'abord en collaborant à *La Revue du cinéma* animée par Jean George Auriol, puis en se lançant dans l'aventure des *Cahiers du cinéma* avec André Bazin, Lo Duca et Léonide Keigel comme complices d'un moment. C'était en avril 1951.

Faire les *Cahiers* : ce fut l'essentiel de ses occupations durant une décennie, toute la période des années 1950 riche en écoles critiques, en clans ou clubs de cinéphiles, futurs groupes d'intervention cinématographique. Dans une lettre datée du 23 avril 1957, il écrivait à André Bazin, alors que celui-ci se reposait dans un sanatorium du midi de la France : « Je ne peux soutenir ta cadence épistolaire. Le rythme de la vie méridionale te laisse plus de temps qu'à moi pour manier le stylo. Ne m'en veuille pas… je l'ai moi-même beaucoup manié ces derniers temps : des 96 pages du numéro français, j'ai écrit, réécrit, retranscrit, adapté, traduit, rewrité une bonne moitié... sans parler des corrections, des légendes, des notes... Et il n'a pas fallu moins de trois jours de vacances de Pâques pour arriver péniblement au bout de la mise en page... particulièrement difficultueuse car il y avait à couper sur épreuves la valeur de... dix pages[1] ! »

Le numéro 71 « Spécial cinéma français » des *Cahiers du cinéma* paraît en mai 1957. Y figure entre autres une table ronde réunissant Bazin, Doniol-Valcroze, Jacques Rivette, Éric Rohmer, Roger Leenhardt et Pierre Kast. Le titre, « Six personnages en quête d'auteurs », ne fut pas évident à trouver, comme en témoigne cet extrait de cette même lettre à Bazin : « Demeurent non résolu : 1. Le problème du titre de l'entretien. Les jeunes gens proposent : *Qu'est ce qui cloche ?* (sic) ou *Entre cinq et sept* (parce que nous étions six). On a cherché aussi autour de : *Qu'est-ce qui fait courir untel ?* Si tu as une idée de génie, télégraphie-la moi d'urgence... 2. Le problème de la couverture. Les négociations menées de pair pour obtenir le Bresson et le Dassin ont abouti hélas... au Dassin en première page (et il n'y a pas de bon document) et rien du tout pour l'autre, bien que Bresson ait été lui-même choisir et faire tirer chez Gaumont une très belle photo pour nous... Ils sont vraiment chez Gaumont aussi peu coopératifs que possible. Quant à la page Dassin, officieusement refusée par Cinédis, nous la devons à l'intervention de Braunberger auprès de Bérard. D'ailleurs aucune de toutes ces photos n'est vraiment

1. Je remercie Janine Bazin de m'avoir permis d'accéder à cette lettre.

bonne[1]... Le rêve eût été *Mon oncle* de Tati. Lui en train de faire tel ou tel gag eût été l'illustration idéale du titre *Situation du cinéma français*. Mais Dolivet le producteur du film... se refuse (payer il n'en est pas question) à donner une photo[2] ! »

La place de Jacques Doniol-Valcroze ne fut pas de tout repos aux *Cahiers*, durant toutes les années 1950. Bien que corédacteur en chef de la revue avec Bazin – la responsabilité leur revient de droit : ils en sont les fondateurs et l'ancienneté joue en leur faveur –, il affronte seul les turbulences des « Jeunes Turcs » de la nouvelle critique, ceux que Bazin nomme non sans humour les « hitchcocko-hawksiens ». Il s'en confie dans cette même lettre à Bazin, qui est un document important sur le climat qui règne alors au sein de la rédaction des *Cahiers du cinéma* : « Les querelles intestines me sont un souci comme à toi. Je m'insurge contre ta version pirandellienne de la vérité. Je n'ai aucun intérêt à la déformer, ni le goût naturel. Quand je t'ai écrit que Rivette ne voulait pas participer au débat, c'était la pure et simple vérité : que par la suite les choses se soient arrangées devant la fermeté pleine d'humeur de mon attitude vivement soutenue par Schérer[3] (ou à cause de

1. La photo figurant en couverture du numéro 71 des *Cahiers du cinéma*, « Situation du cinéma français », illustre le film de Jules Dassin, *Celui qui doit mourir*. La photo illustrant la quatrième de couverture de ce même numéro est celle du film de Robert Bresson, *Un condamné à mort s'est échappé*.

2. Louis Dolivet (1908-1989) est devenu producteur de films après avoir été durant de longues années un militant révolutionnaire lié à la Troisième Internationale.

3. Maurice Schérer était le vrai nom d'Éric Rohmer.

je ne sais quelle combinaison interne à la bande) est un fait dont je me félicite, mais qui ne change rien, historiquement, à ma première affirmation. Qu'*Arts* prépare pour le 2 mai (ouverture du festival) x pages sur le cinéma français, principalement rédigées par Truffaut, Rivette, Bitsch, Chabrol, Godard, de Givray, c'est une autre vérité que le pirandellisme ne saurait métamorphoser en interrogation. J'admets volontiers que ces pages aient été décidées avant notre projet, puisque François l'affirme et que je ne saurais, a priori, le suspecter de mensonge. Mais pourquoi, alors, parmi tous les arguments qui ont été mis en avant – et Dieu sait s'il y en eut ! – contre le projet des *Cahiers*, celui du projet d'*Arts* n'a-t-il jamais été avancé alors qu'il aurait pu être décisif ? Mystère. »

Plus loin, dans cette même lettre, s'adressant directement à Bazin dans son rôle de fédérateur : « Il est bien qu'il existe aux *Cahiers* un arbitre aussi impartial que toi, jugeant d'aussi haut, et prêt à écouter d'une oreille non prévenue tous les arguments. Encore ne faudrait-il pas que ton penchant naturel à considérer la vérité comme relative et divisible entre les individus ne conduise un des principaux responsables, comme moi, à se demander s'il n'a pas mauvaise conscience. Mais peut-être au contraire dois-je te remercier de m'avoir contraint à cet examen ? Je suis pourtant certain qu'il facilitera les choses, car j'en ressors avec l'âme pure et peu enclin à la composition. »

Être ou ne pas être aux *Cahiers* était une question vitale. Doniol supportait mal que la jeune critique – et future Nouvelle Vague – réserve l'essentiel de sa force d'écriture à un hebdomadaire culturel comme *Arts*, *spectacles*, fer de lance de la polémique – Truffaut y décocha quelques flèches bien ciblées, mais les autres également, de Rohmer à Godard, contre l'establishment du cinéma français. Il fallait quelqu'un pour « garder la maison » et ce fut Doniol, Bazin malade ne pouvant assumer son rôle de « médiateur » – il mourut en novembre 1958, à l'âge de quarante ans. Mais, curieusement, c'est Doniol-Valcroze lui-même qui, peu à peu, tint ce rôle de conciliateur, tentant de réunir au sein de la même « famille » des clans opposés, sinon divisés. En 1958, Doniol tourne un court-métrage produit par Pierre Braunberger : *Bonjour, Monsieur La Bruyère*, puis c'est l'expérience du long avec *L'Eau à la bouche* (1960), en même temps que la « génération *Cahiers* » toutes tendances confondues : de Pierre Kast, qui fut son ami et son allié, à Rohmer, de Truffaut à Godard, sans oublier bien sûr Claude Chabrol, premier de la bande à réaliser un long-métrage, *Le Beau Serge*, grâce à un héritage d'Agnès Goute, sa première femme.

Dix ans plus tard, en 1969, après que tous furent devenus réalisateurs, avec des fortunes diverses, que tous eurent pris leur distance avec la revue tout en s'inquiétant de son avenir, de graves difficultés survinrent aux *Cahiers* : un conflit ouvert entre la rédaction et le propriétaire d'alors, Daniel Filipacchi. Truffaut et Doniol-Valcroze s'étaient revus un an auparavant, lors de l'« affaire Langlois » ; ils y avaient même pris une part importante pour que le directeur de la Cinémathèque française soit réintégré dans ses fonctions. Cet épisode bien connu leur avait fait prendre goût à la lutte et au jeu des contre-pouvoirs. Les voilà à nouveau mobilisés, cette fois pour faire en sorte que les *Cahiers du cinéma* recouvrent leur indépendance rédactionnelle. Daniel Filipacchi refusa de faire paraître les *Cahiers,* la rédaction occupa les locaux, la revue cessa de paraître pendant six mois, il y eut ensuite une négociation difficile... On ne dira jamais assez combien fut important le rôle fédérateur de Jacques Doniol-Valcroze, dont l'amabilité, le sens de la mesure et l'humour firent beaucoup pour qu'une solution négociée soit finalement trouvée. Georges Kiejman, le célèbre avocat, joua également un rôle décisif dans cette affaire. Par la suite, la revue vécut son autonomie avec des fortunes diverses. À chaque fois qu'une difficulté surgissait, qu'une menace pointait à l'horizon, il était le premier à chercher une solution, à rassembler les énergies. Durant les années 1970, qui furent d'abord celles des extrêmes (la politisation à outrance, l'éloignement par rapport au cinéma) puis du difficile renouveau, Jacques se rangea à nos côtés comme ami mais aussi comme gérant des Éditions de l'Étoile, acceptant avec fatalité et humour une situation que d'aucuns auraient jugée encombrante.

Les vraies retrouvailles, nous les fîmes à l'occasion du trentième anniversaire des *Cahiers du cinéma*, célébré en avril 1981. Toutes les générations de critiques qui animèrent cette revue et en firent ce qu'elle est – un lieu vivant, contrasté, traversé par la vie, par le mouvement même du cinéma – se retrouvèrent lors d'une fête mémorable organisée dans une grande brasserie toute proche de la place de la Bastille.

Aujourd'hui, alors que les *Cahiers* abordent un nouveau tournant, c'est à lui que nous pensons avec amitié et émotion, en regrettant qu'il ne puisse avoir entre les mains ces « nouveaux » *Cahiers*, dont nous aurions été flattés qu'il nous en dise deux mots. Tous nos gestes, ceux de l'équipe de rédacteurs et de maquettistes : lectures et corrections d'épreuves, mise en pages, recherche iconographique, etc., lui étaient familiers. Salut, Bibi !

Farewell Juliet Berto

(1947-1990)

Juliet Berto a toujours été pour moi entourée d'une légende provinciale. Lorsque j'étais lycéen au milieu des années soixante, à Grenoble, je fréquentais assidûment le ciné-club universitaire que des cinéphiles plus âgés animaient avec passion en programmant, outre les grands classiques, quelques avant-premières retentissantes. De Paris, parfois, venaient débattre certains critiques des *Cahiers du cinéma* et, les grands jours, les cinéastes eux-mêmes. J'avais les yeux écarquillés, fier d'assister au spectacle. Les soirées se terminaient immanquablement autour d'une bière au Café de la Poste, situé place Grenette, et cela durait jusqu'à la fermeture. Je n'avais pas le culot de me joindre à leur table, me sentant comme un intrus dans ce monde d'adultes. La légende veut que Jean-Luc Godard, venu présenter *Masculin féminin* ou *Made in USA* en 1966, y rencontra Juliet qui faisait partie de cette bande de cinéphiles grenoblois et qu'il lui proposa un rôle. Ainsi Juliet s'embarqua-t-elle pour Paris...

Est-ce vrai, est-ce faux ? Au fond peu importe, j'aime assez que cela reste flou, indécis, comme toute légende.

D'un café à l'autre. Juliet Berto a toujours été une actrice de bistrot. La première trace d'elle au cinéma, dans *Deux ou trois choses que je sais d'elle* (1967), c'est dans une scène de bistrot. On la voit assise à une table, tandis que derrière elle les *happy few* ont reconnu Helen Scott, éminence grise de la Nouvelle Vague, amie et correspondante de François Truffaut à New York. Juliet était donc une de ces créatures que l'on rencontre dans un café et qui se mettent à vous parler – souvenez-vous d'elle dans ce très beau film d'Alain Tanner, *Le Milieu du monde* (1974). C'est dans les bistrots qu'ont lieu les plus beaux dialogues de cinéma, les plus belles digressions métaphysiques, c'est là qu'on parle de la pluie et du beau temps, de la poésie et des événements du monde. La Nouvelle Vague l'avait magnifiquement compris. Qui pourrait nier que les plus belles scènes de café au cinéma, c'est dans les films de Jacques Demy et de Jean-Luc Godard qu'on les trouve ?

Aujourd'hui, le monde des « actrices de café » commence sérieusement à se dépeupler. Juliet vient de mourir d'un cancer. Elle avait 42 ans, un charme irrésistible et des amis partout dans le monde.

La Chinoise, *Week-end*, seule avec Jean-Pierre Léaud dans *Le Gai Savoir*... Léaud dont elle était à mes yeux le double ou l'envers féminin, une sorte d'Antoine Doinel en femme, plongée dans les années grinçantes de la lutte contre la guerre au Viêtnam, de la solidarité avec les peuples en lutte, des coups de cœur pour tous les laissés-pour-compte. Juliet Berto était au centre d'une tribu qu'elle s'était constituée où, de Godard à Rivette, de Glauber Rocha et Chris Marker à Joris Ivens, de Jean-Henri Roger à William Lubtchansky, d'Alain Maneval à sa nièce Fred, de Jean-Claude Brialy à Richard Bohringer, d'Yves Simon à Patrick Chesnais, sans oublier sa sœur Moune Jamet, photographe de plateau, Jean-François Stévenin et d'autres encore, qui tous se raccrochaient comme les maillons d'une chaîne infinie d'amour et d'affection, à fleur de peau et à fleur de mots. Une chaîne musicale également, métissée, très rythmique. Cette femme, belle avec sa moue enfantine, sa voix rauque et ses tonalités « blues », était un trait d'union entre l'univers romantique des vieilles chansons de Damia (Juliet venait de terminer un film sur elle) ou de Piaf, et les musiques africaines, brésiliennes ou antillaises d'aujourd'hui, qu'elle avait dans la peau. Elle était le voyage même, une figure d'astre émanant d'un corps minéral, que Rivette avait si bien captée dans *Céline et Julie vont en bateau* (1974). Du sang d'ailleurs coulait dans ses veines, qui faisait qu'elle était réceptive à toutes les douleurs, à toutes les révoltes, à tous les cris du monde, sans en faire pour autant une « pétroleuse » ou une militante au discours figé. Car ce qui dominait en elle, c'était une capacité d'écoute, un goût inné pour le trip, une façon de rendre poétique le langage de tous les jours, une énergie farouche, une ironie grave qui lui permettait d'étouffer en elle tous les cris, les coups de griffe qu'elle aurait jetés instinctivement contre les faux-semblants, la tentation morbide et les mystifications.

Neige (1981) et *Cap Canaille* (1983), deux films qu'elle coréalisa avec Jean-Henri Roger, puis *Havre* (1986), qu'elle assuma seule, portent les traces de ces alliances tissées, métissées et avec leurs personnages d'enfants perdus, comme elle, en butte aux trafics, aux mensonges et aux complots, anges désespérés de ne pouvoir s'envoler, entourant un vieux sage magicien (Joris Ivens dans *Havre*) sorti d'un conte pour enfants.

Le chemin de Juliet Berto s'est arrêté net, laissant ses nombreux amis un peu plus seuls, sans celle autour de qui s'agglutinaient tous ceux qui ne veulent pas tourner le dos au soleil.

Jacques Demy ou le bel entêtement
(1931-1990)

« L'amour se cache dans le cœur comme un voleur et secrètement organise son malheur, comme un ver dans une cerise au souvenir de son bonheur. »

Peau d'Âne (1970)

Avec la disparition de Jacques Demy, le sentiment qui nous saisit est que ce cinéma si original, si lié à l'enchantement et à la cruauté du conte – que depuis une trentaine d'années ce Breton de Nantes, doux et entêté, s'était évertué à inventer et mettre en scène –, va disparaître. Non à cause de l'oubli, car nous avons tous en mémoire quelque chose de Jacques Demy, une rime, une image, une couleur, une douleur, mais du paysage cinématographique français.

Son œuvre, inimitable et inimitée, avait poussé totalement à part dans le jardin du cinéma français. De toute la génération des cinéastes de la Nouvelle Vague, dont il était un cousin proche, Demy fut sans aucun doute le plus *artiste*. Le mot est à prendre simplement : un artiste est celui qui croit aux belles choses et s'emploie à les créer. Si cette définition est juste, il n'est pas illogique de dire que les autres ne l'étaient pas ou l'étaient moins : plus moralistes, pédagogues ou savants. Jacques Demy était uniquement et naturellement artiste, de la tête aux pieds et jusqu'au bout des doigts. Cela ne le gênait aucunement d'assumer ce rôle, car son désir de cinéma était lié à l'enfance.

Dans un coin de grenier, au-dessus du garage familial, à Nantes, le petit Jacquot – c'est ainsi qu'on l'appelait – s'était construit une sorte de lanterne magique servant à projeter des images peintes sur un mur de sa chambre. Il s'amusait aussi à confectionner des personnages en carton qui venaient égayer ensuite un théâtre de marionnettes très coloré ; grâce à ces dispositifs de *mise en scène*, l'enfant Jacquot s'amusait à raconter des histoires. Seul, pour lui-même. Apprentissage de l'art, comme de la solitude. Cela marque un enfant à jamais. On a beau dire, ces secrets d'enfance, cette magie bizarre et pas très catholique, ne vous quittent pas de sitôt. Ce sentiment de l'enfance, du « Il était une fois... », n'a cessé d'habiter les douze ou treize films de Jacques Demy (si l'on inclut *La Naissance du jour*, son très beau téléfilm d'après Colette).

Et pourtant, son œuvre n'a cessé de susciter malentendus et méprises. Rien n'est plus cru et cruel que les films de Demy. Sous couvert de couleurs et d'enchantements, de féerie et de rêve, le message est souvent d'une profonde noirceur. Les personnages ne cessent de se rater, car tel est leur destin. Ils s'accouplent, c'est leur fonction. On ne sort pas de là. Tout en fait est ramené à une fonction surdéterminée, accablante, prédestinée. C'est Lola qui attend pendant sept ans son Michel disparu, parti très loin en lui laissant un enfant sur les bras. C'est Roland Cassard, qui erre dans Nantes désert à la recherche de l'âme sœur, et dont l'amour pour Lola est sans avenir. C'est Guy et Geneviève, dans *Les Parapluies de Cherbourg* (1964), dont le bel amour est trop pur, trop beau, pour pouvoir durer et affronter le temps et les intempéries (la guerre d'Algérie). C'est, dans *Les Demoiselles de Rochefort* (1967), l'incroyable ballet qui organise sciemment le ratage d'un millimètre des cheminements des deux sœurs, Delphine et Solange (Catherine Deneuve et Françoise Dorléac), toutes deux à la recherche du fiancé idéal. C'est, dans *Une chambre en ville* (1982), le mauvais sort qui rend l'amour impossible entre François (Richard Berry) et Edith (Dominique Sanda), un amour contrarié et contrariant puisqu'il oblige aussi à rompre, l'une avec Edmond (Michel Piccoli), et l'un avec Violette (Fabienne Guyon). Avec en toile de fond la lutte des classes. C'est, dans *Trois Places pour le 26* (1988), son dernier film, ce jeu de hasard très programmé qui lie Yves Montand et Marion (Mathilda May), cette jolie groupie qui n'est autre que sa fille. Comme le conseille et le chante la Fée des Lilas, alias Delphine Seyrig, dans *Peau d'Âne* (1970) : « Mon enfant, on n'épouse jamais ses parents… »

Il faudrait reprendre les films un par un et renouer le fil rouge d'une œuvre dont la logique implacable, sombre, est d'un pessimisme cruel, souvent tragique ; et voir avec quelle légèreté Demy s'est amusé à faire se rencontrer de drôles de créatures, inventées de toutes pièces à partir de son imaginaire enfantin et faussement naïf. Car il y a chez lui des constantes. La province, par exemple, comme lieu foisonnant d'histoires plus ou moins cocasses, propices aux contes ou au tragique. Le café, comme lieu de passage et de rencontre (Demy est *le* cinéaste de la rencontre : aucune difficulté pour lui à faire se rencontrer, dans la légèreté la plus absolue, les créatures les plus étranges), théâtre public où se disent et se chantent les sentiments. La relation mère-fille, fondée sur l'absence du père – donc de la Loi : le père mort, en voyage, fuyant, ayant quitté le port d'attache ou largué les amarres – et toutes les variantes possibles : la mère éducatrice, possessive, jalouse, perverse, drapée (quand elle est Baronne) dans sa dignité de femme délaissée, rôle dévolu à la grande Danielle Darrieux... La haine irrépressible de l'aristocratie, véhiculant cette culture apparemment supérieure et hautaine, mais qui n'est que méprisable car elle rate ce qu'il y a de piquant et riche dans les destinées des petites gens...

Allons plus loin. Il y a chez Demy une drôle de manière de parler de l'amour : déclamation, imploration, lamentation, chant, exhibition. La forme par laquelle les hommes et les femmes crient et chantent leur amour peut aller jusqu'à l'obscénité. Une obscénité que ne craint pas le cinéaste, comme s'il y avait chez lui, poète tragique des couleurs et des rythmes, formes en apparence douces et belles, un anthropologue qui se cache : un autre Jacques Demy, celui qui, depuis sa place de metteur en scène-chorégraphe, observerait les relations entre humains sous le seul signe de l'accouplement. Revoyons chacun des films, y compris l'étrange *Peau d'Âne* tiré d'un conte de Perrault : c'est le sort qu'invoque Jacques Perrin (« J'épouserai celle à qui cette bague ira, quelle qu'elle soit ») pour capturer la belle Peau d'Âne (Catherine Deneuve), et empêcher de justesse un inceste qualifié par la Fée Delphine Seyrig de « passion lamentable ». Inceste encore, implicite, dans *Trois Places pour le 26*. Comme si l'inceste n'était pour Demy qu'une variante possible et particulière, du fait du mauvais sort ou d'un mauvais numéro tiré par ses personnages, de l'amour-accouplement. Il faut que chacun trouve sa chacune, car c'est ainsi que le monde tourne. Les mères sont délaissées, veuves et encore belles – elles sont d'ailleurs parfois à deux doigts de rivaliser avec leurs filles devant les jeunes amants. Les jeunes filles n'ont pour mission que de trouver chaussure à leur pied : l'amant idéal, le futur mari, enfin le géniteur. Voir la fin incroyablement anthropologique et magnifique des *Parapluies de Cherbourg* : Geneviève (Catherine Deneuve) quitte la station-service dans sa Mercedes noire, avec sa fille Françoise (la petite Rosalie Varda), laissant Guy (Nino Castelnuovo), ex-fiancé et père de la fillette : la caméra s'élève, il neige, Madeleine, la femme de Guy, arrive avec le petit François. Une famille impossible s'efface pour laisser place à une famille *possible*, réelle et normale, avec comme trait d'union un enfant né d'un amour contrarié. Mais rien ne dit que Guy ne quittera pas Madeleine pour une autre, ou inversement. Ou plutôt, tout dans les films de Jacques Demy indique cette précarité de l'amour. Dans ses films, on s'aime à la vie à la mort, on s'accouple, mais le temps joue son mauvais rôle et tout est à nouveau possible. Une rencontre, par exemple. Au fond, le temps est peut-être le personnage principal des films de Jacques Demy.

Deux mots sur l'homme pour finir, que les *Cahiers* ont toujours respecté et aimé. Faussement doux – comme ses films –, presque timide, entêté aussi, comme le pensent, je crois, beaucoup de ses collaborateurs. Mais il faut bien comprendre que cet entêtement le protégeait, le maintenait en lien avec ce monde de l'enfance, naïf et cruel, exigeant et beau. Sans cet entêtement, le cinéma de Jacques Demy aurait été impossible. Et sans Jacques Demy, le cinéma français aurait été orphelin. Ce qu'il est malheureusement aujourd'hui.

Pierre Braunberger ou la mémoire du cinéma

(1905-1990)

Avec Pierre Braunberger, la conversation avait ce privilège de vous faire embrasser toute l'histoire du cinéma, donc de remonter aux origines. Quand il évoquait son père, digne représentant d'une très ancienne famille de médecins lyonnais, il ne manquait pas de mentionner que celui-ci avait un jour soigné Louis Lumière, victime sans doute d'une mauvaise grippe. La vie de Pierre Braunberger se confond donc avec celle du cinéma depuis l'origine. Le ruban de ses quatre-vingt-cinq années de vie, une vie plutôt gaie, réussie, même s'il connut des hauts et des bas, s'enroule autour du cinéma sans défaillance, jusqu'à la fin. Je suis persuadé que la semaine dernière encore, Pierre était occupé à un projet de film, de court ou de long-métrage. C'était sa vie.

À moins de 20 ans, poussé par son père à se préparer pour mener une vie d'aventure, il part pour Berlin, baccalauréat en poche, puis à Londres où il suit un stage chez un fabricant de matériel de projection de films. En 1923, ce sera l'Amérique où Pierre Braunberger travailla quelques semaines à la Fox, avant d'être embauché par Irving Thalberg à la MGM. Son désir de producteur s'enracine alors inéluctablement. Au plus près de la légende.

Dès lors que ce diable de petit homme eut mis le pied à l'étrier, sa vie se confondit avec celles de Jean Renoir, Marc Allégret, Luis Buñuel, Alberto Cavalcanti, Sacha Guitry et tant d'autres. Mais, de tous, Renoir était son maître. Il parlait du Renoir des années 1920, et de ses démêlés avec l'establishment cinématographique d'alors, comme si vous y étiez. De la projection chahutée de *Nana* par un public hostile – c'était en 1926. De ses propres ennuis pendant la guerre, où il fut contraint, parce que juif, de se cacher en province, ce qui lui fit rencontrer André Malraux résistant. C'est grâce à Pierre Braunberger que *Partie de campagne*, l'un des plus beaux films de l'histoire du cinéma, put enfin sortir sur les écrans en 1946, dix années après la fin d'un tournage interrompu à cause du mauvais temps et de l'engagement de Jean Renoir pour réaliser *Les Bas-fonds*. Dans les années cinquante, il produisit un grand nombre de courts-métrages de jeunes inconnus – Alain Resnais, Chris Marker, Jean Rouch, François Reichenbach (dont il était parent), Claude Lelouch et beaucoup d'autres. Le premier court-métrage estampillé « Nouvelle Vague », à savoir *Le Coup du berger* réalisé par Jacques Rivette en 1956, c'est lui. Assis dans son antique bureau du 95 Champs-Élysées, il parlait avec une certaine jubilation de Godard et de Truffaut dont il avait produit *Tirez sur le pianiste* (1960) et *Vivre sa vie* (1962). Pierre Braunberger était souvent là au début de la carrière de tous ces cinéastes que nous venons de citer. Mais souvent, cela ne durait pas plus d'un film ou deux. Mystère. Je ne peux pas ne pas mentionner *L'amour existe*, sublime court-métrage de Maurice Pialat réalisé en 1960, avec une musique de Georges Delerue, autour du thème de la banlieue. Au-delà d'un film ou deux, tous ces cinéastes ont choisi ensuite d'aller voir ailleurs ou préféré se produire eux-mêmes, comme François Truffaut. Pierre Braunberger fut souvent celui qui leur donna leur première chance.

Mais ce n'est pas de sa vie que je veux parler – je renvoie au livre de propos recueillis par Jacques Gerber, *Cinémamémoire, Pierre Braunberger* (Éditions du Centre Pompidou/CNC). C'est de l'homme que j'ai eu la chance de connaître. Il était un producteur de légende, parlant avec passion de cinéma (il ne parlait que de cela, des femmes aussi, et de la bonne nourriture qu'il appréciait en critique gastronomique qu'il fut un temps pour *Le Matin de Paris*), en remontant tout le film jusqu'aux origines. Mille anecdotes, comme si c'était hier. Car l'essentiel est que cet homme ne vivait qu'au présent. Il donnait ce sentiment inappréciable, malgré un âge respectable, qu'il y avait toujours quelqu'un à découvrir, un jeune cinéaste à produire, *aujourd'hui*. Il aurait pu, après cinquante ou soixante années de bons et loyaux services rendus à la cause du cinéma, se contenter de gérer son image ou son catalogue de films. Mais Pierre Braunberger préférait demeurer aux aguets, l'œil fixé sur l'écran, flairant le nouveau talent. Il pouvait se tromper, mais le geste et l'attitude étaient justes : le cinéma se fait toujours au présent, en regardant des films, en produisant des courts-métrages, en encourageant les nouveaux venus. Il n'avait pas son pareil pour le faire et il existe à Paris un nombre considérable de cinéastes qui le savent et lui doivent d'être devenus ce qu'ils sont.

Pierre était aussi un ami fidèle des *Cahiers du cinéma*, depuis toujours, et cet ami que nous perdons ne sera pas oublié de sitôt.

Serge Daney, parce que l'amitié !

(1944-1992)

J'ai connu Serge en 1972. Jeune homme paumé, je venais de débarquer à Paris pour m'éloigner du gauchisme militant qui occupait ma vie à Grenoble. Je m'étais inscrit à Paris 3-Censier en sachant que l'équipe des *Cahiers* y enseignait le cinéma. C'était mon seul salut, ma seule lueur d'espoir : rencontrer des gens de passion. J'en avais moi-même fini avec cette autre passion, la politique, que comme beaucoup de ma génération j'avais vécue de manière intense en mai 68 et durant les mois qui suivirent. Il fallait passer à autre chose et j'avais peu à offrir. Juste une lucidité qui, à l'époque, pouvait passer pour du désenchantement.

Avec Serge l'amitié est née facilement, spontanément, sans une once de rivalité. Il s'est contenté du peu que j'avais à offrir et lui m'a tout donné. Nous étions si différents, mais au fond l'un et l'autre assez paumés. On ne vivait pas très bien l'époque, la fin lente du dogmatisme théorique et militant, et fort heureusement il y avait cette amitié entre nous et celle avec les deux Pascal, Bonitzer et Kané, et notre amie Sarah Rafowicz, pour nous réchauffer... Quelque chose – sans doute les discours ambiants et les crispations idéologiques – faisait que Serge était mal dans sa peau. Il se voyait obligé de confronter ses propres idées sur le cinéma avec cette langue de bois ou ce pathos d'une époque, qui prétendait n'invoquer que des vérités collectives – et définitives. Le discours du « nous » ne lui allait pas du tout, et il mit quelque temps à s'en débarrasser.

Cette lutte avait lieu aussi à l'intérieur des *Cahiers du cinéma*. Un noyau d'étudiants-cinéphiles dont j'étais, tout comme Jean Hatzfeld, lui aussi ex-Grenoblois gauchiste « monté à Paris », se forma autour de la revue : le « Groupe Lou Sin d'intervention idéologique ». Tout un programme ! Le climat à l'intérieur de la revue était peu propice à la sérénité et dire « je » revenait à prendre tous les risques. Le paradoxe, c'est que le dogmatisme imposé rendait possibles de vraies relations sauvages, à la base. Ainsi, entre nous, l'amitié est née sur fond de résistance. Avec moi, Serge pouvait dire « je », mais il manquait à son « je » des choses essentielles qui concernaient la sphère intime, familiale, qu'il taisait. Question de pudeur. J'ai mis près de vingt ans à lui poser quelques questions essentielles, sur ses origines, sa famille, alors que mon histoire lui était transparente. Il m'avait présenté sa mère, Huguette, le personnage central de sa vie, qui était heureuse de notre amitié. Avec lui j'étais bon client parce que j'écoutais, patiemment. En fait, j'étais à la meilleure école pour apprendre et combler mon ignorance cinéphile. Notre relation s'est construite ainsi : une écoute attentive, de temps en temps une relance de ma part – un nom de cinéaste ou un titre de film –, ce qui lui permettait de dériver ailleurs. Toujours la parole… J'avais plaisir à le faire parler de ses voyages, des villes et des pays qu'il avait traversés et que j'imaginais grâce à lui. Serge était un atlas vivant… Il n'était pas encore le Serge souverain que l'on a reconnu plus tard, il n'avait pas encore eu l'occasion de prendre son envol ni de donner à ses idées et à son intelligence critique toute leur ampleur. Cette métamorphose eut lieu plus tard, une fois qu'il accepta de jouer vraiment son rôle.

L'occasion se présenta en 1974 quand il fallut remettre en état les *Cahiers du cinéma*, sévèrement endommagés après quatre ou cinq ans de dogmatisme militant et d'éloignement du septième art. Serge en hérita un peu malgré lui. Dos au mur, il improvisa et, après quelques tâtonnements, contribua à mettre la revue sur de meilleurs rails. Personne ne l'avait appelé pour qu'il joue ce rôle, et lui souffrait de ce qu'on n'avait pas pris la peine de lui transmettre le témoin. Il n'avait rien d'autre à faire de sa vie et, disait-il, se trouvait disponible. Je ne pouvais lui offrir que d'être à ses côtés. Il accepta mon concours, plus par amitié que pour mes compétences. Ainsi nous fîmes alliance, partageant plusieurs années le même bureau sombre, passage de la Boule-Blanche, du côté de la Bastille. Dans notre alliance il apportait l'essentiel : des principes, une culture immense, un projet de revue fondé sur le désir d'accompagner les expériences de cinéma les plus fortes et les plus folles. Les plus osées. Plus une envie de rattraper le temps perdu au début des années 1970. Il disait de moi que j'avais assez de sens pratique, tactique ou, paraît-il, politique. Notre combinatoire était fertile et contribua lentement mais sûrement au renouveau des *Cahiers du cinéma*. Serge ne craignait personne et pouvait, dans des situations délicates, s'en sortir par la parole, sachant faire taire les velléités de ceux qui contrecarraient ses propres analyses – les malheureux avaient généralement tort – ou remettre en place par un mot ou une réplique cinglante tous ces gens mal élevés qui animent les médias.

J'ai toujours admiré chez Serge cette façon de donner de la hauteur aux choses et d'obliger les autres, dont moi, à se mettre au niveau. Et je sens qu'il me manque déjà ; que je n'aurai personne à qui penser, sinon à lui bien sûr, lorsque j'aurai des doutes sur un film, un livre, une émission, ou que je serai devant un choix personnel à faire, tout simplement. Oui, l'amitié avec Serge avait un sens : c'était une exigence à laquelle il fallait se tenir et demeurer fidèle.

Ces années 1970 n'appartiennent pas aux meilleurs souvenirs de Serge. Trop austères, trop pudiques, trop coincées. Moi, égoïstement, je m'en souviens comme d'années complices où nous avons beaucoup partagé. Il m'est difficile de parler de Serge aujourd'hui, alors que je lui dois tant de choses qui m'ont formé comme critique de cinéma. En vérité, j'ai longtemps profité de cette place d'*écouteur* qu'il m'assignait – ce qu'il fit aussi avec d'autres, que ce soit aux *Cahiers* ou plus tard à *Libération*. Oui, j'ai profité de l'intelligence généreuse de Serge, en espérant grappiller ici ou là quelques idées qui pouvaient m'aider à forger mon propre discours sur le cinéma. Lui qui, à propos de n'importe quel film, pensait si fort et si naturellement le cadre, n'a peut-être pas su à quel point il m'a aidé, comme il en a aidé d'autres, à donner un cadre à ma vie et à mon rapport au cinéma. Il s'en inquiétait encore récemment, me demandant ce que j'allais devenir et me disant que mon heure venait d'accomplir quelque chose.

Durant sept ou huit ans, nous avons ensemble, crânement, représenté la revue. Beaucoup de souvenirs, parfois cocasses. Exemple en 1975, lorsque nous allâmes présenter *La Grande Bouffe* de Marco Ferreri (1973) et *Lancelot du Lac* de Robert Bresson (1974), dans un climat incroyable à la Cinémathèque d'Alger, bondée d'hommes qui nous houspillaient en nous reprochant « l'absence de la lutte des classes chez Bresson » ; quelques femmes timides osaient braver le gauchisme ambiant en venant voir le film de Ferreri, qui défraya la chronique. Serge et moi tentions de faire passer une certaine idée du cinéma dans cette ambiance houleuse, militante, hostile. Diverses animations de ciné-club au Maroc, invités par notre ami Nour-Eddine Saïl, devant un parterre de garçons médusés. En novembre 1975, ce voyage à Grenoble pour rencontrer Godard et renouer avec lui le dialogue sur le cinéma. Serge était sorti blême de ce long rendez-vous, tant cela l'avait impressionné. Ou encore, la même année, lorsque nous nous étions rendus en mission de réconciliation chez François Truffaut dans ses bureaux des Films du Carrosse. De son accueil courtois et médusé.

Mais là n'est plus l'essentiel. Fin décembre 1991, chez Serge, rue Traversière, nous parlons de ce projet de livre auquel il tient énormément, qui serait comme une ciné-biographie confrontant sa vie au cinéma, dans une sorte d'autoanalyse ou de psychanalyse sauvage. Il m'en confie le premier chapitre, sur le fameux « travelling de *Kapo* », le seul qu'il ait écrit de ce livre intime dont il aurait voulu qu'il soit l'équivalent au cinéma du livre de Maurice Blanchot *L'Espace littéraire*. En réalité, Serge luttait contre le temps et la maladie.

À peine rentré chez moi, je lui écris, avant de partir pour les vacances de Noël en Israël. « Cher Serge, j'ai trop tardé. Je me propose enfin de t'aider en étant ton interlocuteur pour ce livre. Enfermons-nous quelque part le temps qu'il faudra et enregistrons nos conversations. Et de ce long entretien tu tireras un livre… » Je n'avais que trop tardé à me mettre à sa disposition, en face de lui, pour ce dialogue. Pour quelles raisons ? Je l'ignore et j'avais largement sous-estimé l'urgence. Serge a hésité, pensant qu'il était trop tard et qu'entre nous le moment d'intense complicité était révolu. Il en était à une autre étape de sa vie, la dernière, qui ne lui laissait aucun droit à l'erreur. Il me l'a dit avec son habituelle franchise, sa totale honnêteté intellectuelle. J'ai insisté. Alors nous avons pris date, la condition émise par lui étant de quitter Paris quelques jours.

Le 7 février 1992, j'ai rejoint Serge aux environs d'Aix-en-Provence, à Éguilles, où j'avais réservé deux chambres dans un hôtel d'ailleurs vide. Nous y séjournons trois jours et, à raison de plusieurs heures par jour, j'enregistre ses propos. Malgré la fatigue, la difficulté qu'il a à se nourrir, Serge parle longuement de sa vie, de son histoire personnelle et familiale. L'ensemble est bouleversant. Il me parle aussi de ce qu'il ne m'a jamais confié, au plus fort de notre amitié et de notre complicité. De sa relation d'alliance avec sa mère *contre* le monde des adultes. De la fierté blessée de celle-ci (il parlait de « l'accablante fierté des pauvres »), qui l'avait élevé seule, avec ce mélange de peur de la société et d'idée qu'elle n'en tiendrait aucun compte. Fière et insoumise. Du fait qu'il était un enfant naturel et qu'autour du père inconnu il s'était créé une légende : la guerre, cet homme venu d'Europe centrale, juif, lié au cinéma, parlant toutes les langues, arrêté par la Gestapo… Je ne peux en dire plus.

Tout ce qu'entre amis l'on se dit quand on est jeunes, pas trop fiers, et que la vie est simple, Serge n'avait pu le dire à personne. C'était son secret, son lourd secret, ce à quoi il tenait et qui donnait une cohérence à sa vie, à son amour des langues, des voyages et des cartes postales, à son attirance pour les hommes jeunes. C'est ce qui explique qu'il soit tombé en arrêt devant l'article de Rivette sur *Kapò*, dans les *Cahiers* jaunes, ou que *Nuit et Brouillard* l'ait si particulièrement secoué lorsqu'il le vit, élève au lycée Voltaire. C'est aussi la raison pour laquelle tout ce qu'il a dit et écrit sur le cinéma trouve son point d'origine dans l'idée insoutenable des camps de concentration. Alors, je compris d'où venait le ton rhapsodique de Serge, depuis toujours, sa manière de parler et d'écrire, qui renvoyait à cette vérité cachée en lui, qu'il projetait à travers sa passion du cinéma.

Serge ne s'est jamais plaint d'être malade. Il a accepté son sort, d'une manière si stoïque que tous ses amis l'ont admiré plus encore. La maladie a fixé un terme à son parcours et lui s'est dit qu'il fallait boucler la boucle. En gardant l'essentiel, à savoir le style. Le cinéma, me disait-il, est le lieu du père, à condition *qu'il n'y soit pas*, même si on passe sa vie à le chercher dans le monde entier, dans toutes les langues et dans tous les films, sur tous les écrans. En parlant de lui, Serge disait qu'il était simplement un garçon doué pour les études, littéraire, introverti, et qui avait une passion : le cinéma. Pour parler de lui je dirai simplement : quand il était là, il occupait absolument tout l'espace, il ne pouvait rien m'arriver, sachant qu'il était là. Cela me donnait un sentiment de plénitude.

Cyril Collard, oiseau rare

(1957-1993)

Je me souviens d'un dimanche il y a trois ans où, lisant des scénarios de premiers films à la pelle, quelques jours avant une réunion de la Commission d'avances sur recettes dont j'étais membre, je suis tombé sur celui des *Nuits fauves*. Et de mon sentiment de découvrir un univers auquel j'étais en tout point étranger, avec son langage, ses corps, ses frontières. Cette manière de décrire les personnages, généreuse, foisonnante, d'offrir là son matériau filmique intime, de décliner une identité de cinéaste de manière abrupte, impudique, rompait avec le style habituel des premiers films français. C'était un scénario comme on en lit rarement, mais l'écriture de Cyril Collard m'avait assailli, presque gêné, comme si cette liberté en train de s'affirmer me faisait peur. Déjà cette force naturelle, spontanée, qui consiste à s'inscrire dans la vie...

Je me souviens de l'état d'esprit qui régnait au sein de la Commission et des réticences de certains : quelques-uns d'entre nous s'étaient battus pour que ce projet puisse bénéficier d'une aide. Il nous paraissait évident que rien ne devait entraver cette énergie, cette vitalité, pas même les craintes secrètes qu'une trop grande liberté empêche cette matière vivante de trouver une forme en chemin.

Je me souviens d'un dîner, plus tard, aux Halles, après la projection de *La Désenchantée* de Benoît Jacquot à la Vidéothèque de Paris. Cyril Collard avec ses airs de rocker, sa manière d'exister, son style : une présence au monde, sans jamais faire le fanfaron. Je me souviens surtout de la projection des *Nuits fauves*, le 8 septembre, chez UGC à Neuilly. De mes sentiments immédiats de doute et d'adhésion, comme si une fois encore j'étais confronté à cette langue et à ce pays qui m'étaient étrangers, mais que ce monde ne m'était pas hostile, qu'il suffisait d'en saisir le flux. Après la projection, le dîner avec Cyril Collard et Claude Davy, son attaché de presse. Les premiers mots sur le film : absence de tabou, sexualité dégagée de tout jugement judéo-chrétien, jeu avec les images-clichés… Dans *Les Nuits fauves*, Cyril Collard nous interpelle depuis l'autre berge, c'est là l'originalité incroyable de son film, qu'il adresse à nous qui sommes ou bien sur une rive du désir, ou bien sur l'autre, depuis le milieu du gué : lui seul, en riant, pouvait apercevoir les deux côtés du fleuve. Tentative cérébrale, donc maladroite, de parler de soi en tant que spectateur d'une si étrange expérience de cinéma.

Trois jours après, je me souviens du long et passionnant moment de l'entretien qu'il accorda aux *Cahiers du cinéma* : confirmation que Cyril s'est réellement posé des questions de cinéma. À savoir : le temps qu'il faut pour partager, avec les acteurs, les techniciens, cette expérience cinématographique où l'on est soi-même objet et sujet, celui qui regarde et celui qui est regardé. Ou bien le rythme comme manière de se mettre en déséquilibre pour créer des ruptures, éviter les clichés.

Ou bien encore le refus de respecter les traditionnelles frontières entre ce qui relève de l'espace du jeu et ce qui est réservé à celui de la mise en scène… Moment théorique d'une grande vivacité, presque juvénile.

Mais j'arrête car je n'ai pas la prétention de parler de Cyril Collard, l'ayant trop peu connu. Des *Nuits fauves*, j'ai dit sincèrement, modestement, le bien que j'en pensais dans les *Cahiers* il y a six mois. Cyril Collard était un cinéaste doué, jeune, plein de charme et de séduction, c'est vrai, d'autres l'ont dit ou écrit dans la presse ces derniers jours. Surtout il n'avait peur de rien. Lorsque vous étiez en face de lui, la liberté avec laquelle il parlait de cinéma, cette liberté qui était la sienne continuellement dans sa manière de penser et de vivre, de filmer et de vous inclure dans l'espace, vous mettait dans un drôle d'état. Comme si vous aviez affaire à un oiseau rare et que cet oiseau rare vous donnait envie de le suivre et de voler avec lui.

Le cinéma est deleuzien

(1925-1995)

Avec la mort de Gilles Deleuze, survenue le 4 novembre dernier, les *Cahiers du cinéma* ont perdu un compagnon de route. En réalité, c'était nous qui étions ses compagnons de route. Ce qu'il y a d'ailleurs eu d'étrange dans notre histoire avec lui, c'est qu'au moment où la revue traversait les années soixante-dix, au sortir des idéologies ingrates et sclérosantes, lui-même, alors que nous n'y prenions pas garde, suivait de près la manière dont nous rendions compte de l'état du cinéma pour nourrir sa propre réflexion. Nous étions *vus* et *lus* par lui, alors que nous-mêmes à l'époque, il faut bien l'avouer, nous ne voyions pas grand-chose. Pour cela aussi notre dette à son égard est immense.

Des grands penseurs français qui ont compté ces trente dernières années, Deleuze était le seul à *vraiment* aimer le cinéma. À le connaître et à mieux nous le faire comprendre. Il n'a eu de cesse de mettre le cinéma sur les hauteurs de la pensée. Celle des idées et des concepts. Le cinéma avait donc une place de choix dans son travail philosophique. Michel Foucault, dont nous avions également croisé à plusieurs reprises la route, avait une relation, comment dire, assez faible avec le cinéma. C'était nous qui le sollicitions ; je me souviens d'un entretien chez lui, rue de Vaugirard, en 1974, à propos de la « mode rétro », au tout début des « années Giscard ». Foucault avait accepté de parler du cinéma comme d'une machine idéologique. Mais c'était surtout stimulant pour nous. Serge Daney et moi lui avions fortement conseillé d'aller voir *Ici et ailleurs* de Jean-Luc Godard et Anne-Marie Miéville, un film qui nous faisait beaucoup réfléchir à l'époque et nous servait presque de bréviaire. Je revois encore Foucault, devant le cinéma 14-Juillet-Bastille, furieux contre Godard et nous engueulant presque de lui avoir recommandé d'aller voir le film… Ce théoricien des plaisirs avait dû souffrir le martyre en voyant ce film rhétorique et militant, très didactique.

Roland Barthes se forçait à s'intéresser au cinéma, même s'il faisait entièrement confiance à quelques amis très cinéphiles, dont André Téchiné. Le cinéma a-t-il compté pour Jacques Lacan ? Sans doute, mais l'inverse est plus important : le cinéma s'est beaucoup intéressé à Jacques Lacan. Louis Althusser ? Je ne me souviens pas d'une quelconque trace.

Gilles Deleuze était *un vrai cinéphile.* Au sens fort du terme. Pas celui, paresseux, où on l'entend en général, dans le fait d'accumuler tristement une quantité impressionnante de films vus. Il a compris mieux que nous et avant nous en quoi *la société elle-même était cinéma.* En quoi la fonction cinéma rejoignait la société, ou parfois se heurtait à elle. Qu'il fallait *penser le monde avec le cinéma*, et le cinéma avec le monde. Penser le monde comme représentation, flux d'images, mêlant le visible et l'invisible, l'image et l'idée. Oser opérer des branchements, des connexions esthétiques, ne pas en rester à des généalogies strictement cinéphiles, ni s'enfermer dans les « genres ». Je n'ai rien lu par exemple d'aussi intelligent sur le cinéma d'Alain Resnais que les pages que lui consacre Deleuze dans *L'Image-Temps.* On pourrait le dire de beaucoup d'autres cinéastes, tant sont multiples les références, généreuses les entrées et les citations amicales, dans ses deux ouvrages sur le cinéma publiés aux Éditions de Minuit[1].

L'autre soir, sur Arte, je regardais l'*Abécédaire* de Gilles Deleuze où il répondait avec une incroyable gentillesse aux questions de son amie Claire Parnet. Il était justement question de l'amitié. Complicité intellectuelle, langage fluide, accessible. Aucun faux-semblant, mais au contraire un art de converser et de rendre le monde des idées à la portée de chacun. Il parlait de l'amitié comme d'une forme ou d'une relation qui aide à penser. Si depuis 1968 Deleuze a si fortement marqué notre époque, c'est qu'il a ouvert presque naturellement la pensée à des « catégories » vivantes (l'amitié, justement), obligeant la philosophie à redéfinir ses frontières avec l'espace *poétique*. C'est à ce titre que le cinéma, en tant qu'il a été un gigantesque réservoir de formes et de figures, ne pouvait que l'intéresser et le passionner.

Deux ou trois souvenirs pour évoquer cet homme de qualité. D'abord sa silhouette, imperméable et chapeau gris, comme tirée d'un film de série noire. Vers le milieu des années 1970, quand les *Cahiers du cinéma* organisaient chaque année leur « Semaine » de films inédits au cinéma l'Action-République alors dirigé par notre ami

1. *Cinéma 1, L'Image-Mouvement* et *Cinéma 2, L'Image-Temps*, Collection Critique, Éditions de Minuit, 1983 et 1985.

Paulo Branco, l'apercevoir assez régulièrement parmi la foule de spectateurs venant découvrir « nos films » nous procurait un réel sentiment de fierté.

Fierté aussi et grande joie de Serge Daney lorsque Deleuze accepta, en 1986, de préfacer son recueil d'articles parus dans *Libération* d'un texte magnifique[2]. Vers la fin des années quatre-vingt, je ne sais quel désir incongru me prit de vouloir faire se rencontrer Gilles Deleuze et Jacques Rivette, sachant qu'ils ne se connaissaient pas, lors d'un dîner chez moi. Vers dix-sept heures, une panne d'électricité avait soudainement mis le quartier de Montparnasse dans le noir complet. J'habitais tout en haut d'un immeuble sans ascenseur et guettais l'arrivée de Deleuze, une bougie à la main. Descendu à sa rencontre, je le surpris en pleine conversation avec le jeune fils de la concierge. De quoi parlaient-ils ? Je l'ignore mais ils avaient l'air de bien s'entendre. Tant qu'à faire, cet homme fragile de santé prenait son temps pour grimper jusqu'à mon domicile. Ni moi ni la lumière ne lui étions indispensables. Plus tard au cours du dîner, il évoqua Nerval devant un Rivette plutôt timide. Beauté et puissance des ténèbres...

Sur Arte encore, un des plus beaux moments de cinéma qu'il m'ait été donné de voir ces derniers temps. Juste après une rediffusion du fameux *Cinéaste de notre temps* consacré en 1966 à Pasolini, réalisé par Jean-André Fieschi, Arte diffusait une sorte de *post-scriptum* : *Ninetto le messager*, tourné par le même Fieschi avec Ninetto Davoli, l'acteur fétiche de Pasolini.

2. Serge Daney, *Ciné journal* (1981-1986), préface de Gilles Deleuze, éditions des Cahiers du cinéma, 1986.

Ce document était fascinant d'intelligence car il faisait revivre sans nostalgie une histoire d'amour entre un cinéaste et son acteur. Un homme et son double, chacun étant le double de l'autre. En écoutant Ninetto, on avait le sentiment que Pasolini parlait lui-même, *à travers sa propre langue, sa propre voix et son propre corps*, réincarnés dans la voix, le regard et le corps de son alter ego. Ce n'était pas la « voix de son maître », mais tout autre chose, de beaucoup plus humain, de beaucoup plus fort et miraculeux, grâce à la présence gaie et à l'intelligence joyeuse de Davoli. À deux ou trois reprises, Davoli dit que P.P.P. et lui ne voulaient « faire qu'un seul corps » ; il évoque aussi son éveil au monde, guidé par Pasolini. Et Davoli dit cette chose magnifique, la première fois qu'il vit la neige : « Pier Paolo regardait ma joie à travers mes yeux. » Il y avait de la pensée dans cet hommage sans tristesse, une manière de sautiller d'une idée à l'autre et d'être toujours *juste* dans l'évocation d'un ami, d'un amant, d'un frère ou d'un maître. Cela change des perfidies lues ici ou là à propos de Pasolini. Entre autres dans *L'Express*, où Angelo Rinaldi s'est permis d'écrire des propos d'une rare bassesse.

Sur Arte encore, un autre film passionnant sur le cinéma (diffusion : janvier 1996) : *7 chapitres, 5 jours, 2 pièces-cuisine*, le portrait d'Alain Cavalier par Jean-Pierre Limosin. C'est le meilleur de la nouvelle série de Janine Bazin et André S. Labarthe, *Cinéma, de notre temps* (avec celui consacré à Abbas Kiarostami, du même Limosin). La complicité entre Cavalier et Limosin est sincère, c'est même elle qui rend le film possible. Complicité pratique : Limosin réalise et prend le son, aidé par un preneur d'images. Ultra-réduite, cette équipe peut enregistrer ce qui fait l'extrême singularité d'un cinéaste qui semble vouloir se retrancher du monde, pour mieux le regarder et mieux le filmer. Il y a du dandysme chez Alain Cavalier, une forme de solitude gaie. Par exemple, quand il explique qu'il vient de faire un nouveau long-métrage, cette fois seul, muni d'une minuscule caméra vidéo qui tient dans la main, sans scénario, à partir d'un dispositif minimum – là, c'est vraiment la caméra-stylo, concept inventé il y a un demi-siècle par Alexandre Astruc. Réduire le cinéma à sa plus simple expression, saisir la vérité du monde invisible, filmer en disparaissant soi-même, tout en faisant disparaître l'attirail du cinéma, sa machinerie encombrante : telle est l'obsession d'Alain Cavalier aujourd'hui. Il en parle avec intelligence et pudeur. En toute confiance, puisqu'il est chez lui, à l'intérieur de sa propre logique. On rit car son propos est très stimulant. Ce solitaire parle aussi du passé de son cinéma. De ce jour où, devant une photo de Catherine Deneuve pourtant sublime dans *La Chamade* (1968), il décida de ne plus jamais filmer le visage d'une actrice *maquillée*. Devant un poste de télévision-aquarium (Cavalier et Limosin ont mis au point un mini-dispositif astucieux qui reproduit sur l'écran une photo posée à plat sur le haut de la télé et filmée par une caméra placée à la verticale), Cavalier commente ses images, en étant très près, presque *dans* l'image. Ce n'est pas le professeur qui parle, c'est l'artisan, le cinéaste qui montre, *avec ses yeux et avec ses mains*. Le cinéaste comme travailleur manuel et visuel.

Image-Mouvement, Image-Temps. Ninetto Davoli parlant au présent de Pier Paolo Pasolini, comme s'il n'était pas mort. Alain Cavalier filmé *live*. Le cinéma, c'est le mouvement de la pensée. Oui, on peut dire que le cinéma est deleuzien.

Marguerite Duras, la fiancée du cinéma

(1914-1996)

Écrivain ou romancière et cinéaste, certes, Marguerite Duras a aussi été un immense compositeur. Quelqu'un qui a assemblé différemment les notes, qu'il s'agisse de mots ou d'images. Plus elle avançait, plus elle savait trouver la mesure et la note justes. Elle avait ce don de catalyser ou d'entremêler la parole et le silence, de laisser aller l'image à son rythme vers le noir absolu. Elle avait une connaissance intime, innée, de l'image *qui s'absente*. De la lumière qui s'efface devant le Noir. Le trou, le vide. Elle connaissait les forces secrètes du monde et n'en avait pas peur. Toute son œuvre a consisté dans le geste de nous y amener avec douceur : nous montrer cet autre monde, cet ailleurs de l'image et de l'écrit, ces personnages et ces lieux aux noms magiques. Des fantômes. Un vice-consul. Un imaginaire de ruine, la fin des colonies, les rêves et les cauchemars de l'enfance...

Marguerite Duras, avec le cinéma, ce fut comme des fiançailles. Une aventure sur plus de trente ans. Elle est passée par toutes les phases, de la révolte au défi, avec une volonté obstinée d'entraîner le cinéma ailleurs qu'en lui-même, dans une autre grammaire, dans une autre parole et dans une autre lumière. Et elle y est parvenue.

Ce déplacement, ce détournement poétique, les *Cahiers du cinéma* en ont été les témoins, parfois aussi les complices. De ce bout d'histoire commune, il reste *Les Yeux verts*, un numéro spécial entièrement conçu par elle, fruit de sa complicité avec quelques amis en qui elle avait toute confiance – Serge Daney, Pascal Bonitzer et François Regnault. Écriture, choix des photos, mise en page de ses textes, rires. Beaucoup de rires. Marguerite s'était prise au jeu, consciente de la valeur des choses qui allaient être dites et écrites dans ces *Yeux verts*, mais inconsciente, il me semble, de nous faire un si beau cadeau. Comme ce numéro spécial *Les Yeux verts*, sorti à l'été 1980, fut un grand succès, je me souviens qu'elle m'appelait régulièrement, à peu près tous les deux jours, satisfaite comme une enfant d'avoir touché un large public. Alors je lui rendais souvent visite rue Saint-Benoît pour lui remettre un chèque équivalent à ses droits d'auteur. Elle était à sa table d'écriture, me lisait parfois à voix haute un bout de texte qu'elle venait d'écrire : « C'est beau, tu ne trouves pas ? » J'étais aux anges. Cette femme n'avait pas d'âge. Elle venait d'un temps plus ancien que le nôtre. Elle était de plain-pied dans le nôtre, beaucoup plus et pleinement que nous ne l'étions nous-mêmes. Et elle demeurera longtemps après que nous aurons disparu.

Marcello Mastroianni le Magnifique
(1924-1996)

Il paraît que pour incarner le personnage de journaliste un peu minable et désabusé de *La dolce vita* Federico Fellini avait songé un temps à Paul Newman. Plus exactement, c'est le producteur Dino De Laurentiis qui souhaitait engager la star américaine pour tenir ce rôle. Or, sans Marcello Mastroianni, ce personnage évidemment n'existerait pas. Fellini a eu raison d'éviter le choix de Newman, acteur par essence trop prestigieux pour ce rôle de journaliste inquiet et névrosé, traînant ses soirées via Veneto, à la recherche de scoops plus ou moins scabreux sur des acteurs et actrices américains séjournant à Rome à l'occasion de tournages dans les studios de Cinecittà.

L'ironie veut que le visage de Mastroianni demeure attaché à l'un des plus beaux films de l'histoire du cinéma, et assurément l'un de ceux qui comptent le plus dans l'œuvre de Fellini. À lire l'ouvrage d'Enzo Biagi sur Mastroianni[1], qui n'est pas ce qu'on appelle un livre essentiel, mais qui contient quelques informations utiles, sa rencontre avec Fellini, plutôt cocasse,

1. *Marcello Mastroianni, « Ma dolce vita »*, Éditions du Rocher, 1997.

mérite d'être racontée. C'est Fellini lui-même qui parle : « Comment j'imaginais ce journaliste sceptique, ambitieux, bavard et prêt à tous les expédients ? J'avais passé en revue quantité d'acteurs, et je me suis décidé à rencontrer Marcello. Nous sommes allés faire un tour en voiture, et nous avons commencé à bavarder comme deux enfants : nous nous sommes raconté des choses qu'on ne confie habituellement qu'à de vieux amis, et nous avons découvert que nous affrontions certaines situations et certains rapports avec la même ironie malicieuse. C'est ainsi qu'est née notre extraordinaire complicité. » C'est également ainsi qu'est né le mythe Mastroianni, acteur doué mais oisif, génialement humble, acceptant d'entrer dans la peau de ses personnages à condition que ce soit toujours par la petite porte. Car une part de la grandeur de cet acteur vient de ce qu'il n'a jamais cultivé son mythe, préférant le dégonfler en prônant la banalité ou la trivialité de sa condition d'acteur, quand d'autres, en général moins doués, jouent la connivence avec l'auteur ou l'effort introspectif. Mastroianni n'en a pas moins été acteur, laissant une œuvre prolifique qui en fit selon moi le plus grand acteur européen de ces quarante dernières années. Celui qui aura accompagné tout le cinéma italien dans son aventure post-néoréaliste, élargissant son horizon à l'échelle du continent européen, trouvant sa propre voie en se mettant au service des autres, personnages et metteurs en scène. Comme le dit Ferreri lors d'un entretien publié dans ce numéro des *Cahiers du cinéma*, Mastroianni avait en lui, sans trop se forcer, quelque chose d'universel. Star system oblige, le mythe qu'il a fini par créer ou incarner (celui de *latin lover,* formule qui ne lui convient guère), Mastroianni n'en a jamais été l'esclave, comme s'il avait vécu à peu près librement à côté de son propre personnage de cinéma.

Comme Cary Grant, son double américain, Mastroianni était la séduction faite homme, un mélange original, qualités et défauts, qui participe selon moi de la définition même de l'Homme : une bonne part de lâcheté, un brin de veulerie, un goût prononcé pour la fuite en cas de conflit, mais aussi de la candeur, de la fantaisie, du charme, et surtout un sens aigu de la dérision. Il ne rusait pas, il jouait et il s'amusait. Mastroianni était tout cela à la fois, chacune de ses facettes pouvait tour à tour prendre possession de son visage, de sa silhouette ou de son corps. Et ça marchait.

Ce qui frappe, dans *La dolce vita*, c'est la disponibilité, très flexible, de l'acteur à ce personnage de journaliste romain, mi-raté, mi-désenchanté. « Trop sérieux pour être un amateur, pas assez pour être un professionnel », lui dit à un moment le personnage qu'interprète Alain Cuny dans le film. Dans cet entre-deux, la netteté du personnage ne ressort qu'avec plus de force, soulignée par l'élégance vestimentaire (smoking, costume noir, puis blanc, lunettes noires) et la sobriété. Marcello traverse toutes les classes sociales et les milieux culturels. D'abord le peuple : la longue scène du miracle, où il n'est qu'un témoin parmi la foule ; ensuite la bourgeoisie littéraire : la soirée chez Cuny où lui, écrivain raté, journaliste *people* entouré de paparazzi, dialogue avec un poète snob qui lui dit de rester libre et disponible. « Comme moi, n'épouse rien, ne choisis jamais. Même en amour, il vaut mieux être choisi. » « J'aime vos poèmes, forts et clairs, c'est l'art que je préfère, qui servira demain, un art clair, net, sans rhétorique, qui ne ment pas, qui ne flatte pas », lui répond Marcello, soudain animé d'une vraie conviction. Enfin, l'aristocratie romaine décadente : la soirée au château avec ses rituels ésotériques. À l'intérieur de chaque classe sociale, Marcello en incarne une autre, toujours décalé, professionnel curieux et désabusé, charmeur. Disponible. C'est le mot qui le caractérise le mieux : une disponibilité de tous les instants, comme s'il y avait en lui une vacance, un manque à être qui ne pouvait qu'être comblé par le désir de l'autre. Sans hystérie. Sans souffrance apparente. Juste une manière élégante d'être le témoin du monde, pour le compte des autres. Qu'il s'agisse de l'auteur (Fellini, donc, avec qui la complicité ne fait que naître et constituera un pan capital de l'histoire du cinéma moderne) ou du spectateur. Marcello Mastroianni aura été l'acteur-passeur magnifique grâce à qui il nous a été donné de voir le monde à travers les yeux du cinéma.

Marco Ferreri, l'homme bleu

(1928-1997)

L'homme avait le regard bleu et magnifique. Dans sa manière de vous regarder, il vous questionnait, vous prenait à témoin de ce qui n'allait pas dans le monde des apparences. « Il avait quelque chose de la pure essence de l'enfant, un rapport immédiat avec les enfants, cette intensité de l'enfance… », témoigne Hanna Schygulla qui joua dans deux de ses films, *L'Histoire de Piera* (1983) et *Le futur est femme* (1984). D'autres témoignages d'actrices, comme Andréa Ferréol ou Ornella Muti, et celui de son ami Michel Piccoli dont la fidélité est éloquente – pas moins de sept ou huit films ensemble, depuis le sublime *Dillinger est mort* (1969), en passant par *La Grande Bouffe* (1973) et tant d'apparitions amicales – *L'Audience* (1972), *Liza* (1972), *Touche pas à la femme blanche !* (1974), *La Dernière Femme* (1976) ou *Y a bon les blancs* (1988) –, ainsi que l'évocation souvent cocasse par son scénariste Rafael Azcona d'une collaboration exemplaire et si fructueuse ; tous ces témoignages dressent de Marco Ferreri le portrait d'un homme d'une grande douceur mais capable de grosses colères. Le genre de colères soudaines qu'ont parfois justement les enfants, lorsque leurs désirs ne sont pas immédiatement satisfaits.

Il y a dans les films de Marco Ferreri un mélange de folie douce et de révolte, un plaisir du dérèglement ou de la régression ; dans chacun, jusqu'au magnifique *Journal d'un vice* (1993), Ferreri nous invite à faire un détour pour chercher un équilibre du monde plus harmonieux, une autre manière de voir, de vivre et de penser. À ses yeux, ne pas faire ce détour constituait un crime ou une démission. Il pouvait taper du poing sur la table et immédiatement retrouver ce sourire bleu, ce sourire sage, ce sourire d'enfant.

Cet homme tranquille a habité le cinéma pendant une quarantaine d'années comme personne d'autre. Son aventure cinématographique aura été l'une des plus passionnantes du cinéma post-moderne. Ferreri a été le grand cinéaste contemporain de la mise en crise et de la recherche poétique d'une nouvelle harmonie chez l'homme. Une grande idée ou plutôt une grande intuition traverse son œuvre, moins intellectuelle qu'incarnée dans un univers *visible*, tactile et physique. La civilisation contemporaine et le monde moderne ont créé un homme incomplet, inachevé. Un homme balbutiant, consommé par les objets, par la société de masse ou la consommation de masse. Cet inachèvement et cette frustration sont à la source même du cinéma de Ferreri, de son inspiration politique et poétique. Ferreri désirait que l'on en repasse par le silence, le mutisme, un nouvel enfantement de l'Homme et un nouveau langage. Tout cela, hors la société, hors les idéologies, loin du travail. La trace ou l'inscription qu'il laisse dans le cinéma, avec une œuvre prolifique que l'on peut considérer à travers plusieurs strates – sa période « espagnole », puis « italienne », puis « française », avec des détours par l'Amérique et l'Afrique, toutes finissant par se croiser, se mêler – sont infiniment plus profondes et décisives que ne le pense un grand nombre de jeunes cinéphiles. Il est cependant étrange que Marco Ferreri soit devenu un cinéaste à ce point sous-estimé. Alors qu'avec Rainer Fassbinder et Nagisa Ōshima il aura sans doute été, depuis trois décennies, le cinéaste le plus intimement lié au battement de cœur du monde contemporain, dont lui, comme les deux cinéastes que je viens de citer, savait mieux que quiconque enregistrer les pulsions intimes. La force de son cinéma n'est justement jamais liée à une vision théorique de l'homme, mais à une capacité intuitive de l'*inventer*, d'en saisir la pulsation intime, la mélancolie profonde et la solitude. Sans dramatisation, sans complaisance ni emphase, sans avoir recours à des dispositifs retors, il aura capté le désenchantement de la civilisation contemporaine, la crise des valeurs collectives et le manque d'affect ou d'amour. Avec toujours une belle croyance dans l'Homme, évidente et sereine.

Et puis, pourquoi ne pas avouer que nous aimions cet homme ?

Alain Philippon ou l'art d'aimer

(1946-1998)

Cette rentrée ne pouvait commencer plus tristement pour nous, ayant appris au retour des vacances la mort d'Alain Philippon qui s'est suicidé le 27 août. Nous perdons un ami, un être sensible et fragile dont on sentait depuis quelque temps le mal de vivre, dû sans doute à ses difficultés à concilier la vie même avec l'amour du cinéma et le désir d'en faire.

Alain Philippon commença à écrire aux *Cahiers du cinéma* au début des années 1980, à une période où la revue retrouvait le goût du cinéma dans ses horizons les plus larges. Son premier texte était une critique positive de *Dressed to Kill* (*Pulsions*, 1980), de Brian De Palma, publié sous le titre « Le psychiatre était blonde ». D'emblée, Alain sut trouver son écriture critique : clarté dans le propos, esprit de synthèse, manière précise et nette de voir ce qui se trame derrière chaque film, au-delà des apparences. Surtout, il faisait preuve d'une vraie chaleur, d'une sorte d'humanité critique qui lui permettait d'accompagner la démarche artistique de ses auteurs de prédilection. À cette époque, Alain était aussi professeur de lettres dans un lycée, ce qui explique en partie ses dons pédagogiques et son désir de faire de la critique un exercice pertinent, à même de transmettre aux lecteurs l'expérience singulière qui consiste à *voir un film*.

Tout au long des années 1980, Alain joua un grand rôle au sein des *Cahiers du cinéma*, poussant la revue à s'intéresser davantage aux acteurs, à questionner la relation entre cinéma et théâtre, aimant *faire équipe*, le plus souvent avec Alain Bergala et Hervé Le Roux, pour de grands entretiens. Ce fut une époque heureuse où, critique attentif et généreux, il ne manifestait jamais la moindre hargne inutile, préférant mettre en pratique avec délicatesse et élégance son *art d'aimer*. Il devint essentiel à la revue, écrivant aussi bien sur Marguerite Duras, Chantal Akerman, Jacques Doillon ou Philippe Garrel que sur Francis Ford Coppola, Wim Wenders, Leos Carax, Maurice Pialat, André Téchiné ou Éric Rohmer. En relisant ses textes, on est frappé de retrouver très souvent au début de ses critiques : « Ce qui nous touche d'emblée dans... » Alain n'écrivait en effet que s'il était touché par un film : c'est à cette condition qu'il pouvait argumenter, évaluer une œuvre, affirmer sereinement un commentaire ou une analyse esthétique.

Indéniablement, son auteur de prédilection aura été Antonioni, sur lequel il s'était promis d'écrire un ouvrage ainsi qu'une monographie consacrée à *Profession : reporter* (1975), après ses deux essais sur Jean Eustache et André Téchiné (parus dans la collection « Auteurs » des *Cahiers du cinéma*), sa monographie sur *À nos amours* de Pialat et son livre d'entretiens avec Jacques Doillon (deux ouvrages publiés chez Yellow Now). Entre-temps, il manifesta le désir de passer de l'autre côté de l'écran et réalisa en 1985 un court-métrage, *La Femme sans ombre*, avant de réaliser quelques années plus tard son unique long-métrage, *Les Filles du Rhin* (1990), dans le cadre du T.N.S. à Strasbourg. Alain avait cessé ses activités d'enseignant, n'écrivait plus que de loin en loin aux *Cahiers*, tout en continuant d'animer régulièrement des stages pédagogiques sur le cinéma ou de donner des conférences à l'université. À quel moment de sa vie et pour quelles raisons diffuses et mystérieuses quelque chose se brisa en lui ? Personne n'est à même de le dire. Alain se sentit peut-être un peu plus seul, un peu plus mélancolique. Il avait désiré faire le grand saut, en ayant peut-être sous-estimé ce qu'il faut de force physique et mentale pour faire des films. Ces dernières années, grâce à Dominique Païni, il avait trouvé refuge à la Cinémathèque française, collaborant aux travaux du Collège d'histoire de l'art cinématographique où il s'occupait d'éditer les conférences. Nombreux sont ses amis qui garderont d'Alain le souvenir affectueux d'un être délicat et attentif. Les autres reliront ses écrits et y verront la trace d'un regard d'une grande intelligence sur le cinéma.

La passion selon Johan van der Keuken

(1938-2001)

Johan van der Keuken est mort le 7 janvier 2001, à 62 ans, emporté par le cancer dont il avait fait le sujet de son dernier film, *Vacances prolongées*. Il était un grand cinéaste contemporain, qui filmait avec son temps, sûr de ses intuitions.

Vers la fin des années soixante-dix, la découverte des premiers films de Johan van der Keuken a joué un rôle décisif dans l'évolution critique et esthétique des *Cahiers du cinéma*. Au sortir du gauchisme et de l'austérité critique qui marqua la revue entre 1970 et 1974, ses films contribuèrent à élargir notre horizon esthétique et nous aidèrent à formuler de manière plus juste certaines questions essentielles concernant le cinéma. Comment s'inscrire à l'intérieur d'un espace filmé, ici et ailleurs ? Comment délimiter un territoire cinématographique en le restituant dans sa vérité *fragmentaire* et contradictoire, aussi bien humaine que géographique ou politique ? Comment filmer « l'ailleurs » sans renoncer aux questions qui se posent « ici » ? Comment faire pour qu'un regard à la fois documentaire et fictionnel (ou subjectif-objectif) sur le monde trouve la note juste et sa véritable harmonie musicale ? Johan van der Keuken aura été l'un des grands cinéastes contemporains à poser la question des nouvelles frontières. Entre le Nord et le Sud, entre pays riches et pays pauvres, entre documentaire et fiction, entre cinéma et photographie, entre image et son. Il aura été écologiste avant que l'on parle d'écologie, et sa vision du monde était globale avant que l'on utilise le concept de mondialisation. Il n'était pas en avance sur son temps : il filmait *avec* son temps et n'hésitait jamais à *y aller voir*. Filmer était donc pour lui un moyen d'appréhender le monde, en se risquant lui-même, avec Noshka, sa femme qui prenait le son, à en saisir les secousses et les vibrations. Johan van der Keuken est l'un des rares cinéastes contemporains qui parviennent à questionner le monde avec leur caméra de manière aussi juste et avec une telle liberté, sans pour autant s'enfermer dans une vision systématique excluant la relation *intime* avec ce qui est filmé.

Depuis Amsterdam, sa ville natale, éternel point de départ de ses nombreux voyages, et point de retour toujours provisoire, Johan connaissait le monde en paix et le monde en guerre, pouvait filmer l'un comme il pouvait filmer l'autre – le Biafra, la Palestine, la Bosnie ou la Tchétchénie. Engagé durant toute sa vie, concerné par les grandes questions morales et politiques, Johan n'a jamais pour autant sacrifié sa liberté d'agir et de penser selon ses propres idées et impulsions. C'est le magnifique paradoxe d'une œuvre, certes inachevée, mais considérable, sans cesse travaillée par la forme, la vitesse, le flux et le fragment. Amoureux du jazz, il y avait chez cet homme faussement austère un côté « sorcier blanc », capable d'improviser et de jouer *en solo* avec toutes les images. Courtois, faisant preuve d'une grande rigueur, énergique, courageux, fidèle dans l'amitié :

impossible de résumer en quelques mots ce qui émanait de ce cinéaste singulier, dont l'œuvre est travaillée par une capacité inouïe de provoquer la *collision* entre le regard et le réel, affirmant dans le même mouvement la violence ou la douceur de la chose filmée et celle de l'acte même d'enregistrer. Depuis vingt-cinq ans, Johan van der Keuken et les *Cahiers du cinéma* entretenaient des relations amicales. Nous lui devions beaucoup ; d'être disponible, libre, et toujours sur le départ pour une nouvelle « aventure du regard ». Nous le vîmes plus régulièrement en 1997, alors que se préparait à Paris la grande exposition qui lui était consacrée, « Le corps, la Ville ». Nous travaillâmes régulièrement, avec François Albera, à l'édition de son ouvrage, *Aventures d'un regard*[1]. Déjà malade, Johan ne nous avait rien dit du mal qui le rongeait et se montrait comme d'habitude courtois et amical, toujours précis dans ses choix. Nous ne le sûmes que plus tard, après qu'il eut filmé l'agonie de sa sœur Joke, qui mourut elle aussi d'un cancer. *Vacances prolongées*, son dernier film, restera comme le testament *live* d'un auteur s'interrogeant sur le sens des images, sur l'acte même de (se) filmer et sur le temps qui reste. Éternel combat entre la vie et la mort. Sans Johan van der Keuken, le cinéma perd en partie son pouvoir de montrer.

1. *Aventures d'un regard*, album de photographies, films, textes et interviews, en collaboration avec François Albéra, Cahiers du cinéma, 1999.

Maurice Pialat, autoportrait solitaire d'un artiste

(1925-2003)

Van Gogh est sans doute le film le plus ambitieux de Maurice Pialat, sans doute aussi le plus réussi, ne serait-ce qu'esthétiquement ou plastiquement. Indéniablement une œuvre magnifique. Cela n'a pas empêché Pialat de souvent le dénigrer, selon son habitude. Pour quelles raisons ? Ses critères de réussite artistique n'incluaient pratiquement jamais un film dans son entier. C'était un cinéaste qui n'était satisfait que de moments : telle ou telle séquence lui semblait juste ou vraie, harmonieuse musicalement, rarement l'intégralité du film. Rares étaient les moments filmés où il avait le sentiment d'être parvenu à capter la vie, à avoir trouvé le bon rythme au bon moment, à se situer à la bonne distance des êtres et des choses, lorsque les comédiens avaient justement cessé de jouer la comédie, s'étaient suffisamment abandonnés pour laisser transparaître leur état d'âme ou leur vérité. Pialat croyait à la vérité de chaque instant. C'était son critère absolu.

J'ai laissé passer une dizaine d'années avant de revoir *Van Gogh*. Je désirais rester sur l'état d'émerveillement de ma première vision du film, dans sa version longue présentée au Festival de Cannes en mai 1991. Cette première impression tenait du miracle et je ne voulais plus revenir dessus, peut-être par crainte d'être déçu. Pour les besoins de l'édition en DVD par la Gaumont, j'ai revu *Van Gogh*, et l'œuvre dans toute sa puissance poétique m'est revenue en plein visage.

Van Gogh est toujours aussi magnifique dans sa simplicité tragique. Jacques Dutronc y est bouleversant dans sa manière d'être, de se tenir, dans sa gestuelle : son dos voûté, son regard toujours fixé vers la terre et jamais vers le ciel. Tout son corps exprime la douleur, une douleur absolue, dirait-on : ontologique. Le personnage est une plaie ouverte, sa souffrance est à vif et ne passe pas par les mots ni les discours. Autour de lui, personne ne se rend vraiment compte de sa valeur d'artiste. Et pourtant tout le monde l'aime.

Difficile de ne pas voir à travers Van Gogh Maurice Pialat lui-même. Car tout le monde a aimé Pialat, personne n'a voulu nuire à sa carrière de cinéaste. Acteurs et techniciens n'ont cessé de clamer leur amour ou leur admiration. Mais sans doute l'avons-nous mal compris, nous aussi, comme ceux qui entourent Jacques Dutronc dans le film. *Van Gogh* dit des choses bouleversantes sur le statut d'un artiste, toujours plus ou moins considéré par la société comme une énigme, une interrogation, un élément « parasitaire » parmi les vivants, toujours à la marge, solitaire, plus humble et plus angoissé que la moyenne, travaillant tel un artisan qui n'espère rien des autres sinon survivre. Il ressent aussi parfois de la colère envers ceux qui bénéficient d'une reconnaissance abusive, trop facile, et dont le talent est usurpé, déloyal. *Van Gogh* parle de ça. Je ne peux m'empêcher de reconnaître Maurice Pialat lui-même, dont le film serait en quelque sorte l'autoportrait. Pas uniquement du fait que

Pialat a été peintre dans sa jeunesse, et que la peinture fut son premier désir, sa terre promise. Pour quelles raisons a-t-il si vite renoncé à peindre, pour connaître ensuite une vie matérielle assez chaotique – il fut un temps représentant chez Olivetti –, une vie d'artiste difficile, hasardeuse et marginale ? Je n'ai pas réussi à le savoir. Ce que je sais, pour lui avoir posé la question, c'était que la peinture était bien son premier désir, bien avant qu'il ne songe à faire du cinéma.

Après *Van Gogh*, Maurice Pialat a sans doute connu une période difficile et a dû se demander quoi faire après ce film. C'est très difficile, lorsqu'on a atteint un tel point d'incandescence et de réussite artistique. D'où cette période d'incertitude qui mène à son dernier film *Le Garçu* (1995), qui est comme un pis-aller, un film que l'on fait pour soi, en l'occurrence pour son tout jeune fils Antoine. Ce qui n'empêche pas le film d'avoir de grandes qualités.

Pialat était un homme complexe. Qu'attendait-il des autres ? Qu'ils lui disent la vérité sur son œuvre ? Je ne le pense pas. L'homme était assez lucide sur son propre travail. Je me souviens de nos engueulades. Il me reprochait assez souvent d'aimer ses films mais d'en aimer aussi d'autres, réalisés par des cinéastes qu'il n'aimait pas, et souvent qu'il méprisait. Il y avait chez lui un côté enfant mal aimé. Abandonné. Pas étonnant qu'il ait réalisé son premier long-métrage, *L'Enfance nue* (1968), sur le thème de l'enfance abandonnée. Avec Maurice, il ne fallait jamais cesser de donner des preuves d'amour, encore et encore. Il y a un moment où l'on s'épuise et où l'on perd patience. Et c'est à ce moment-là qu'il nous en veut, parfois terriblement. Lors de la sortie de

Van Gogh, que nous avions énormément défendu à Cannes, alors même que les *Cahiers du cinéma* faisaient leur couverture avec ce film, Pialat avait refusé de nous accorder un entretien. Je n'ai toujours pas compris la raison de son refus. La réconciliation s'est faite lors de la sortie du *Garçu* en 1995, lorsque nous sommes allés l'interviewer longuement, Thierry Jousse et moi, dans le Gers où il habitait avec Sylvie, sa femme, et Antoine, leur fils. Par la suite, il s'est à nouveau fâché avec moi et j'en ignore aujourd'hui encore la raison. Je lui écrivais parfois, lettres ou cartes postales, et lui présentais chaque année mes vœux. Je lui faisais signe, il ne répondait jamais. Cela a duré cinq ans. Au point qu'à un moment donné j'ai cessé d'écrire ou de téléphoner.

Le miracle a eu lieu il y a moins de trois ans : une rencontre hasardeuse entre Sylvie et ma compagne Emmanuèle, qui se sont croisées devant un magasin de fringues et sont tombées dans les bras l'une de l'autre. Sylvie a proposé de se revoir. Elle devait auparavant demander à Maurice son accord – j'avais l'impression de passer un examen, attendant de savoir si j'allais être accepté. Maurice voulait bien me revoir, c'était en janvier 2000. Depuis, nous avons passé deux années sans nous quitter. On se voyait tout le temps. Ce qui m'a étonné et bouleversé, c'est à quel point il vivait dans une solitude totale. Les amis, les collaborateurs, personne n'osait plus appeler ou faire signe. Comme s'il avait fait le vide autour de lui. Nous dînions tantôt chez Sylvie et Maurice, où la table était toujours excellente, tantôt au restaurant. Bien que le connaissant depuis vingt ans, ce n'est que dix jours avant sa mort qu'il m'a enfin dit que j'étais son ami. Être ami avec lui était une épreuve, la conséquence d'une véritable mise à l'épreuve. Il fallait sans cesse lui redonner des gages d'amitié, et parfois subir des moments désagréables de pure macération et de dénigrement. Et puis, il vous souriait et tout s'effaçait, l'amertume et la colère, pour laisser place à son charme enfantin et provocateur. D'autres ont également été séduits par ce sourire d'enfant malin qui aimait venir « vous chercher ». Mais c'était un homme qui se faisait du sang noir, au sens où il s'empoisonnait lui-même l'existence. Il trouvait n'importe quelle excuse pour s'empêcher, préférant se plaindre. Je retiens de Maurice cette incroyable puissance négative à l'œuvre, cette permanente énergie négative, qui a pourtant accouché de films magnifiques. Avec lui chaque film naissait avec un handicap : le film au fond était toujours *impossible à faire*.

À partir de janvier 2000 je me suis mis totalement à sa disposition, jusqu'à sa mort trois ans plus tard. Il évoquait ses projets de cinéma, ses velléités d'adapter Lovecraft, Simenon ou Michel Houellebecq. Des projets trop ambitieux en termes de moyens et qui lui auraient demandé un effort physique qu'il n'était malheureusement plus en état de fournir. Mais il était vital qu'il ait encore envie de se remettre au travail, qu'il puisse rêver à des films. Il avait même envisagé que Cédric Kahn soit une sorte de super assistant, pouvant le suppléer au cas où il ne pourrait terminer un film…

En janvier 2002 avait lieu le festival Premiers Plans à Angers. Avec Claude-Éric Poiroux, son directeur, nous étions convenus d'organiser une rétrospective complète de l'œuvre de Maurice Pialat, avec la complicité de Sylvie, incluant ses premiers courts-métrages turcs et

La Maison des bois, admirable feuilleton en sept épisodes, réalisé en 1971 pour la télévision. Il restait à convaincre Maurice de faire le voyage jusqu'à Angers. J'ai senti qu'il n'y était pas opposé et Sylvie a beaucoup fait pour l'en convaincre. Mais l'argument décisif fut la présence de Gérard Depardieu, qui accepta de se joindre à l'hommage rendu à Maurice. La rétrospective fut un succès incroyable, une découverte et une redécouverte par le public, surtout jeune, des films de Pialat. Maurice était fou de bonheur. Ce fut un moment d'une grande intensité, d'une grande affection collective autour de lui. Le dimanche matin, après une leçon de cinéma intense et souvent ponctuée de rires, dans une salle pleine à craquer, après que Pialat se fut souvent moqué de moi qui l'animais, faisant semblant de ne pas comprendre mes questions ou leur reprochant de reproduire le langage des *Cahiers du cinéma*, organe affilié à la Nouvelle Vague qu'il n'aima décidément jamais, nous partîmes tous ensemble chez Gérard Depardieu, à Tigné, dans sa demeure des environs d'Angers où il possède des vignes. Il avait tout prévu pour qu'Antoine soit fêté dans la joie à l'occasion de son dixième anniversaire. Une véritable fête. Cette journée restera un souvenir merveilleux, un peu comme la longue et magnifique scène de repas dans *Loulou* (1980).

Quelques jours plus tard, j'ai réalisé avec Maurice Pialat une longue émission de radio pour France Culture, qui eut beaucoup d'écho. Nous avons eu le projet d'un livre d'entretiens. C'était compliqué, sans doute trop tard. Son état de santé se dégradait. Hospitalisé à Necker, je lui rendais visite afin de soulager Sylvie qui veillait constamment sur lui. Curieusement, j'y repense comme à des moments très doux, ponctués de longs silences. Il fallait surtout le rassurer, tant il était angoissé. Nous avions alors des rapports affectueux. Ça a été ainsi durant toute l'année 2002, jusqu'au jour de Noël où nous sommes allés, Emmanuèle et moi, déjeuner chez eux. Sylvie avait préparé un repas de fête, Antoine avait eu ses cadeaux, j'avais apporté un Condrieu, sachant que Maurice aimait ce vin-là. Mais je ne sentais plus son regard, déjà il n'était plus vraiment avec nous… À un moment, il a demandé à quitter la table pour regagner sa chambre au fond du couloir. Peu de temps après, il m'a appelé pour que je le rejoigne, je l'ai trouvé très remuant sur son lit, saisi d'angoisse. La peur de mourir. Alors il m'a dit : « Maintenant, je sais que tu es un ami, alors fais-moi le serment de t'occuper d'elle… » J'ai appelé Sylvie qui nous a rejoints. Tous les trois nous sommes restés enlacés un long moment, j'avais le sentiment qu'il était comme un enfant qu'il fallait rassurer.

Peu de temps après, Sylvie a convié les amis et les proches pour dire au revoir à Maurice. Le 10 janvier 2003 nous étions à nouveau réunis. Maurice dormait. Chacun son tour nous allions dans sa chambre au cas où. C'est la dernière fois que je l'ai vu vivant. Sylvie s'inquiétait de savoir s'il souffrait. Elle a appelé le médecin qui nous a confirmé que la fin était proche. Et puis Maurice est mort dans son sommeil. Les amis sont venus et sont restés très tard dans la nuit. Il régnait une ambiance affectueuse et solidaire qui nous rapprochait physiquement. Des amis d'Antoine couraient dans tous les sens. Il y avait à boire et à manger, nous parlions, riions parfois, puis allions à tour de rôle veiller la dépouille de Maurice. Sur le coup de deux heures du matin, Sylvie m'a demandé d'effectuer les démarches auprès des pompes funèbres. J'ai appelé un numéro sur mon portable, un homme m'a posé des questions très concrètes auxquelles j'étais bien incapable de répondre. Sylvie était juste derrière moi avec Daniel Toscan du Plantier et Isabelle Huppert. J'étais tellement pris au dépourvu et dans l'incapacité de répondre aux questions trop précises du responsable des pompes funèbres que tous riaient aux éclats. « Le caveau, vous le voulez pour combien ? Deux ou trois personnes ? » Daniel Toscan du Plantier me soufflait à l'oreille : « On va se contenter d'une place pour le moment… » « La cérémonie, religieuse ou pas ? – Heu, un peu de religion mais pas trop ! » Fou rire général. Les croque-morts sont enfin arrivés, on aurait dit les personnages d'un film de Jean-Pierre Mocky. Ils nous ont demandé de choisir le cercueil sur un catalogue, la taille et la couleur du bois. Avec Antoine et Sylvie, nous avons fait en quelque sorte un « casting de cercueils ». Pour la première fois de ma vie je me suis senti dans la peau d'un régisseur prenant des décisions concrètes pour organiser la suite, la vie d'un mort, d'un disparu.

Cela a créé une sorte de communion, d'amitié et d'amour entre nous : Jacques Fieschi, Philippe Godeau, le producteur du *Garçu*, qui s'était chargé du vin et de la nourriture, Géraldine Pailhas, Alexandra London, la jeune et merveilleuse actrice de *Van Gogh*, Cédric Kahn et tous les amis… Les enfants jouaient et allaient voir de temps en temps Maurice sur son lit de mort. C'était un moment de vie, un moment naturel autour d'un mort, dans la droite ligne du cinéma de Maurice – je pense à *La Gueule ouverte* (1974) et au *Garçu*. Cette fin de vie ressemblait à l'un de ses films. Il y avait quelque chose d'intense entre tous ceux qui étaient venus pour lui, l'entourer et l'accompagner. Le pleurer. J'étais ému mais je n'ai pas pleuré. Simplement concerné. Cet homme, beau, avec sa barbe grise et ses cheveux blancs, je l'avais vu de très près comme jamais je n'avais vu un homme. Et quelques jours auparavant je l'avais tenu dans mes bras en l'admirant.

Humbert Balsan ou le panache

(1954-2005)

Humbert appartenait à nos vies, il faisait partie de nous.

Il était là, unique. Toujours en mouvement. Souriant et léger. Élégant, jamais hautain, jamais pesant. Disponible, amical et chaleureux. Blagueur. Charmeur.

Il n'est plus là car il s'est suicidé.

Je ne me souviens plus de l'année où j'ai connu Humbert. Probablement vers la fin des années 1970. À cette époque il était associé et très lié à un autre ami récemment disparu, Jean-Pierre Mahot (de la Quérantonnais). Humbert et Mahot étaient des princes. Ensemble ils avaient produit *Quartet* (1981), de James Ivory, dans lequel jouait Isabelle Adjani, film qui fut sélectionné au Festival de Cannes. Humbert est dès lors demeuré fidèle à James Ivory et à Ismail Merchant, son ami et complice. Humbert et Mahot avaient également produit ensemble d'autres films – *Le Maître-nageur* (1979) réalisé par Jean-Louis Trintignant, *Le Soleil en face* (1980) de Pierre Kast, et surtout *Adieu Bonaparte* (1985) réalisé par Youssef Chahine. Ce fut le début d'une collaboration décisive, d'une grande fidélité, entre Chahine et Balsan.

Le mot fidélité convient parfaitement pour évoquer Humbert, il suffit pour cela de vérifier sa belle filmographie. Il est très rare qu'il n'ait produit qu'un seul film des cinéastes avec lesquels il a travaillé. Combien de films avec Youssef Chahine ? Combien avec Sandrine Veysset ou Philippe Faucon ? Combien encore avec Yousry Nasrallah et Brigitte Roüan ? Il aura produit en une vingtaine d'années une soixantaine de films, soit une bonne moyenne, non pas un film chassant l'autre, mais l'un voisinant au côté d'un autre, puis d'un autre, et d'un autre encore, constituant une véritable *collection*, certes composite, mais dessinant son autoportrait de producteur. C'était son œuvre, elle ressemblait à un puzzle.

Humbert avait une manière très originale de s'embarquer dans un film, faisant toujours fi des difficultés – je me demande même s'il ne les recherchait pas. C'était sa manière d'être, conquérant, intrépide, indépendant. Invincible.

Il avait cette même manière de vous embarquer dans la vie, toujours dans le mouvement. « *Yallah !* » disait-il souvent. Entre nous ce mot magique signifiait la complicité et aussi le fait que nous allions ensemble dans la même direction. Fièrement.

Les mots que nous employons pour parler d'Humbert évoquent une sorte de Moyen Âge chevaleresque. Il n'avait pas interprété pour rien le rôle de Gauvain dans *Lancelot du Lac*, le film réalisé par Robert Bresson en 1974. Ce ne sont pas des mots usuels et nous aurions du mal à les utiliser pour parler de quelqu'un d'autre. Humbert garait sa grosse Mercedes n'importe où, n'importe comment, avec une liberté et une souveraineté qui m'épataient. Comme s'il descendait de son cheval. Je me souviens qu'il y a trois ans, nous déjeunions chez Lipp, comme cela nous arrivait fréquemment. Cette fois c'était pour parler de la Cinémathèque française, dont il était vice-président aux côtés de Martine Offroy. Sans hésitation, il avait garé sa voiture sur le trottoir devant la fameuse brasserie du boulevard Saint-Germain, au mépris du règlement. Il pouvait tout s'autoriser, n'ayant peur de rien. J'étais alors chargé d'un rapport sur le Patrimoine cinématographique que je devais remettre à Jean-Jacques Aillagon, ministre de la Culture. Nous discutions de l'avenir, des moyens de redonner à la Cinémathèque son lustre et son prestige. Humbert militait pour qu'elle s'installe rue de Bercy, dans le bâtiment construit par Frank Gehry pour y loger le Centre culturel américain. Ce dernier ayant fermé pour cause de faillite, le bâtiment était donc disponible, l'État français l'ayant acheté. Humbert y croyait ferme, cela ne faisait aucun doute pour lui.

Quelques mois plus tard, Martine Offroy et lui m'ont nommé à la direction de la Cinémathèque, avec pour mission de l'installer rue de Bercy. Je n'oublierai jamais leur confiance et leur soutien.

Humbert nous manque terriblement. Son allure et son panache. Son sourire. Sans lui, le paysage est plus nu, plus triste. Dans chacune de nos vies, il occupait une place singulière. Unique.

II nous tirait vers le haut. Humbert, c'était le soleil. Il nous ensoleillait.

Christian Bourgois, éditeur et cinéphile
(1933-2007)

Cet après-midi j'ai reçu un SMS m'annonçant la mort de Christian Bourgois. J'aurais aimé ne pas écrire ce texte et rêver, comme tant de ses amis, que la mort reculerait encore, que Christian Bourgois allait vivre encore quelques années et poursuivre avec talent et obstination son métier d'éditeur. Hélas, tout est tombé par terre. Christian Bourgois est donc décédé ce matin et ses nombreux amis sont tristes. On va lire dans la presse des articles élogieux sur cet éditeur hors pair, ce découvreur fidèle à ses auteurs, cet aristocrate des lettres. Le parcours de Christian Bourgois est à ce titre absolument exemplaire. Ce que j'aimerais dire aussi, c'est qu'il aimait passionnément le cinéma et qu'il le servait.

Je me souviens d'une période heureuse au milieu des années 1980. Christian Bourgois venait d'être nommé président de la Commission d'avances sur recettes du CNC par Jack Lang, ministre de la Culture. Christian m'avait demandé de faire partie de la Commission, avec d'autres comme Dominique Besnehard, Benoît Jacquot et Francis Girod. Tous, nous prenions très à cœur le travail de lecture des scénarios et les débats au sein de la Commission. Christian Bourgois avait une manière à lui de les mener, laissant à chacun une très grande liberté de parole. Il savait lire un scénario, mais il avait surtout ce talent de « flairer » les jeunes auteurs. Dès lors il misait sur eux. J'en connais quelques-uns, Olivier Assayas, Laurent Perrin et d'autres encore, qui lui doivent beaucoup. En tous les cas, d'avoir pu ainsi réaliser leur premier film.

Cet amour du cinéma, Christian Bourgois l'avait dès les années 1950. Lecteur assidu des *Cahiers du cinéma* et de l'hebdomadaire *Arts et Spectacles*, il se passionnait pour le renouveau du cinéma français et celui de la jeune critique turbulente. En travaillant dans les archives de François Truffaut, je suis tombé sur une lettre que lui avait adressée Christian Bourgois le 12 décembre 1956. En voici un extrait : « Il semble que vous ayez mauvaise presse et mauvaise réputation dans le milieu du cinéma, mais il faut toute l'impudence et la malhonnêteté intellectuelle de nos prétendus critiques ou metteurs en scène pour ne pas voir dans vos "exécutions" et vos fureurs un immense amour du cinéma [...] Dites-vous bien, cher François Truffaut, que nous sommes nombreux, dans tous les coins de Paris et dans toutes les caves des cinémas de quartier, à haïr ce cinéma, cette critique, et que jamais nous ne vous trouverons assez violent pour défendre notre Marilyn pâle et bouleversante. Nous aussi, spectateurs passionnés, nous sommes amoureux du cinéma[1]. »

Que Christian Bourgois se soit rangé de ce côté-là du cinéma peut paraître anodin. Ce qui donne à cette conviction toute sa force, c'est de savoir qu'au même

1. *François Truffaut*, par Antoine de Baecque et Serge Toubiana, Folio, 2001.

moment Christian était étudiant à Sciences-Po, puis à l'ENA (il y fut le condisciple de Jacques Chirac en 1955), se destinant vraisemblablement à une carrière dans la haute administration. Il n'en fut rien car il choisit une autre voie que celle, royale, qui mène à la fonction publique. Dans les années cinquante il travailla aux côtés de René Julliard, puis créa en 1966 sa propre maison d'édition, les éditions Christian Bourgois, s'amusant à publier de grands auteurs étrangers. Entre autres, Allen Ginsberg, William S. Burroughs, John Fante, plus tard Antonio Tabucchi, Jim Harrison, Susan Sontag ou Salman Rushdie, ce qui, lors de la parution des *Versets sataniques* en 1988, lui valut des ennuis et mit en évidence son courage et son engagement d'éditeur. Qui, dans sa bibliothèque des « 10/18 », ne possède pas un exemplaire des écrits cinématographiques de S. M. Eisenstein et de Dziga Vertov ? Bourgois dirigea cette édition de poche de 1968 à 1992. J'ai dit, sans doute un peu vite, qu'il s'amusait à exercer son métier d'éditeur. J'ai toujours vu en lui un dandy cultivé à qui tout semblait facile. Sa manière de s'habiller, de vous regarder, de vous parler, sa culture immense, son goût pour le théâtre et l'art moderne… Il installait d'emblée une relation qui avait de l'allure. Comme éditeur il connut des difficultés et fut contraint de racheter sa propre maison d'édition. Son souci permanent consista à maintenir son indépendance. Dominique, sa femme, travaillait à ses côtés et l'aida à maintenir le cap, celui d'un travail d'édition conçu tel un artisanat de luxe. Cet homme qui disparaît, il n'est pas sûr qu'on en « fabrique » d'autres. Le modèle n'existe pas. Christian Bourgois était un prince. Et cela se fait rare à notre époque.

Daniel Toscan du Plantier, dix ans après

(1941-2003)

J'aimerais vous parler de Daniel Toscan du Plantier, un homme dont la passion était le cinéma. Il en parlait, il en parlait et il en parlait encore ! Il était intarissable et il séduisait. Au sein de la Gaumont puis comme producteur indépendant, plus tard en tant que président d'Unifrance, il ne cessa de concevoir et développer une stratégie internationale, car pour lui le cinéma n'avait pas de frontières. Il a produit ou financé de grands auteurs : Ingmar Bergman, Federico Fellini, Maurice Pialat, Andreï Tarkovski, Akira Kurosawa, Andrzej Wajda, Joseph Losey et tant d'autres. Je me souviens l'avoir croisé un jour à Calcutta où il venait rencontrer le grand cinéaste bengali Satyajit Ray, afin de financer un de ses derniers films, *Les Branches de l'arbre* (1990). Parmi ces cinéastes, il en est certains avec qui les relations furent plus fidèles qu'avec d'autres – je pense en particulier à Maurice Pialat. Daniel Toscan du Plantier a produit quatre de ses films : *À nos amours* (1983), *Police* (1985), *Sous le soleil de Satan* (1987) et *Van Gogh* (1991). Je me souviens de leur joie immense et partagée lorsque Pialat obtint la Palme d'or à Cannes en mai 1987 pour son adaptation du roman de Georges Bernanos *Sous le soleil de Satan*. Poing levé, le lauréat affrontait les sifflets d'une partie de la salle : « Si vous ne m'aimez pas, sachez que je ne vous aime pas non plus. » Ce moment fort est resté gravé dans nos mémoires.

Daniel Toscan du Plantier était partout à la fois, il s'occupait de tout et le faisait avec talent, générosité, intelligence et humour. Il fut durant plusieurs années président d'Unifrance, l'association chargée de la promotion du cinéma français dans le monde, de 1988 jusqu'à sa mort brutale survenue le 11 février 2003 à Berlin, pendant la Berlinale où il s'était rendu pour promouvoir le cinéma français. Il présida également l'Académie des César et le fit avec panache. Ainsi que la Cinémathèque de Toulouse, installée dans une région qu'il adorait, non loin de sa maison du Gers. Il déploya son énergie au sein de la compagnie de disques Erato, après avoir dû quitter la direction de Gaumont en 1985. Et bien sûr, le Festival de Marrakech qu'il contribua à créer il y a dix ans, fort de l'appui et de la confiance de Sa majesté le roi Mohammed VI. L'engagement de Daniel pour le cinéma et la caution morale qu'il incarnait ont fait que ce festival s'est développé, attirant des films et des cinéastes du monde entier, sans que jamais la censure n'entrave son rayonnement.

J'aimerais terminer cet éloge en rappelant ce qui me semblait le plus important : Daniel Toscan du Plantier admirait les artistes et mettait toute son énergie à les défendre et à promouvoir leurs œuvres auprès du grand public. Le premier cinéaste qu'il admira fut Roberto Rossellini, un des plus grands hommes que le cinéma mondial ait jamais connus. Daniel a passé des jours et des jours aux côtés de Rossellini, le père du néoréalisme italien. Je ne doute pas qu'il ait appris de lui certaines choses essentielles. Par exemple, que le cinéma a besoin de liberté. Liberté de création, liberté de diffusion. Cette belle idée, Daniel Toscan du Plantier s'est employé à la faire vivre à travers ce festival, dans ce beau pays qu'est le Maroc. Disparu il y a dix ans, Daniel Toscan du Plantier était un humaniste et un homme éclairé. Il voyait loin et s'était fait l'ambassadeur du cinéma français dans le monde.

C'est avec beaucoup d'émotion et d'affection que je remets à Mélita Toscan du Plantier cette Étoile d'or du Festival de Marrakech.

L'ami Pierre-André Boutang

(1937-2008)

Pierre-André Boutang est mort d'un accident cardiaque, le 20 août, alors qu'il était en vacances chez des amis à Porticcio, en Corse, avec sa femme Martine. Il était bien, il venait de terminer son documentaire sur Claude Lévi-Strauss. Il m'avait téléphoné début août pour me demander l'autorisation d'utiliser un extrait du portrait de Gérard Depardieu auquel j'avais contribué en 2000, réalisé par Jean-Claude Giudicelli (*Vivre aux éclats*). Pierre-André avait 71 ans. Ce n'étaient pas les projets qui manquaient. Gros travailleur, capable de mener de pair plusieurs films documentaires et dans des domaines souvent très éloignés. Très bien organisé, avec des collaborateurs fidèles, s'appuyant sur une très ancienne complicité avec Guy Seligmann, son compère. La carrière de Pierre-André Boutang est incroyablement féconde et diverse. Grande culture, curiosité tous azimuts, un incroyable carnet d'adresses. Tout cela ne se fait pas en un jour. Il avait des dons d'intervieweur hors pair, capable de s'entretenir avec un cinéaste, un plasticien, un philosophe, un homme de théâtre ou un musicien. Il savait « cueillir » l'autre, le mettre en scène dans son monde à lui, l'aider à s'épanouir à l'image. Le goût et l'art de transmettre.

Pierre-André Boutang a passé pratiquement toute sa vie professionnelle à la télévision. Antenne 2 devenue France 2, FR3, la Sept Vidéo, puis Arte. Toujours dans le service public. Le mot à retenir, c'est *public*. Il rendait service au public en posant des questions simples et intelligentes, quitte à revenir sur le sujet pour que l'interviewé se fasse mieux comprendre. Il y a quelques mois, dans le portrait qu'il a réalisé de Jeanne Moreau (*Jeanne M. côté cour, côté cœur,* 2007), les meilleurs moments sont ceux où Pierre-André est assis en face de l'actrice, filmée chez elle. Il lui pose des questions, elle répond avec gourmandise, la lumière de Caroline Champetier est magnifique. Ce n'est quand même pas sorcier de bien éclairer, de bien filmer, de poser les bonnes questions. De laisser le ruban de vie se dérouler. C'est pourtant si rare à la télévision, même celle dite de service public.

Les cinéphiles se souviennent peut-être de ce film atrocement cocasse de Marco Ferreri, *Touche pas à la femme blanche !* (1974). J'aime ce film totalement dérisoire et poétique, d'une grande gaieté, une farce que Ferreri avait tournée en 1973 dans le trou des Halles, lors de la destruction des anciennes Halles de Paris. Il y réalisa un western avec les meilleurs acteurs du moment : Marcello Mastroianni, Ugo Tognazzi, Philippe Noiret, Darry Cowl, Alain Cuny, Serge Reggiani, Catherine Deneuve, Michel Piccoli... Et une ribambelle de militants gauchistes de l'époque, enrôlés comme figurants indiens. Pierre-André Boutang y apparaît en représentant des grandes compagnies américaines, incarnant l'impérialisme blanc. Avec sa voix grave. Je me souviens d'un plan, à la fin du film, où il est dans une montgolfière venant se poser dans le trou des Halles. À cette époque, Boutang était très ami avec Jean-Pierre Rassam, producteur de génie de ce film de Ferreri, mais également de *La Grande Bouffe* (1973), *Lancelot du Lac* (1974) de Robert Bresson, *Nous ne vieillirons pas ensemble* (1972) de Maurice Pialat, *Tout va bien* (1972) de Godard et Gorin et des films réalisés par Jean Yanne. Époque bénie du cinéma qui, hélas, ne dura pas longtemps.

Boutang connaissait et aimait le cinéma. Je sais, car il me l'a dit, qu'il aurait aimé réaliser un film. C'était son rêve ou son désir secret. Il ne l'a pas accompli. Mais il a fait autre chose. Beaucoup d'autres choses. On lui doit son travail à Arte, dont il fut l'un des fondateurs et des piliers. *Océaniques*, une émission géniale de télévision initiée par un homme rare et audacieux, Yves Jaigu. La compagnie de Pierre-André était agréable car il était cultivé et curieux. Autre atout : sa voix passait très bien à la télévision. Je n'oublie pas *L'Abécédaire de Gilles Deleuze*, réalisé grâce à la complicité active et intelligente de Claire Parnet. Ni bien sûr les entretiens de Serge Daney avec Régis Debray : *Itinéraire d'un ciné-fils*, réalisé avec la complicité de son ami Dominique Rabourdin. C'était en 1992, l'année de la mort de Serge Daney. Pierre-André Boutang était administrateur de la Cinémathèque française depuis 2004. Il va beaucoup nous manquer.

Adieu à Youssef Chahine

(1926-2008)

L'annonce de la mort de Youssef Chahine est tombée hier dimanche en cette fin de juillet. On savait que Jo, le diminutif qu'utilisaient ses amis, était dans le coma depuis quelques semaines. Ses heures étaient comptées. Bien sûr la tristesse. Mais ce qui domine instantanément c'est le souvenir d'un homme radieux, joyeux, séducteur. Actif et très vivant. Tour à tour habile et enfantin. Un formidable conteur, capable de grandes colères aussi. Mais ses colères étaient théâtrales, si j'ose dire : mises en scène. Cela faisait partie de son charme, de sa manière d'être. Jo Chahine s'insurgeait en permanence contre la bêtise et l'intolérance, et c'est aussi ce qui lui donnait envie de faire des films. Son désir de cinéma a toujours été double : inspiré par la colère et la révolte contre l'intolérance, la censure et la corruption, et par l'envie irrépressible de raconter des histoires, d'émerveiller le public, de *ré-enchanter* le monde. Cette nature « double » faisait intrinsèquement partie de son cinéma comme de sa personnalité. Mordant s'il le fallait, séducteur presque toujours. Chahine savait qu'il devait composer avec le pouvoir en place. Et le pouvoir en Égypte, comme dans la plupart des pays arabes, dure longtemps. Trop longtemps. La ruse était donc aussi son carburant, et de façon naturelle.

Chahine lui aussi a su durer. Et c'est tant mieux pour le cinéma. Le cinéma était pour lui un moyen de s'inventer un emploi du temps formidablement libre, de véritable souverain. Chahine faisait des films depuis plus d'un demi-siècle, c'est dire ! Plus d'une trentaine à son actif, ce qui est exceptionnel dans le cinéma arabe de ces dernières décennies. Il a perpétué une tradition, celle du cinéma égyptien des années 1940 et 1950 à base de comédies (avec les inévitables intermèdes chantés et dansés) et de mélodrames. Ce cinéma égyptien s'est essoufflé, laissant au cinéma indien le soin de régner sans partage sur à peu près tout le monde arabe, tandis que Jo Chahine poursuivait son chemin, trouvant à chaque fois l'élan nécessaire, un deuxième puis un troisième souffle, lui permettant de rebondir, de s'adapter, de ruser (toujours), parfois de composer, sans jamais renoncer à l'essentiel : être sincère, ne jamais trahir son idéal de jeunesse, lorsqu'il rêvait de Fred Astaire et de Hedy Lamarr, d'un monde régi par la danse et la comédie, l'insouciance et la liberté la plus totale.

L'essentiel pour lui était aussi de garder le lien avec le petit peuple égyptien. Chahine venait d'Alexandrie, une ville dont il a fait le théâtre de sa fameuse trilogie : *Alexandrie pourquoi ?* (1979), *Alexandrie encore et toujours* (1990), *Alexandrie – New York* (2004). Un peu comme Fellini avait réalisé son *Fellini Roma* (1972). Chahine appartient à cette famille de cinéastes qui se confondent avec une ville, lieu cosmopolite où toutes les idées sont tolérées, toutes les religions pratiquées, sans en exclure aucune. Une ville en quelque sorte utopique. Son cinéma s'inscrit dans la nostalgie d'une ville (Alexandrie), très tolérante et où les communautés les plus diverses vécurent dans une parfaite entente. Plusieurs de ses films racontent ou décrivent la confrontation entre le rêve et la réalité, avec cette part de désenchantement ou de désillusion. Ce qui sauvait Chahine de l'amertume, c'était de filmer avec passion la jeunesse, de choisir ses héros au sein de la jeunesse cairote, d'en faire ses porte-parole, de s'identifier à eux de manière à la fois physique et morale. Désir homosexuel à peine voilé, à peine refoulé. C'est dire l'audace de son cinéma, où la pulsion et le désir occupaient l'écran à parts égales avec l'incarnation des idées et l'engagement politique. Tout cela se mêle, indissociable. Courage de Jo Chahine, osant braver la censure et les interdits.

Un souvenir personnel qui date de 1984. Avec Serge Daney, nous nous rendons au Caire sur le tournage d'*Adieu Bonaparte* – Daney pour *Libération*, moi pour les *Cahiers du cinéma*. Nous étions conviés par Humbert Balsan, producteur du film. Chahine avait enrôlé deux acteurs vedettes, Patrice Chéreau dans le rôle de Bonaparte et Michel Piccoli dans celui de Caffarelli. Il avait confié un rôle quasi égal à Mohsen Mohieddine, un jeune acteur égyptien. Ce film, Chahine le doit en grande partie à la France, bénéficiant en effet de l'aide directe de Jack Lang, ministre de la Culture. *Adieu Bonaparte* sera le premier d'une longue liste de films que Balsan et Chahine mettront en chantier, scellant une amitié indéfectible. Dans ses studios assez vétustes du Caire (les studios Misr), Chahine tourne son film comme s'il s'agissait d'une énorme production hollywoodienne. Il a fait appel à de nombreux figurants, y compris Serge Daney dont j'ai oublié quel était le déguisement ; l'ambiance est joyeuse, le rythme de travail effréné. Tout le monde a envie de faire plaisir à Jo. L'équipe technique ne comptait pas les heures de travail. Yousry Nasrallah, sympathique et intelligent, était l'assistant de Chahine, avant de devenir lui-même cinéaste. Le cinéma de Chahine a toujours été artisanal, reposant sur des savoir-faire multiples et sur la générosité de ses équipes. Mais lui-même s'est donné au cinéma corps et âme, de manière infatigable. Il habitait le cinéma, Jo Chahine !

Manoel de Oliveira, vaillant centenaire

(1908-2015)

À propos de Manoel de Oliveira, il ne faudrait pas que l'on se contente de garder en mémoire qu'il fut le cinéaste en activité le plus âgé de toute l'histoire du cinéma mondial. Ce serait faire un sort injuste à sa mémoire et à son talent artistique. Car il fut bien plus que cela, un très grand cinéaste, né en 1908 à Porto, sa ville qu'il a filmée et aimée, auteur d'une soixantaine de films, courts ou longs, voire très longs – son adaptation du *Soulier de satin*, d'après Claudel, œuvre magnifique, aussi lyrique que plastique, durait six heures et cinquante minutes. Ce géant du cinéma d'auteur international vient de nous quitter à l'âge de 106 ans. Il était, parmi tous les cinéastes en activité, le seul à avoir connu le muet. *Douro, Faina Fluvial*, son premier film, était un documentaire lyrique sur Porto réalisé en 1931. Cette trace du muet, ce souvenir intime, voire fantomatique, de l'époque où le cinéma n'était fait que d'ombres et de lumières, est demeuré vivace et traverse son œuvre, aiguisant son regard, accentuant son acuité formelle et narrative. Manoel de Oliveira était un infatigable conteur d'histoires, qui croyait ferme au cinéma des temps primitifs, à cette époque bénie où la croyance du spectateur se fondait sur un regard candide à même de pénétrer l'écran, de comprendre les personnages, de vivre leurs sentiments et de saisir la profondeur de leur âme.

Lorsque Manoel de Oliveira parlait de ses films ou de ceux des cinéastes qu'il admirait, il avait cette même candeur, ce goût pour la croyance des sentiments profonds et exacerbés, quelque chose de l'enfance qu'il exprimait, tel un homme sage et malicieux. Il incarnait de manière naturelle cette part de sacré inhérente au cinéma primitif de son enfance. Grand ami de la Cinémathèque française, il avait connu Henri Langlois, qui fut le premier à reconnaître son talent et à programmer ses films. L'an dernier, à l'occasion du centenaire du fondateur de la Cinémathèque, Manoel de Oliveira nous avait adressé un message émouvant et clairvoyant, rendant hommage à ce génial montreur d'ombres qu'était Langlois. Nous l'avions accueilli à plusieurs reprises, organisé la rétrospective de son œuvre et présenté plusieurs de ses films en avant-première. En 2012, nous avions découvert *Gebo et l'Ombre*, un de ses derniers films, où l'éclairage des personnages et des décors semblait provenir de lanternes magiques, d'un théâtre optique ou de machines à rêves. Image vacillante et tremblante d'un art balbutiant qui ne sait pas encore qu'il va devenir l'art du XXe siècle. Manoel de Oliveira était un paradoxe vivant, à la fois cinéaste des origines, des émotions premières, et homme cultivé, raffiné, inspiré par la grande littérature (Claudel, Flaubert, Dostoïevski, Madame de La Fayette, Agustina Bessa-Luís), auteur de grands films romanesques comme *Le Passé et le Présent* (1972), *Amour de perdition* (1979), *Francisca* (1981), *Non, ou la Vaine Gloire de commander*

(1990), *La Divine Comédie* (1991), *Val Abraham* (1993), *La Lettre*, son adaptation de *La Princesse de Clèves* réalisée en 1999. Sans oublier le génial *Je rentre à la maison* (2001) avec Michel Piccoli, ou *Belle toujours* (2006) avec Bulle Ogier et Michel Piccoli, suite imaginaire du *Belle de jour* de Luis Buñuel réalisé en 1967.

En France, nous avions découvert ses films au milieu des années 1970 grâce à Paulo Branco, cinéphile portugais qui était alors exploitant d'une salle de cinéma à Paris, non loin de la place de la République. Paulo Branco devint par la suite le producteur attitré de Manoel de Oliveira, l'accompagnant durant deux décennies dans son parcours exaltant de cinéaste. On ne dira jamais assez combien cette filière portugaise, fondée sur la passion et l'amour des récits romanesques, a irrigué et enrichi l'histoire du cinéma.

Adieu à Marc Raynal, alias Maud Molyneux, alias Louella Intérim

(1948-2008)

La nécrologie est parue aujourd'hui samedi dans la page Carnet du *Monde* : Marc Raynal découvert à son domicile le 16 septembre 2008. Nous l'avions appris il y a deux jours en lisant *Libération* : la disparition de Marc Raynal, alias Maud Molyneux, alias Louella Intérim, deux des pseudonymes sous lesquels il ou elle écrivait ses textes sur le cinéma ou sur la mode, dans le *Libération* des années 1980. Un éditeur devrait se soucier de les réunir en volume, en hommage à un critique rare et très talentueux, j'ose dire précieux. Les textes de Louella Intérim, écrits sur un coin de table dans un style incroyablement singulier, témoignent d'une période où le journalisme de cinéma avait de l'allure, de l'insouciance et de l'élégance. Louella Intérim s'arrêtait sur un détail, prenait les films par un bout de ficelle, comme personne n'osait le faire. Elle tirait un bout et toute la pelote venait à elle. Du cousu main. Rien à voir avec le style provoc. Aucune agressivité envers le lecteur, aucune méchanceté, juste l'envie enfantine et têtue de le surprendre ou de le guider dans le labyrinthe filmique en le faisant entrer par une porte dérobée. Je vous recommande de lire le très beau texte écrit par Gérard Lefort et Olivier Séguret dans *Libération* daté du

18 septembre : émouvant, plus qu'amical, impeccable. Louella Intérim connaissait parfaitement le cinéma, elle avait fréquenté la Cinémathèque, les salles de quartier, les ciné-clubs en noir et blanc de la télévision. Elle écrivait sur des films anciens comme s'ils avaient été faits la veille, niant le temps passé, devenant parfois elle-même un personnage ou une figure à l'intérieur du plan ou du tableau. La seule chose à faire serait de revoir *Falbalas* (1944) de Jacques Becker en pensant à Louella Intérim. Manière de noyer la tristesse dans celle du film. Et dans sa beauté.

Un souvenir inoubliable avec Alain Renoir
(1921-2008)

Jacques Renoir m'a appelé hier pour m'annoncer la mort d'Alain Renoir. Jacques Renoir, chef opérateur et artiste, est le fils de Claude Renoir, lui-même directeur de la photographie et fils de Pierre Renoir, acteur célèbre (*La Nuit du carrefour*, *Madame Bovary*, Louis XVI dans *La Marseillaise*, entre autres films de son frère cadet Jean). Alain, fils unique de Jean Renoir, est né en 1921. Sa mère était Catherine Hessling, grande actrice du muet, égérie de Jean Renoir qui la dirigea dans plusieurs films au début de sa carrière de réalisateur : *La Fille de l'eau* (1925), *Nana* (1926), *Sur un air de charleston* (1927), *La Petite Marchande d'allumettes* (1928). Mais il avait surtout été élevé par Dido Freire, la deuxième épouse de Jean Renoir. Alain Renoir, qui vivait en Californie, avait obtenu la nationalité américaine pendant la Seconde Guerre mondiale, après s'être enrôlé pour combattre dans l'armée US. Il vivait sa retraite dans un petit bled, à Esparto, non loin de Sacramento. Il y a quatre ans, j'avais fait le voyage jusqu'à lui, pour lui parler de l'exposition que la Cinémathèque française allait consacrer à Jean Renoir (son père) et à Pierre-Auguste Renoir (son grand-père). Une belle idée de Claude Berri. Il m'avait reçu dans sa maison, on se serait cru dans le Midi de la France, une ferme dans laquelle il élevait une oie et des animaux. C'était au bout du monde. Alain Renoir parlait l'anglais avec un fort accent français, sa voix était à peu près celle de son père : une voix bonhomme, généreuse, amicale, prête à rire et à s'enthousiasmer.

Il m'avait raconté sa vie, qui était passionnante. Très jeune il s'était retrouvé sur les tournages de son père. Ainsi, dans *Une partie de campagne*, il apparaît dans quelques plans, adolescent rouquin (au spectateur d'imaginer son teint roux dans un film en noir et blanc !) et crâne rasé, pêchant à la ligne sur un pont qui enjambe le Loing, lorsqu'apparaît la carriole de la famille Dufour. Le tournage se déroulait non loin de Marlotte, près de Moret-sur-Loing. Alain Renoir avait alors 14 ans.

Des années plus tard, Guy Cavagnac a interrogé Alain Renoir à propos du tournage d'*Une partie de campagne.* Cet entretien figure dans un beau livre : *Une partie de campagne* : *Éli Lotar, photographies du tournage*, sous la direction de Guy Cavagnac (Éditions de l'Œil, 2007). Voici un extrait de cet entretien :

> « Alain Renoir : Avant le film, je n'habitais pas avec mon père mais à Meudon, avec ma grand-mère maternelle. Mon père venait très souvent. Il avait une chambre, mais il habitait alors rue des Saules, à Paris, où il avait un appartement avec Marguerite. Toute ma famille habitait rue des Saules : mon père, mon cousin Claude, mon oncle Pierre ont tous habité rue des Saules. Mon père venait donc de temps en temps passer une nuit à Meudon pour être avec moi, et ce

n'est qu'après le tournage que, ma grand-mère étant restée à Marlotte, je suis allé vivre avec mon père à Paris au lieu de Meudon. Ce qui fait que je n'étais pas avec mon père pendant la préparation du film. [...] Pendant le tournage d'*Une partie de campagne*, Darnoux m'avait un peu adopté. Par exemple, une fois il m'avait laissé conduire sa Bugatti... Il avait une expression... il disait : “Ah ! tu es gonflé à bloc !” Je ne savais pas ce que ça voulait dire, c'était formidable et je buvais du petit-lait. J'avais dû aller jusqu'à 20 kilomètres/heure ! Un jour, il me dit : “Tu veux bien dîner avec moi et une amie ?” Je dis oui. On va à l'hôtellerie du Bas-Bréau à Barbizon. Il y avait en effet une jeune femme blonde. Je me souviens qu'elle n'était pas particulièrement jolie. On dîne. Arrive le dessert et Darnoux me dit : “Écoute, tu restes ici, tu finis ton dessert. Nous avons quelque chose à faire.” Ils se sont absentés une demi-heure. Ils sont revenus et ça m'a pris longtemps avant de comprendre. [...] Darnoux inventait des mots. Par exemple, il y avait un vieil opérateur de prises de vues qui avait travaillé avec mon père au temps du muet et qui s'appelait Gibory, et Darnoux avait décidé que Gibory c'était un beau nom pour le membre sexuel – le Gibory –, et tout le monde dans le cinéma disait “mon Gibory”. Au lieu de dire “mon membre sexuel”, on disait “mon Gibory”. Pour les choses ridicules, il se servait de l'expression “ragoût de veau !”. Il disait : “Ce type-là c'est un ragoût de veau !” Il avait un talent pour trouver des mots que tout le monde adoptait. Je me rappelle la dernière lettre que j'ai eue de lui, c'était tout de suite après la guerre, un mot qui disait ceci : “Mon cher Alain, les Français sont des ragoûts de veau. Georges.” »

Dans ce livre figurent de très belles photos d'Éli Lotar. On y voit le tournage d'*Une partie de campagne*, ce film unique au monde. La belle Sylvia Bataille, dont plusieurs membres de l'équipe étaient amoureux, sur la balançoire… Henri Cartier-Bresson et Georges Bataille déguisés en curés. Jean Renoir portant chapeau, Henri Cartier-Bresson, Jacques Becker et Luchino Visconti, qui entourent Renoir, le maître dont ils sont les assistants. Marguerite Houllé-Renoir, la monteuse et compagne du cinéaste, qui joue dans le film la servante de l'auberge, Claude Renoir, le directeur de la photographie, neveu de Jean… Georges Darnoux (l'amoureux de Sylvia Bataille dans le film) et son compère Jacques B. Brunius. Gabriello et Jane Marken. Ces magnifiques photos de Lotar donnent l'image idyllique d'un tournage qui en réalité frôla la catastrophe. À cause du mauvais temps, il fut interrompu, si bien que Jean Renoir s'en alla réaliser un autre film *Les Bas-Fonds*. Pierre Braunberger, le producteur, n'entreprit de terminer *Une partie de campagne* qu'après la guerre. Et c'est un des plus beaux films du monde !

Alain Renoir quitta la France en 1942 pour rejoindre son père aux États-Unis, où il s'engagea dans l'armée, obtenant ainsi la nationalité américaine. À ce titre, il parvint à entreprendre de brillantes études universitaires. C'est ainsi qu'il devint l'un des plus grands spécialistes de littérature anglaise du Moyen Âge au monde, professeur puis doyen de l'Université de Berkeley, Californie. Il y a quatre ans il m'avait reçu avec une grande gentillesse, parlant des heures et des heures de son père, de la famille des Renoir. J'avais passé la nuit à Esparto, pris mon petit déjeuner le lendemain matin, avant de reprendre la route vers San Francisco. Un souvenir inoubliable. Comme une plongée dans un petit bout de France situé quelque part au fin fond de la Californie.

Notre amie Catherine Putman

(1949-2009)

Catherine était notre amie, à Emmanuèle et moi, depuis longtemps. Nous l'aimions pour ce qu'elle était, une femme libre et directe, franche et séduisante. La Catherine que j'ai le mieux connue, c'était celle des vacances. Nous avons souvent passé nos congés ensemble, chez elle à Arles, dans sa maison si accueillante, si harmonieusement décorée par elle et ses amis artistes. J'ai eu le sentiment de mieux connaître Catherine après avoir séjourné dans sa maison de la rue Parade où tout était grâce. Elle nous recevait avec gentillesse, elle nous offrait sa maison. Là, Catherine prenait toute sa plénitude physique : son accent du Midi très gai, son soleil, son rayonnement intérieur. Nous allions au marché, puis lire la presse sur une terrasse ou nous baigner à Beauduc. La vie était radieuse.

Au Portugal, chez Mahot et Colombe, puis chez Colombe sans le regretté Mahot. Avec Melchior et Merry, avec Philippe Collin et d'autres amis. Nous avons passé là des moments de grand bonheur, ressentant notre amitié comme une chance et une promesse, un gage de partager l'avenir. Ayant le même âge que Catherine, j'aimais l'idée que nous allions vieillir ensemble, ne jamais nous quitter et qu'ainsi la vie future serait meilleure et plus douce. J'avoue avoir toujours aimé sa présence physique, sa douceur, parfois sa brusquerie, sa gentillesse et son charme, sa manière simple de se confier à moi, de m'enlacer. Nous étions complices.

J'ai tant aimé la Catherine des vacances. L'été dernier, à l'Île-aux-Moines où elle vint nous rejoindre avec Philippe, nous avons passé une semaine de vrai bonheur dans cette grande maison blanche qu'un ami d'enfance d'Emmanuèle nous avait prêtée. Les bains quotidiens, les repas très gais préparés par Gérard Wajcman et Jacques Fansten, la présence de Brigitte et de Sylvie. Moi accroché à la télévision pour suivre les J.O. de Pékin. En attendant de nous rendre tous ensemble à la plage, en fin d'après-midi, pour le deuxième bain du jour, avant d'aller déguster quelques huîtres chez l'écailler.

Un des plus beaux souvenirs de cet été-là fut notre visite chez Geneviève Asse et Silvia Baron Supervielle, dans leur belle maison de l'Île-aux-Moines. Catherine nous y avait guidés. Geneviève Asse nous invita dans son atelier pour y découvrir ses dernières œuvres, puis nous prîmes l'apéritif dans le jardin. Ce moment merveilleux, nous le devons à Catherine.

J'ai aussi aimé Catherine parce qu'elle ne masquait pas la vie, elle disait ce qui allait bien, la marche des affaires (elle me parlait de sa galerie comme d'une petite entreprise et j'adorais cela), mais aussi les doutes qui l'assaillaient, ses inquiétudes intimes. J'aimais la franchise avec laquelle elle parlait du passé et de l'avenir. Il me semblait ces derniers temps qu'elle avait pris des résolutions et qu'elle se sentait prête à affronter l'hiver. Mais l'hiver a cruellement tout emporté.

Claude Berri, l'homme pressé

(1934-2009)

Claude Berri est mort dans la matinée des suites d'un accident vasculaire cérébral. Il avait 74 ans. L'homme, qui n'était pas en bonne santé, avait subi un premier accident cérébral il y a deux ans, dont il s'était remis très lentement, avant d'envisager d'entreprendre un nouveau film. Hospitalisé dans la nuit de samedi à La Salpêtrière, il n'a pas survécu.

Les hommages affluent de partout, suscités par l'émotion et l'admiration. Claude Berri n'était pas n'importe qui dans le paysage du cinéma et des arts en France. Une personnalité, une stature, un pouvoir et un rayonnement à peu près inégalés. Je l'ai fréquenté durant plusieurs mois alors qu'il présidait la Cinémathèque française. Son mandat débuta en septembre 2003 et Claude Berri l'a exercé autant qu'il a pu le faire, jusqu'à ce que son état de santé l'en empêche. En juin 2007 il a été remplacé par Costa-Gavras. Durant toute cette période j'ai pu observer de près cet homme passionné, impatient, tantôt affable, tantôt bourru, manifestant toujours une très grande volonté dans la réalisation de ses désirs. À une époque où le sort de la Cinémathèque était en train de se jouer, c'est-à-dire au moment de l'installation rue de Bercy, dans le bâtiment construit par Frank Gehry que le ministère de la Culture avait décidé de nous confier, Claude Berri pesa de tout son poids, usant de son pouvoir et de son prestige pour imposer ses vues. Respecté des ministres – ce fut dans un premier temps Jean-Jacques Aillagon, puis Renaud Donnedieu de Vabres –, Claude Berri visita à plusieurs reprises le bâtiment alors en travaux. Il y était déjà comme chez lui et, avec des arguments simples et en s'appuyant sur le trajet de la lumière au sein du bâtiment, il insista pour que la Cinémathèque puisse concevoir des expositions temporaires ambitieuses, à même d'attirer un large public. Il voyait grand. De la même manière que lorsqu'il produisait des films, les siens et ceux des autres. Il n'avait aucune inhibition, aucun préjugé, aucun tabou. Il se servait de l'argent, le sien, pour produire des films ou acquérir des œuvres d'art. Avec lui, on gagnait du temps en allant à l'essentiel. Il faisait fi des salamalecs. Une forme d'impudeur naturelle qui pouvait surprendre dans un premier temps, mais à laquelle on s'habituait. L'homme était ainsi fait, instinctif, confiant dans son premier regard et dans son premier jugement. Ensuite, il ne fallait surtout pas se mettre en travers de son désir.

L'idée d'une exposition consacrée aux Renoir père et fils – Pierre-Auguste le peintre et Jean le cinéaste – vient de lui. Il m'en parla un jour, de sa manière bourrue, puis mit Serge Lemoine, le président du musée d'Orsay, dans la confidence. L'affaire fut vite conclue, il fallait se mettre au travail. En septembre 2005, cette exposition ouvrit la nouvelle Cinémathèque de Bercy, avec le succès que l'on sait. L'idée d'une exposition consacrée à Pedro Almodóvar a également germé dans sa tête.

Nous la lui devons. Ensuite, il déléguait à d'autres et faisait confiance.

Je me souviendrai longtemps de ses coups de fil, souvent très tôt le samedi matin :

— Serge, il faut faire l'Inde !

— Oui, Claude.

— Il faut faire l'Inde !

— Qu'entendez-vous par là ?

— Il faut montrer des films indiens pour accompagner une exposition…

— Pouvez-vous m'en dire davantage ?

— Vous n'êtes pas allé à Lille ?

— Non, pas encore.

— Il faut que vous alliez à Lille, dès que possible, pour voir…

C'était à l'époque de Lille 2004, Capitale européenne. La ville du Nord s'était convertie à la photographie, aux arts plastiques et à la musique indienne. Toute la ville vivait et respirait aux rythmes indiens. Claude Berri s'y était rendu parmi les premiers, curieux de découvrir de nouveaux artistes indiens, achetant au passage nombre d'œuvres. J'y suis allé, très gentiment accueilli par Martine Aubry, la maire de la ville. Claude m'avait avoué que sa véritable passion était la peinture, les arts plastiques, qu'il mettait au-dessus de tout le reste, y compris le cinéma. Au commencement de notre collaboration à la tête de la Cinémathèque en 2003, lui président, moi directeur, il m'avait avoué : « Vous savez, je ne connais rien à l'histoire du cinéma ! » J'avais du mal à le croire mais il était sincère. Ce qui le motivait avant tout, c'étaient les expositions d'artistes, au cinquième étage du bâtiment éclairé par une lumière zénithale. Il imaginait une exposition consacrée à Roman Opałka, ou à Dan Flavin, et bien sûr à Robert Ryman, son artiste préféré, ainsi qu'à d'autres qui le passionnaient. C'était le grand collectionneur d'art qui parlait, davantage que le réalisateur ou producteur de films. Il avait un rapport direct, au présent, avec les films, les siens et ceux qu'il produisait, sans véritable culture cinéphile. Était-ce un défaut ? Je n'en suis pas certain. Il avait une relation tellement instinctive aux choses, aux objets, aux personnes, il prenait ses décisions de manière si rapide, si instinctive, que la connaissance du cinéma l'aurait plutôt freiné ou gêné. Du même coup il vous accordait sa confiance, ça durait le temps qu'il fallait, puis il passait vite à autre chose. Là où son instinct et son regard l'entraînaient.

Je n'ai pas connu les autres facettes du cinéaste et du producteur. Je me souviens qu'un jour, chez lui, rue de Lille, il m'avait dit : « J'ai perdu beaucoup d'argent sur un film, trois millions d'euros, il faut que j'aille à Londres vendre une œuvre. » Je restai là, interloqué. Il disait cela sans trembler ni se plaindre, sans pathos, de manière simple, tel un joueur ayant perdu sa mise mais gardant espoir de vite « se refaire ». Quelques mois plus tard il s'était refait.

Un vendredi soir, je l'appelle en sortant du cinéma des Trois Luxembourg où je venais de découvrir *L'Esquive*, le film réalisé par Abdellatif Kechiche en 2003. Je devais rappeler à Claude un rendez-vous important que nous avions le lundi suivant, à dix heures, avec le ministre de la Culture, rue de Valois, pour discuter du budget de la Cinémathèque. Et pour conclure je lui dis : « Claude, vous devriez aller voir *L'Esquive*, c'est vraiment formidable ! »

Le lundi matin, nous nous retrouvons dans le grand salon bleu décoré par Pierre Alechinsky. En attendant notre rendez-vous, curieux, je l'interroge :

— Claude, avez-vous vu le film de Kechiche ?

— Oui et j'ai signé pour trois films. C'est dans la lignée du cinéma de Jacques Rozier…

J'étais interloqué. Claude Berri était un homme de passion et il décidait vite. Très vite.

Ce cher Alain Crombecque

(1939-2009)

Alain Crombecque est mort subitement lundi soir dans le métro parisien des suites d'un arrêt cardiaque. Il venait juste d'avoir 70 ans. Le milieu du théâtre est en deuil, perdant un des hommes ayant le plus contribué à faire du « spectacle vivant » – théâtre, danse, musique, installations plastiques – le lieu de la modernité, de la découverte et de l'ouverture au monde. Et ce depuis près de quatre décennies. J'ai rencontré Alain au début des années 1980, grâce à Corinne Bacharach qui était attachée de presse du Théâtre des Amandiers, où j'allais souvent à l'époque du triumvirat Patrice Chéreau/Catherine Tasca/Alain Crombecque. Une période théâtrale incandescente.

Il y a autre chose à ajouter et il me revient, d'une certaine manière, de le dire. Alain Crombecque fut aussi un passionné de cinéma. Sous son impulsion, chaque saison du Festival d'automne comportait un volet cinéma, Alain considérant qu'il avait toute sa place dans un festival pluridisciplinaire et moderne aux côtés de la danse, de la musique et du théâtre.

J'ai aussi eu la chance de le côtoyer chaque jour durant les préparations du *Premier siècle du cinéma*, entre 1993 et la fin 1995. Jack Lang nous avait confié le poste de délégué général que nous partagions à mi-temps, formant une paire amicale et complice. Michel Piccoli présidait l'association mise en place pour coordonner les différentes initiatives impulsées par nous, ou qui parvenaient jusqu'à nous, partout en France. Nos bureaux étaient situés rue Saint-Merri, en face du Centre Pompidou. Durant cette période, nous avons mis toute notre énergie à faire en sorte que le cinéma soit célébré de mille et une façons dans le pays où il est né.

Alain Crombecque était le plus délicieux et le plus délicat des hommes. Diplomate, courtois, secret, timide et intimidant, curieux de tout et fidèle en amitié. Il fallait gagner sa confiance et dès lors les choses devenaient faciles. Il aimait aller vite, décider vite, parce qu'il comprenait tout très vite. Costume et cravate, *Le Monde* du jour froissé ou enroulé à la main, presque toujours un livre en poche. Il est difficile de trouver autant de qualités réunies en un seul être. Alain Crombecque les avait toutes, plus une autre – essentielle : l'humilité. Avec une telle expérience, un tel réseau de connaissances artistiques, des responsabilités aussi importantes, la direction du Festival d'Avignon ou celle du Festival d'automne, Alain restait simple et disponible, abordable et cosmopolite. Tout entier au service de sa passion artistique. Il aimait à ce point les artistes, la création, le risque de la création, qu'il s'était une fois pour toutes trouvé une place dans la pénombre, discrète, d'où il pouvait percevoir la scène et entendre les voix et les musiques, témoin privilégié et anonyme des pièces et spectacles qu'il avait grandement contribué à faire naître. Le mot qui me vient en pensant à lui est celui de *souveraineté* : dans son rapport au théâtre, à la culture, aux enjeux de pouvoir qui se trament secrètement à l'intérieur de l'espace culturel, Alain Crombecque est toujours demeuré un homme souverain. Libre.

Durant les trois années où nous avons travaillé ensemble, j'ai apprécié ses qualités, appris de lui et pris du plaisir à être avec lui. Je l'admirais et je l'aimais comme on admire et l'on aime un modèle. Un ami. Alain Crombecque n'avait que des amis. Je suis fier d'avoir été l'un d'entre eux. Comme eux, je ne me console pas de sa disparition.

La clarté d'Éric Rohmer

(1920-2010)

La mort d'Éric Rohmer n'est pas en soi scandaleuse mais elle nous attriste profondément. L'homme allait sur ses 90 ans (il est né à Tulle, Corrèze, en mars 1920) et son œuvre, abondante, complète, est d'une incroyable cohérence. Les pièces sont toutes là et dessinent une cartographie romanesque d'une incroyable densité, d'une très grande pureté artistique.

Ces derniers mois nous l'avions vu voûté, souffrant physiquement. Il n'avait plus l'allure qu'il a toujours eue à nos yeux, celle d'un homme grand au regard clair, vous scrutant de biais, curieux des autres, toujours loyal et ouvert, d'une intelligence rare, active et concrète. Les mots qui viennent immédiatement à l'esprit pour évoquer Rohmer, l'homme et son œuvre, sont liberté, exigence artistique et morale, goût de la jeunesse et de la beauté, indépendance économique, souveraineté artistique, grande culture savante et classique, jamais ostentatoire ni pesante, modernité cinématographique. En un mot : la clarté. Cet homme avait appris dans le grand cinéma classique une certaine forme d'efficacité et le goût du suspense (chez son maître Hitchcock : relire le livre qu'il cosigna avec Chabrol[1]), ce qui fait que ses films ont marché, su trouver leur public un peu partout dans le monde, aux États-Unis, au Japon, en Allemagne, en Italie et ailleurs. Éric Rohmer avait son public et le cinéma d'art et essai perd aujourd'hui son plus fervent pourvoyeur de films.

Rohmer faisait des films depuis plus d'un demi-siècle et laisse une œuvre abondante, mêlant courts-métrages, films éducatifs ou documentaires réalisés dans les années 1960 pour la télévision scolaire (une période de vaches maigres qui faisait suite à l'échec de son premier long-métrage, *Le Signe du Lion*, pourtant admirable), et bien sûr longs-métrages dont beaucoup sont classés par cycles : Six contes moraux, Comédies et Proverbes et Contes des quatre saisons. Rohmer ne renouera avec le succès qu'en 1969, avec *Ma nuit chez Maud* que des amis, parmi lesquels François Truffaut, Claude Berri, Pierre Braunberger, Danièle Delorme et Yves Robert, l'aidèrent à financer. Dès lors, son œuvre se construisit film après film dans une sorte d'organisation logique et méticuleuse, sans donner pour autant le sentiment d'être préméditée.

Lorsqu'on évoquait avec lui cette « traversée du désert », Rohmer répondait avec intelligence qu'il lui fallait vite rebondir, dessiner le cadre de son indépendance de cinéaste et d'artiste. Il fut grandement aidé en cela par Barbet Schroeder, plus jeune que lui et qui eut l'idée, pour produire *Paris vu par...*, un film de sketches réalisés par Jean Rouch, Jean Douchet, Jean-Luc Godard, Claude Chabrol, Jean-Daniel Pollet

1. Éric Rohmer et Claude Chabrol, *Hitchcock*, 1957 ; réédition Ramsay, coll. poche Cinéma, 2006.

et Rohmer, de créer une structure de production adéquate : Les Films du losange. Margaret Menegoz les y rejoignit peu de temps après ; la société de production (puis de distribution) existe encore et constitue une sorte de modèle de structure indépendante, abritant les films de Rohmer, de Schroeder et d'autres réalisateurs également soucieux de leur indépendance artistique. Chez Rohmer l'indépendance va de pair avec l'intégrité artistique, ce qui le mena toujours à considérer l'équation entre les moyens financiers dont il disposait et le projet artistique qui l'animait, le premier terme ne disposant jamais du second. L'économie, mesurée, toujours au service du film : tel était son credo. Le rôle de la productrice (sa complice Françoise Etchegaray, qui l'accompagnait depuis une dizaine d'années sur ses films[2]) était au fond celui d'une économe qui, disposant d'un souvent maigre pécule, l'affecte à la réalisation des vœux artistiques du maître. Au bout du compte, l'œuvre de Rohmer est sans doute l'une des plus rentables du cinéma français, les films s'équilibrant, vaille que vaille, dans le temps et le monde entier, dégageant souvent des bénéfices. Le paradoxe veut que Rohmer ait souvent été recalé devant la Commission d'avances sur recettes, ce qui ne l'a pas empêché de monter ses films, au sou près.

Je me souviens qu'en 1992, alors président de la Commission d'aide à la distribution du CNC, il m'est

2. Je recommande vivement de lire l'ouvrage qu'a écrit Françoise Etchegaray sur Éric Rohmer, *Contes des mille et un Rohmer*, dans lequel elle brosse un portrait vraiment original du cinéaste (Éditions Exils, 2020).

arrivé de défendre ardemment le dossier de *L'Arbre, le Maire et la Médiathèque* pour lequel Les Films du losange demandait un soutien limité pour un tirage de quelques copies, ce qui permettait d'élargir la diffusion du film ; quelques membres de la Commission rechignant à prendre la bonne décision, je dus mettre ma démission dans la balance afin d'obtenir gain de cause. Rohmer a toujours été pour moi un homme de vérité, de loyauté, et son élégance morale n'a jamais vacillé. Il m'est arrivé de réaliser des entretiens avec lui, pour les *Cahiers du cinéma* ou France Culture, ou plus récemment pour la Cinémathèque française lorsqu'au printemps 2004 nous avons organisé la rétrospective complète de ses films à Chaillot. J'ai toujours été frappé par l'intelligence de son propos, son humilité, sa simplicité, sa manière de ne jamais se mettre en avant. Chaque rencontre était un moment souvent cocasse ; il jouait parfaitement le jeu des questions-réponses, ce qui lui permettait aussi de « tester » chaque nouveau film auprès de ses interlocuteurs.

Mais mon souvenir le plus marquant concernant Éric Rohmer demeure lié à François Truffaut. En 1992, Michel Pascal et moi avions entrepris de réaliser un documentaire de long-métrage, *François Truffaut, Portraits volés*. Nous avions sollicité le témoignage d'Éric Rohmer, qui nous l'avait accordé mais ne souhaitait pas être filmé. C'était la condition qu'il nous fallait respecter. Comment faire ? Nous avions pensé à filmer ses mains ou à cadrer le magnétophone en train d'enregistrer ses propos. Tout cela n'allait pas avec l'idée du film. Alors nous lui avions dit qu'un dossier existait aux Films du carrosse, la société de production de Truffaut, le concernant : en effet, parmi tous les dossiers bleus que gardait soigneusement François Truffaut, sur la tranche desquels figuraient des noms de cinéastes (Guitry, Becker, Renoir, Hitchcock, Ophuls, Chaplin, Rossellini, Rivette, etc.), figurait un dossier « Éric Rohmer ». Cela l'avait beaucoup intrigué, aussi lui avions-nous proposé de le filmer en train de découvrir ce dossier. Invité à se rendre dans les bureaux des Films du carrosse, rue Robert-Estienne dans le VIIIe arrondissement, Rohmer s'installa et nous posâmes le fameux dossier sous ses yeux. La caméra était en place, il vint vérifier le cadre dans l'œilleton, nous étions prêts à tourner. Et là Rohmer accepta d'être filmé, jouant le jeu avec simplicité et candeur. Il ouvrit « en direct » le dossier, découvrit un exemplaire d'un scénario qu'il avait coécrit au début des années 1950 avec le jeune Truffaut, trouva des coupures de presse, des revues dans lesquelles étaient critiqués ou analysés des films du « Grand Momo », puisque tel était le surnom amical et complice qu'employaient Truffaut et Chabrol pour désigner leur aîné. Ce moment demeure pour moi inoubliable, je n'ose pas dire « rohmérien ». Mais il y avait de la grâce dans son comportement.

Dennis Hopper, une vie de fureur et d'éclats (1936-2010)

La radio m'appelle vers 19 heures pour m'annoncer la mort de Dennis Hopper. Difficile pour moi de réagir en direct. D'abord un sentiment de grande tristesse, même si je savais par Pierre Edelman, qui était il y a trois semaines à peine au chevet de son ami Dennis, que les jours de ce dernier étaient comptés. Je dis au téléphone, en quelques minutes, tout ce qui me passe par la tête : le regard intense et amical de Dennis Hopper, sa profonde gentillesse, sa douceur et sa sincère reconnaissance lorsque nous l'avions accueilli en octobre 2008 à la Cinémathèque française, lors de l'inauguration de l'exposition qui lui était consacrée, « Dennis Hopper et le Nouvel Hollywood ». Je me souviens de ses larmes, de son incroyable émotion lorsqu'il avait été décoré, le soir du vernissage, par Christine Albanel, ministre de la Culture, de l'insigne de Chevalier des Arts et des Lettres. Ce n'était pas grand-chose, j'ose dire le minimum que l'on devait à cet artiste, et il en était bouleversé. Pour lui et pour nous, sa vie d'acteur et de cinéaste, d'artiste et de collectionneur, de mythe de la contre-culture américaine, d'aventurier et de rebelle, tout cela prenait sens. Sa vie pleine de fureur et d'éclats, de luttes et de combats, souvent perdus, parfois gagnés, à travers les multiples expériences et les passages à vide, cette capacité qu'il avait à chaque fois de renaître et de repartir à l'assaut, tout cela pour nous et pour lui prenait sens.

J'ai eu la chance, grâce à Pierre Edelman, de rendre une première visite à Dennis Hopper, dans sa belle maison de Venice, Californie, située sur Indiana Avenue. C'était il y a dix ans. J'avais été impressionné par les œuvres multiples accrochées aux murs : Andy Warhol, Robert Rauschenberg, Jean-Michel Basquiat, Roy Lichtenstein, Ed Ruscha, David Salle, Julian Schnabel… Et par les photographies de Dennis Hopper, par dizaines, rangées dans le désordre contre les murs. L'idée est née d'une exposition qui rendrait compte de ses talents multiples et de ses vies multiples. Celle de l'acteur légendaire, l'ami de James Dean, puis le rebelle qui osa s'affronter au système des studios hollywoodiens, le réalisateur d'*Easy Rider*, le film qui en 1969 ouvrit dans le système des studios une brèche dans laquelle s'engouffrèrent la plupart des jeunes cinéastes talentueux qui allaient prendre le pouvoir dans les années 1970. Sans oublier le collectionneur et le photographe. Dennis Hopper, tel qu'en lui-même, un artiste complet.

Plusieurs fois je suis revenu à Venice, avec Matthieu Orléan et Pierre Edelman. Les séances de travail se déroulaient dans le calme, Dennis Hopper nous ouvrait ses archives, nous montrait les dernières photos qu'il avait réalisées. Peu à peu l'exposition prenait son sens, épousant les multiples facettes de cet homme hors du commun. Quelque temps auparavant, il était venu à la Cinémathèque visiter l'exposition consacrée à Pedro Almodóvar et elle lui avait beaucoup plu. Je lui avais présenté la scénographe Nathalie Crinière, en lui disant qu'elle serait enchantée de travailler à ses côtés. C'est ainsi que tout a démarré. Matthieu Orléan a été le commissaire de cette exposition et Nathalie Crinière y a mis tout son talent. Ce dont je suis sûr, c'est que Dennis Hopper était enchanté et ému de cette expérience.

Que restera-t-il de Dennis Hopper ? Comment expliquer le fait qu'il ait été si heureux, si bouleversé il y a à peine quelques semaines, pour ce qui fut sans doute sa dernière sortie publique à Los Angeles : la pose de son empreinte sur Hollywood Boulevard, comme l'ont fait avant lui tant de stars du cinéma ? Hollywood reconnaissait enfin comme l'un des siens cet homme qui avait passé sa vie à se rebeller contre un système économique contraignant et à imaginer d'autres voies pour vivre et travailler librement. Pourquoi voulut-il, me confie Pierre Edelman, se rendre une dernière fois à Taos avec ses enfants, dans cette maison qu'il adorait et où il aimait se reposer et se ressourcer ? Peut-être avait-il senti qu'il y allait pour la dernière fois…

Pour Dennis Hopper, la forme artistique de prédilection aura été le collage. Sans doute sous l'influence d'une rencontre décisive, en 1963 à Pasadena, avec Marcel Duchamp. Chez lui, à Venice, j'avais été frappé par ce panneau : « HOTEL GREEN ENTRANCE », avec en dessous un doigt pointé vers la gauche. Un simple panneau d'indication volé dans un hôtel de Pasadena, mais signé discrètement par Duchamp et Hopper, scellant d'une certaine manière leur filiation et leur amitié. Dennis Hopper a réalisé lui-même de très beaux collages, dont certains furent exposés à la Cinémathèque en 2008. Mais sa vie même est un collage, un ensemble hétérogène de moments et d'événements, une somme de contraires. L'acteur mythique proche de James Dean, le rebelle de la contre-culture, le militant hippie des années soixante psychédéliques, le cinéaste (outre *Easy Rider*, il faut citer *The Last Movie*, autre film culte, et *Colors*), l'acteur de quelques films qui resteront (*Apocalypse Now*, *L'Ami américain*, *Blue Velvet*...), le photographe qui s'est immergé au début des années soixante dans le milieu du pop art, devenant l'ami de Warhol, de Rauschenberg, d'Ed Ruscha et de Raymond Pettibon. Ce qu'il restera de Dennis Hopper, ce sont toutes ces vies en une seule, ce mélange détonnant, en un mot ce collage.

Une citation pour terminer ce trop bref hommage. Dennis Hopper : « Un jour, sur le tournage de *Géant* (*Giant*, George Stevens, 1956), James (Dean) est venu me regarder jouer dans une scène que je tournais avec Rock Hudson. L'après-midi suivant, il me dit : "Je t'ai vu jouer ta scène. Tu étais génial. J'aurais aimé que John Barrymore soit là et puisse te voir." J'ai commencé à avoir les larmes aux yeux, et lui : "Si tu as besoin de pleurer au cinéma, n'oublie pas de quitter le plan. Cela sera beaucoup plus fort pour le public. Si tu pleures, sors de la pièce." C'est ce que j'ai fait avec *The Last Movie* : créer de la frustration pour susciter l'émotion[1]. »

1. Extrait de l'entretien avec Matthieu Orléan, dans le catalogue de l'exposition *Dennis Hopper et le Nouvel Hollywood*, édité par Skira Flammarion et la Cinémathèque française, 2008.

Roger Diamantis, montreur de films

(1934-2010)

Roger Diamantis était un homme délicieux, agréable et courtois. Assez renfermé, presque timide, mais l'œil vif et toujours aux aguets. Il fallait aller à lui pour gagner sa confiance. Une fois qu'il vous l'accordait, tout devenait simple et humain.

Sa mort survenue il y a deux jours laisse ses nombreux amis dans une grande tristesse. Roger symbolisait à lui seul le mouvement Art et Essai à Paris. Avec ses trois écrans du Saint-André-des-Arts, il incarnait avec vaillance et originalité l'essence même de l'Art et Essai, c'est-à-dire la recherche et la découverte de nouveaux talents, la fidélité à des auteurs de prédilection : Alain Tanner, Nagisa Ōshima, Marguerite Duras, Ken Loach, Wim Wenders, Raymond Depardon, Alain Cavalier, Hervé Le Roux, parmi d'autres.

Roger Diamantis concevait ses salles comme des lieux d'exposition des films qu'il aimait. Le mot *exploitant* lui allait si mal : il exposait les films, leur accordant un temps long qui permettait au public de venir en prenant son temps. C'était à l'époque où l'on ne se pressait pas, où le cinéma avait du temps devant lui. On allait au Saint-André en confiance, sachant que Roger Diamantis lui-même avait pris son temps pour choisir les films qu'il programmait. Il le faisait en fonction de son goût, de ses désirs, de son intime conviction, comme l'on se rend au marché pour choisir un fruit frais ou un légume, en connaissance de cause. Eh bien, les films, il les pesait et les soupesait, mais une fois son choix fait, il les défendait jusqu'au bout.

Cinéphile, il avait réalisé un seul film, *Si j'te cherche... j'me trouve*, en 1974, dans lequel il jouait aux côtés de Jean-François Stévenin, François Weyergans et Jean-Jacques Biraud. Dans la veine du cinéma de Stévenin et de John Cassavetes, leur idole commune.

Ces dernières années, Roger Diamantis ne cachait plus sa mélancolie, sa tristesse de voir le Quartier latin se transformer en quartier de fringues et de malbouffe, devenir l'ombre de ce qu'il fut. Il voyait aussi le mouvement Art et Essai s'affaiblir du fait de l'hyperconcentration de la distribution et de l'exploitation, souvent résigné à ne pouvoir obtenir les films qu'il aimait pour les exposer sur ses écrans. S'il tenait bon, le cœur n'y était plus.

Alain Tanner raconte souvent l'histoire de sa rencontre avec Roger Diamantis, au Festival de Cannes en 1971. Le cinéaste suisse était venu présenter son deuxième film, *La Salamandre*, à la Quinzaine des réalisateurs. Déjeunant avec un ami dans un restaurant, il a pour voisin de table un homme qui mange seul : Roger Diamantis. Celui-ci était venu tout spécialement à Cannes pour tenter d'acheter les droits de *La Salamandre.* En entendant ses voisins parler de cinéma, il ose leur demander si l'un des deux ne connaîtrait pas par hasard Alain Tanner… *La Salamandre* est resté plus d'une année à l'affiche du Saint-André-des-Arts, accueillant deux cent mille spectateurs.

Ce fut le début d'une incroyable aventure.

Véronique Silver était Madame Jouve

(1931-2010)

Le Monde du week-end (daté des 1er et 2 août) publie une brève nécrologie de Véronique Silver, actrice de cinéma et de très nombreuses séries télévisées. Elle a débuté en 1954 dans *Si Versailles m'était conté...* de Sacha Guitry. Curieusement, cette nécrologie hâtive oublie de mentionner le personnage inoubliable qu'interprétait Véronique Silver dans *La Femme d'à côté* de François Truffaut (1981) : elle était Madame Jouve. Souvenez-vous, cette femme brune qui tenait le club de tennis, non loin de Grenoble, où Gérard Depardieu et Fanny Ardant se retrouvaient souvent comme des amants obligés de cacher leur passion. Odile Jouve était la confidente de Depardieu, qu'elle recevait dans sa cuisine en lui proposant de partager « son frichti ». Madame Jouve était une femme rescapée de l'amour. Dans le film elle avait un léger handicap, elle boitait parce qu'un jour, folle d'amour pour un homme, elle s'était jetée par la fenêtre. Et puis, vingt ans plus tard, un télégramme lui annonce que cet amant est de retour et qu'il souhaite la revoir, ce qui plonge Madame Jouve dans une grande confusion.

Elle était aussi la narratrice du film, celle par qui cette folle histoire d'amour, cette passion entre Mathilde

(Fanny Ardant) et Bernard (Gérard Depardieu) nous est racontée : ni avec toi ni sans toi. Un rôle comme celui-ci ne s'oublie pas. Faute professionnelle ou faute de goût, le film de Truffaut n'est pas mentionné dans cette trop brève nécrologie. C'est injuste.

Véronique Silver avait également joué chez Alain Resnais (*Mon oncle d'Amérique* et *La vie est un roman*), Chantal Akerman (*Toute une nuit*), Noémie Lvovsky (*Faut que ça danse !*, son dernier rôle au cinéma), sans oublier Jean-Claude Guiguet (*Le Mirage*), Jean-Claude Brisseau (*Noce blanche*), Aline Issermann (*Le Destin de Juliette*), Joël Séria (*Mais ne nous délivrez pas du mal*), René Féret (*Mystère Alexina*), Jacques Renard (*Blanche et Marie*), Nadine Trintignant (*La Maison de jade*), Luc Béraud (*La Tortue sur le dos*), Jean-Louis Bertuccelli (*Aujourd'hui peut-être...*) ou encore Alain Bergala (*Où que tu sois*). Son visage nous était familier grâce à de nombreux rôles à la télévision. Elle était l'épouse d'Henri Virlojeux, disparu en 1995, acteur d'innombrables films et téléfilms, figure incontournable du cinéma français, second rôle par excellence ; dans *Les Quatre Cents Coups*, Henri Virlojeux était l'homme qui surprenait Antoine Doinel et son copain René Bigey en train de voler une machine à écrire dans un bureau des Champs-Élysées.

Véronique Silver était Madame Jouve, celle qui savait ce qu'est l'amour.

Gentleman Bernard Giraudeau

(1947-2010)

Bernard Giraudeau est mort, il avait 63 ans et se battait depuis dix ans avec un incroyable courage et une incroyable dignité contre le cancer. Grande tristesse de perdre un acteur de talent, un homme au regard magnifique et d'une grande beauté, un peu à la manière de ces acteurs américains qui ont d'abord un physique, une aisance naturelle qui précède le cinéma et qui vient d'un apprentissage de la vie. Pour Bernard Giraudeau, cet ailleurs était la mer. Né à La Rochelle, il y a fait l'école de la marine et voulait devenir marin. Deux fois le tour du monde sur le *Jeanne d'Arc.* Ensuite, l'apprentissage du théâtre par le Conservatoire (1971), les débuts à la télévision. Le cinéma a croisé son chemin, il y a fait une belle carrière, environ quatre-vingts films, d'auteurs ou pas, qu'importe : il menait son bout de chemin en homme libre.

Tout cela émanait de sa personne, une disponibilité, une franchise, une gentillesse, une curiosité sans faille. Je me souviens être allé sur le tournage du film que réalisait Daniel Schmid à Fès, au Maroc, tiré d'un roman de Paul Morand, *Hécate*[1] ; c'était en 1982.

1. Le roman de Paul Morand a pour titre *Hécate et ses chiens*, Flammarion, 1954.

Bernard Giraudeau avait comme partenaire la belle Lauren Hutton, qui avait d'aussi beaux yeux que lui. Impressionnant de le voir au travail, rieur, disponible. Toutes les portes du cinéma s'ouvraient à lui, celles du film d'aventure (*Le Ruffian*, *Les Spécialistes*, et beaucoup d'autres encore), du polar (*Rue Barbare* de Gilles Béhat, gros succès), de la comédie (*Et la tendresse ? Bordel !*, *Viens chez moi, j'habite chez une copine*, etc.), du film d'auteur (on retiendra *L'Homme voilé* (1987) du regretté Maroun Bagdadi, *Poussière d'ange* (1987) d'Édouard Niermans, *Le Fils préféré* (1994) de Nicole Garcia, *Ridicule* (1996) de Patrice Leconte, et surtout *Gouttes d'eau sur pierres brûlantes* (2000) de François Ozon, d'après une pièce de théâtre de Rainer W. Fassbinder). Dans le genre séducteur cynique, Giraudeau était formidable dans *L'Année des méduses* (1984) de Christopher Frank, avec Caroline Cellier et Valérie Kaprisky, laissant poindre une inquiétante étrangeté. Il avait eu le désir de passer derrière la caméra : *L'Autre* en 1991, puis *Les Caprices d'un fleuve* tourné en 1996. Il était aussi un écrivain (à succès), élargissant ainsi sa palette artistique.

Cet homme avait un talent multiple, acteur, voyageur, réalisateur, comédien, écrivain, un *gentleman* qui ne voulait surtout pas se laisser enfermer dans un genre ou un métier. Il avait plusieurs vocations et les vivait jusqu'au bout, mettant toute son énergie et son humilité à les vivre et à les partager. Le 10 mai dernier, Éric Favereau, journaliste à *Libération*, publiait un long entretien avec Bernard Giraudeau où celui-ci décrivait avec une incroyable lucidité le parcours de sa longue maladie. Un calvaire. À le relire aujourd'hui, on a les larmes aux yeux.

Pierre Guffroy, décorateur de films et poète
(1926-2010)

La Cinémathèque rendait hier un hommage à Pierre Guffroy, célèbre décorateur de films, en présence de nombreux amis venus assister à la projection d'un documentaire réalisé par Lucie Gay, *Libres propos d'un rêveur du cinéma.* Pierre Guffroy y évoque avec nostalgie le Paris de son enfance en faisant preuve d'une liberté d'esprit et d'un humour d'une grande finesse. L'homme a maintenant sa carrière derrière lui, incroyablement féconde, riche en films et en rencontres. Interviewé par Lucie Gay, il parle de Jean Cocteau qui, le premier, lui confia la responsabilité comme chef décorateur du *Testament d'Orphée,* réalisé en 1959. « On ne pouvait pas être mauvais avec Cocteau, dit Pierre Guffroy, car cet homme vous aidait à donner le meilleur de vous-même. » Il dit la même chose à propos de Robert Bresson avec qui il collabora sur deux films, *Mouchette* et *L'Argent.*

La filmographie de Pierre Guffroy est éloquente. On constate qu'il a accompagné le cinéma depuis un demi-siècle aux côtés de réalisateurs parmi les plus talentueux et les plus audacieux. Outre Cocteau et Bresson, citons François Truffaut pour *La mariée était en noir (*1968), Claude Sautet pour *Max et les ferrailleurs* (1971), *César* *et Rosalie* (1972), *Mado (1976),* Luis Buñuel, dont les quatre derniers films, autant de chefs-d'œuvre produits par Serge Silberman, furent « décorés » par Pierre Guffroy : *La Voie lactée* (1969), *Le Charme discret de la bourgeoisie* (1972), *Le Fantôme de la Liberté* (1974), *Cet obscur objet du désir* (1977).

Comment ne pas citer Roman Polanski, dont Pierre Guffroy suivit les aventures artistiques les plus folles : *Le Locataire* (1976), où le décor tient une place prépondérante, sorte de personnage secret, inquiétant et muet, occupant tout l'espace ; *Tess*, énorme production pour l'époque (1979), entreprise par Claude Berri, où il fallut reconstruire en Bretagne et dans le Cotentin des décors renvoyant à ce qu'était au XIXe siècle le Dorset anglais ; *Frantic* (1988), où Paris était vu à travers le regard très particulier d'un Américain, Harrison Ford ; *Pirates*, tourné en Tunisie en 1986, avec ce galion impressionnant, star du film, qui devint un véritable objet de curiosité pour le grand public et les touristes ; ou encore *La Jeune Fille et la Mort* (1994). D'autres cinéastes comme Pierre Granier-Deferre (*Un amour de guerre*, *Le Grand Dadais*, *La Race des seigneurs*), Marcel Camus (*Orfeu Negro*, *Le Mur de l'Atlantique*), René Clément (*Le Passager de la pluie*, *La Course du lièvre à travers les champs*), Jacques Doniol-Valcroze (*La Dénonciation*), Ettore Scola (*La Nuit de Varennes*), Bertrand Tavernier (*Que la fête commence...*), Claude Pinoteau (*La Gifle*), Claude Berri (*Je vous aime*), Costa-Gavras (*Hanna K.*), Nagisa Ōshima et son étrange film surréaliste *Max mon amour*, également produit par Serge Silberman ; Miloš Forman (*Valmont*), Philip Kaufman (*L'Insoutenable légèreté de l'être*), Henri Verneuil (*Mayrig*, *588, rue*

Paradis) ont fait appel au talent de Pierre Guffroy. Impressionnante filmographie pour celui qui commença sa carrière à la fin des années 1950, au moment où le tournage en studio était remis en cause par une Nouvelle Vague qui prônait le décor naturel. La plupart des jeunes cinéastes qui entreprennent leur premier film à cette époque le font avec très peu d'argent. Tourner en studio leur paraît un luxe impliquant des contraintes, des pesanteurs ou des règles trop strictes. Jean-Pierre Berthomé, qui connaît parfaitement l'histoire des studios et des décorateurs de cinéma, avance ce chiffre impressionnant : en 1958, le budget alloué à la location d'un studio pesait 18,72 % dans le coût moyen d'un film. La France comptait alors 46 plateaux, pour une surface totale de 22 529 mètres carrés[1]. Le cinéma prôné par la Nouvelle Vague se veut plus léger, plus vif et plus rapide : nouvelles caméras, pellicules plus sensibles, le son direct est imminent. Cela n'empêche pas une nouvelle génération de décorateurs de faire leur apparition. Pierre Guffroy en fait partie et ses collègues sont Jacques Saulnier (fidèle collaborateur d'Alain Resnais), Bernard Evein (qui travailla régulièrement avec Jacques Demy), François de Lamothe et d'autres. Comme eux, Pierre Guffroy a fait l'IDHEC (de 1951 à 1953), après des études à l'École des Beaux-Arts de Paris puis aux Arts-Déco. Comme cela était d'usage dans le cinéma, il a appris son métier en étant l'assistant de décorateurs chevronnés comme Pierre Charbonnier (qui travailla sur des films aussi importants que *Pickpocket* et *Procès*

1. J'ai trouvé ces données dans son ouvrage, *Le Décor au cinéma*, publié aux Cahiers du cinéma en 2003.

de Jeanne d'Arc de Bresson), Willy Holt (*Paris brûle-t-il ?* de René Clément), Jean Mandaroux (*Ascenseur pour l'échafaud* de Louis Malle) et Rino Mondellini (*Les Aventures d'Arsène Lupin* de Jacques Becker), ou encore le célèbre Max Douy. Pierre Guffroy a été formé à bonne école auprès de véritables auteurs du cinéma qui savaient s'entourer des meilleurs artisans. Dans cette période féconde mais tumultueuse du début des années 1960, il a su trouver une voie originale en faisant preuve de talent et d'imagination visuelle aux côtés de cinéastes très divers. « C'est vrai qu'il y a un certain cinéma, disons commercial pour simplifier, que je n'ai jamais fait, car je n'y suis pas à l'aise. C'est vrai que je suis difficile et je ne travaille qu'avec des gens qui m'intéressent. Pour moi les rapports avec le réalisateur sont primordiaux. Il faut que j'aie du respect et des affinités avec lui. Il faut même que je me sente concerné par le sujet », disait-il à Marie-Claude Arbaudie, qui l'interrogeait pour *Le Film français*[2]. *Tess* a marqué le retour à des films ambitieux, d'envergure, où le décor redevient un élément essentiel de la scénographie et de la mise en scène. Pierre Guffroy fut récompensé en recevant par trois fois un César du meilleur décor, pour *Que la fête commence* en 1976, *Pirates* en 1987 et *Valmont* en 1990. Et, récompense suprême, l'Oscar à Hollywood en 1981 pour *Tess*.

Qu'est-ce qu'une belle carrière au cinéma, sinon celle où se manifeste une fidélité à des cinéastes et où chacun peut s'épanouir sur un plan artistique ? Le mot *artisan* convient parfaitement à Pierre Guffroy, pris dans son

---

2. *Le Film français* n° 1851, 27 mars 1981.

sens le plus noble : inventer, concevoir, fabriquer, se mettre au service de la création. « J'aime les extérieurs, j'aime repérer, à tel point que lorsque je n'ai rien à faire, je pars faire des photos, voir des lieux, pousser des portes cochères... Mais finalement, il est rare que ce qu'on trouve corresponde exactement à ce que l'on cherche. Un décor naturel est vite épuisé, même s'il a le mérite de dégager une atmosphère. Tandis que lorsque vous faites le décor, vous en êtes totalement responsable, vous pouvez l'enrichir à votre gré[1]. »

Pierre Guffroy a fait preuve à l'égard de la Cinémathèque française d'une grande générosité en nous confiant de nombreuses archives et documents précieux : plans, croquis, dessins, esquisses, documentations photographiques, notes, feuilles de service, plannings, synopsis, repérages, et aussi des maquettes en 3D gardées précieusement par nos équipes, toutes dévouées à la conservation et au traitement documentaire de nos collections. Nous veillerons sur ces trésors comme sur la prunelle de nos yeux. Ainsi sera sauvegardée la mémoire d'un artisan talentueux du cinéma.

1. *Ibid.*

La cérémonie autour de Claude Chabrol

(1930-2010)

Alain Corneau est mort il y a quelques jours. Claude Chabrol est mort ce dimanche matin. Le cinéma français part en lambeaux. Quelle tristesse ! Claude Chabrol était un homme exquis, jovial, chaleureux, pétillant, rusé et intelligent. Abordable, pas intimidant. Il avait l'élégance de ne laisser paraître qu'une infime partie de son intelligence et de sa culture. C'était sa manière à lui de s'avancer masqué. Qui était-il en vrai ? Peu le savent. Ses plus proches, sans doute. Aurore, sa femme, sa compagne et sa complice. Elle était plus qu'une géniale scripte sur ses tournages depuis des lustres. Elle lui mijotait des petits plats car elle est une excellente cuisinière. Elle veillait sur lui et lui évitait certains excès. Sa fille, Cécile Maistre, était donc la belle-fille de Cha-Cha et son assistante, elle était comme sa fille. Aurore et Cécile comprenaient au quart de tour leur « Cha-Cha », comme elles le surnommaient avec affection et parfois une légère moquerie. Il les adorait, leur vouant en retour un véritable culte. Un de ses fils, Matthieu, composait la musique de ses films depuis trente ans. Un autre fils, Thomas, est acteur dans plusieurs films de son père : *Une affaire de femmes* (1988), *Jours tranquilles à Clichy* (1990), *Madame Bovary* (1991), *Betty* (1992), et plus récemment *Bellamy* (2009). D'autres l'ont approché, côtoyé, ont travaillé à ses côtés. Isabelle Huppert a tourné dans sept films réalisés par Chabrol : *Violette Nozière* (1978), *Une affaire de femmes* (1988), *Madame Bovary* (1991), *La Cérémonie* (1995), *Rien ne va plus* (1997), *Merci pour le chocolat* (2000) et *L'Ivresse du pouvoir* (2006). Leur collaboration s'étale sur près de trente années. Et elle devait se poursuivre… Il y avait entre eux une incroyable connivence, une admiration ou une séduction, un jeu du chat et de la souris. Sachant qu'elle aimait travailler sans filet, il ne se gênait pas. Il faudrait demander à Isabelle Huppert de brosser le portrait de cet homme incroyablement vivant et jovial, doué d'un appétit de vie à faire pâlir d'envie ses compagnons de la Nouvelle Vague. De la bande Truffaut, Rivette, Godard et Rohmer, Chabrol était à la fois le plus bourgeois, le plus installé dans le confort de la vie et le plus déconnant. Sans doute, au fond, le plus marginal. Assurément le plus secret. Il avait pour thèmes de prédilection le crime et la bêtise, la folie et la pulsion qui entraînent ses personnages au bord de l'abîme. Voir ses chefs-d'œuvre : *Les Bonnes Femmes* (1960), *La Femme infidèle* (1969), *Que la bête meure* (1969), *Le Boucher* (1970), *Juste avant la nuit* (1971), *Les Noces rouges* (1973), *Violette Nozière* (1978), *La Cérémonie* (1995). À la fin des années 1960 et au début des années 1970, ses films avec Stéphane Audran resteront comme un sommet du cinéma français. À cette époque-là, aucun cinéaste français ne le surpasse et il enchaîne film sur film, rien que des chefs-d'œuvre. J'aime aussi ses deux adaptations de Simenon, *Les Fantômes du chapelier* (1982) et *Betty* (1992), ou encore *L'Enfer* d'après le film inachevé de

Henri-Georges Clouzot (1994), *Madame Bovary* (1991) ou encore *La Fille coupée en deux* (2007).

Il aura été le plus prolixe des cinéastes français, avec Jean-Pierre Mocky, et sans doute le plus énigmatique. Il n'était pas énigmatique par défaut, ce qui arrive à bien des cinéastes dénués de talent, mais *par excès* : parce que, pour lui, le monde lui-même est une énigme et l'âme humaine un abîme profond. Il ne vénérait pas Flaubert et Simenon pour rien. Chabrol se masquait en faisant mine de se découvrir : il aimait jouer tous les rôles, se montrer à la télévision où il faisait le pitre, parlait de bonne cuisine ou de polar (ses deux autres véritables passions), pour mieux dissimuler l'essentiel. La vérité se cache toujours derrière les illusions, aimait-il à dire. Il avait appris de Fritz Lang (son cinéaste préféré) et Hitchcock (sur lequel il avait coécrit un livre avec son ami Rohmer) que le cinéma est avant tout un art de la mise en scène, que le monde est secrètement régi selon un ordre établi (Chabrol marxiste ? une hypothèse très sérieuse) et qu'il est essentiel pour faire du cinéma de caler son regard sur ce qui, au-delà de l'illusion, révèle la face cachée des êtres et des choses. Chabrol croyait à la connaissance comme démarche métaphysique *et* mathématique, pour avancer et déchiffrer, dépasser et transgresser les règles établies. L'espace mental et virtuel du cinéma de Chabrol ressemble à un jeu d'échecs avec ses rois et reines, ses tours et ses cavaliers, ses fous et ses pions. Chaque personnage de ses films est la pièce d'un jeu intime dont il était l'humble organisateur. Pour lui, le cinéma était l'outil de cette connaissance et en cela il était digne de Roberto Rossellini, à qui la Nouvelle Vague doit tant. Se méfier des apparences, laisser advenir ou entrevoir un « autre monde », plus vrai et où les passions et les pulsions se libèrent. C'était ça, le cinéma de Chabrol, décliné à travers maintes variantes et sur tous les modes, léger ou grave, policier ou onirique, prosaïque ou poétique.

Si l'on analyse son œuvre, on s'aperçoit qu'il a passé une bonne partie de sa vie de cinéaste aux côtés de criminels, de menteurs, de voleurs ou de tricheurs : Landru, Violette Nozière, le personnage qu'interprète Jean Yanne dans *Que la bête meure* et dans *Le Boucher*, l'étrangleur de bonnes femmes dans… *Les Bonnes Femmes*, Michel Bouquet, bourgeois ordinaire et rangé, tuant son rival Maurice Ronet dans *La Femme infidèle*, le chapelier criminel des *Fantômes du chapelier* (Michel Serrault), Isabelle H. en avorteuse insouciante, j'allais dire innocente, dans *Une affaire de femmes*, Jeanne et Sophie, Isabelle Huppert encore et Sandrine Bonnaire, dans *La Cérémonie*, qui s'en donnent à cœur joie en tuant une famille bourgeoise pourtant mélomane. Sous les apparences d'un bon bourgeois, Claude Chabrol fréquentait la marge, analysait tout ce qui vit et crapote au sein d'une société dont il a passé sa vie à explorer les arcanes. Avec une vraie jubilation, il n'a cessé de montrer le visage sombre des passions et des mesquineries humaines. Il l'a fait sans jamais porter de jugement. C'était la marque de son extrême élégance, mais aussi celle de son ironie et de sa morale. En plus d'être un grand cinéaste et un homme très fréquentable, Claude Chabrol était un de nos plus grands moralistes.

Le cinéma français a toujours été tiraillé entre deux extrêmes, l'académique et l'expérimental. C'est sa marque de fabrique ou son image de marque. Chabrol à lui seul a incarné ce tiraillement, osant tout et en s'amusant (ou en faisant semblant). Chaque nouveau film s'ajoutait à une longue série dont il savait, lui, le cinéphile passionné, qu'elle constituerait ce qu'on appelle une œuvre. Il y a une *œuvre Chabrol*, comme il en existe quelques-unes dans le cinéma français. Pas beaucoup. Il faudra à coup sûr la reconsidérer. Il aimait le cinéma à la folie, l'ambiance familiale des tournages. Ambiance popote, pour donner le change. En réalité, tel Simenon, il n'a cessé de sonder l'âme humaine sous toutes ses facettes, de la bêtise au crime, de la passion à l'adultère, de l'appât à la veulerie. La vie *ordinaire*, en somme. Et cela l'amusait au plus haut point. Il ne jugeait jamais. Et c'était là aussi sa force. Son secret. Et son mystère.

Blake Edwards, fin de *Party*

(1922-2010)

L'autre soir, je suis tombé par hasard sur un film magnifique en noir et blanc programmé sur une des chaînes de cinéma : *Experiment in Terror*, réalisé en 1961 par Blake Edwards. Un polar très rythmé, avec deux magnifiques acteurs, Lee Remick et Glenn Ford. La fille, qui travaille dans une banque, est menacée au téléphone par un maître chanteur anonyme qui lui demande de piquer une grosse somme d'argent à la banque, sans quoi il s'en prendra à sa jeune sœur. Glenn Ford joue le rôle du policier chargé de démasquer le « méchant ». C'est un film méconnu de Blake Edwards, dont la filmographie est imposante : plus de quarante films, incluant de nombreuses séries télévisées. Depuis, le réalisateur de *The Party* est mort, le 15 décembre, à l'âge de 88 ans.

Sa place à Hollywood est originale, à la fois indépendant et travaillant pour les studios. Il faut dire que sa carrière fut souvent en dents de scie. Des hauts et des bas. Il n'a cessé de se refaire, comme un joueur au casino. Du grand public, il est connu pour avoir conçu et réalisé la fameuse série des *Inspecteur Clouseau*, avec l'immense et insubmersible Peter Sellers. Tous ceux qui voient et revoient chaque année *The Party* (avec le même Sellers) ont une pensée émue et une dette envers Blake Edwards. Y a-t-il un film aussi désopilant que *The Party*, qui vous met dans un tel état de gaieté et de fou rire, de transe, au point d'en avoir mal au ventre ? Selon moi il est au summum du burlesque, avec cette idée évidente que le comique doit tout détruire sur son passage, comme le fait au début Peter Sellers, figurant sur un gros tournage hollywoodien en appuyant innocemment son pied pour refaire son lacet sur la poignée qui fait exploser tout le décor. *The Party* a été réalisé en 1968, quelque temps après *Play Time* de Jacques Tati, où le décor du restaurant, le Royal Garden, à peine inauguré, terminera en miettes. Il y a des similitudes entre ces deux chefs-d'œuvre comiques, avec une forme à peine cachée de désespoir ou de mélancolie devant l'apparition d'un monde absurde, gavé d'objets et de gadgets modernes.

Retour en arrière : en 1982 je découvre *Victor Victoria* à la Mostra de Venise. Magnifique comédie (musicale) sur le travestissement. Une femme, la délicieuse Julie Andrews (épouse de Blake Edwards), dans un corps d'homme, une voix d'homme se confondant avec celle d'une femme. Ou inversement. Cinéma parodique, incroyablement rythmé, jouant sur les apparences et les situations cocasses, le désir caché derrière le déguisement et la différence sexuelle. C'est une des grandes questions du burlesque, dont Blake Edwards a été un des champions : comment exister dans le désir de l'autre pour arriver à ses fins ? Ici, devenir une artiste, puisque tel est le désir de Victoria se faisant passer pour Victor.

L'œuvre de Blake Edwards est à (re)découvrir. C'est ce que nous nous disions l'autre jour avec

Jean-François Rauger, directeur de la programmation à la Cinémathèque. Nous ne savions pas qu'il était sur le point de mourir. Mais notre décision était prise : il y aura sous peu une rétrospective intégrale des films de Blake Edwards à la Cinémathèque française.

On se lève pour Annie Girardot !

(1931-2011)

Hier matin je me suis rendu à l'église Saint-Roch, à deux pas de chez moi, pour rendre, comme tant d'autres, un dernier hommage à Annie Girardot. Il y avait foule devant l'église, des badauds et des admirateurs et admiratrices, des photographes à la pelle et des dizaines de caméras guettant l'arrivée de visages célèbres. À l'intérieur la famille et les proches, cinéastes, acteurs, ministres et anciens ministres, et des gens comme moi, l'ayant à peine connue et qui la respectaient.

Annie Girardot était une actrice familière, sans doute la figure la plus familière du cinéma français de ces cinquante dernières années. À la place de familière je pourrais écrire populaire, ce qui est à peu près la même chose. En ce sens que nous avons tous été, à un moment ou à un autre, émus par l'un de ses rôles au cinéma. Elle est la Nadia de *Rocco et ses frères*, oiseau blessé, vive, sensuelle, amoureuse et battante, puis vaincue. Inoubliable. J'étais assis trois rangs derrière Alain Delon, dont je voyais de biais le visage ému et ravagé, et je me disais que Visconti avait eu l'œil, le vrai, pour leur confier des rôles aussi émouvants et tragiques, *à fleur de peau*, que ceux de Nadia et Rocco.

La cérémonie a duré une heure et plusieurs personnalités ont pris la parole. Delon a lu « Pour faire le portrait d'un oiseau », le poème de Prévert, Frédéric Mitterrand des extraits de l'autobiographie de l'actrice, paraphrasant la phrase inoubliable qu'elle prononça lors d'une cérémonie des César : « Je ne sais pas si j'ai manqué au cinéma mais moi, le cinéma m'a manqué, follement, éperdument, douloureusement. » Sa fille Giulia, ses petits-enfants Lola et Renato ont également parlé. Tout était émouvant et juste. Le moment le plus surprenant fut celui où Claude Lelouch évoqua, en improvisant, l'une des très nombreuses discussions intimes qu'il eut avec Annie Girardot et où celle-ci lui parla de la mort, à un âge où la question n'est pas encore d'actualité : qui, de lui ou d'elle, allait mourir avant l'autre ? Et la mort, puisque tout le monde s'y rend, chacun à son rythme, n'est-elle pas le moment de grâce de toute une vie ? Lelouch fit donc du Lelouch, mais plutôt du meilleur, et à la fin demanda à la foule silencieuse et recueillie de se lever pour faire une ovation à la défunte. Applaudir durant plusieurs minutes une *disparue*, voilà ce qui s'appelle un événement qui vient enrichir le cérémonial religieux dans sa conception la plus stricte.

La mort d'Annie Girardot soulève une très grande émotion, cela se lit dans la presse, cela s'entend à la radio et à la télévision, parce qu'elle avait incarné des personnages multiples à travers lesquels chacun et chacune se reconnaissaient. Doctoresse, professeure, avocate, femme flic, mère de famille, etc. À sa notoriété d'actrice s'ajoutent les conditions mêmes de sa disparition, au bout d'un long chemin dans la maladie d'Alzheimer. Son combat et celui de sa fille sont racontés dans la presse, ajoutant de la tristesse à la tristesse. Quant à moi, je me souviens du tournage de *La Pianiste*, que réalisait Michael Haneke à Vienne en 2000, de l'énergie et de la vaillance dont elle faisait preuve, répétant son texte, prise après prise, un rôle incroyablement physique où elle se confrontait et se battait avec Erika, sa fille jouée par Isabelle Huppert. Professionnelle, Annie Girardot ne se plaignait jamais, revenant à la charge selon le désir méticuleux et musical de Haneke. Derrière les grimaces de son visage torturé, on devinait qu'elle était si heureuse de jouer dans un film et que rien ne lui ferait peur. Y compris d'être cognée par sa fille. En 2005 elle fut la mère de Daniel Auteuil dans *Caché*, son deuxième film dirigé par Haneke : une scène où on la voit au lit, recevant son fils venu la voir pour tenter de rafraîchir sa mémoire. On lui avait mis une oreillette pour qu'elle dise son texte car déjà elle perdait la mémoire. Pour un acteur, rien de plus bouleversant que de perdre la mémoire. Pour une actrice, il ne reste plus que le corps, affaibli et fragile, pour continuer d'incarner. Michael Haneke lui avait confié ce rôle secondaire, sachant qu'il n'y a rien de plus important pour une actrice, quel que soit son état, que de jouer. De faire encore partie de la troupe. Jouer jusqu'à ce que cela ne soit plus possible.

Marie-France Pisier a illuminé notre jeunesse
(1944-2011)

Il me revient de rendre hommage à Marie-France Pisier et d'évoquer sa personnalité, sa beauté, son talent, son éclat et son mystère. *Ses* mystères. Le cinéma avance souvent à reculons. Plus il file, tel « un train dans la nuit », plus il laisse de côté certains artistes, hommes ou femmes, qui ont éclairé pour nous le chemin. Marie-France avait pris très jeune le train du cinéma. Elle avait été choisie, élue, pour être dans ce très beau film, le court-métrage *Antoine et Colette* de François Truffaut, aux côtés de Jean-Pierre Léaud. Elle avait été choisie pour jouer le rôle du premier fantasme amoureux d'Antoine Doinel, celle qui allait le faire souffrir en ne répondant pas à sa demande d'amour. Cruelle et insouciante Colette. Truffaut ne s'y était pas trompé, il suffit de voir ou revoir les regards en biais du jeune Léaud/Doinel, tout à la fois attiré et intimidé, aimanté par le magnifique profil, le troublant profil de cette jeune femme d'une insolente beauté, mordillant la fine chaîne qu'elle porte à son cou, salle Pleyel, où se déroule la scène. Colette est absorbée par la musique de Berlioz, tandis que le jeune homme n'a d'yeux que pour elle. C'est le plus beau coup de foudre de l'histoire du cinéma ! Même s'il s'agit d'un coup de foudre à sens unique.

Truffaut a conçu cette longue scène, d'une intensité hitchcockienne, en mettant en contrepoint la musique en action et le regard fixe de Léaud sur Marie-France. Beauté du suspense. Trouble amoureux. Il y a de l'innocence dans ce regard, sans quoi la scène eût été désagréable. L'innocence de Doinel, la tristesse de son regard sur cette jeune fille, à la fois proche et inatteignable. Et le sentiment aussi que cette jeune fille existe, qu'elle a sa propre vie, son propre rythme, et surtout qu'elle est libre. Marie-France Pisier a toujours incarné ce sentiment de liberté. La liberté est souvent difficile à vivre !

Nous n'avions d'yeux que pour Marie-France Pisier. Elle a dès lors envahi notre imaginaire, incarnant avec cette force intérieure, cette dissonance intime, ce décalage permanent, cette voix très musicale sur laquelle elle a fondé en partie son jeu, sa langue et ses apparitions dans des films à travers tant de personnages. Elle apparaît encore dans *Baisers volés* (1968), croisée dans une rue de Paris par Jean-Pierre Léaud devenu détective privé, et bien sûr dans *L'Amour en fuite* (1979), dernier épisode de la saga Doinel ; mais aussi chez André Téchiné dans son premier film, *Paulina s'en va* (1969), puis dans *Souvenirs d'en France* (1975), *Barocco* (1976) et *Les Sœurs Brontë* (1979), sans oublier *Cousin, cousine* (1975) réalisé par Jean-Charles Tacchella, et bien d'autres films. Mais il n'y avait qu'une Marie-France, insolente et sans doute insatisfaite – mais comment savoir, comment deviner le mystère intime et profond de chaque être ?

Elle était une actrice, un instrument sensible offert au regard des metteurs en scène. Il leur revenait d'aller chercher en elle et avec elle des facettes inédites, des regards intérieurs et des sentiments profonds, des éclats de vie mis au service de personnages. *L'Amour à vingt ans*. Plus tard *L'Amour en fuite*. L'amour a toujours vingt ans – il ne grandit plus. Restons-en là, à ce stade où la vie n'est encore qu'un jeu, une fuite ou une poursuite. Un pari. Dans ce scénario-là Marie-France Pisier a excellé. Elle a joué comme personne, elle a couru comme personne, plus vite que nous, intacte, solaire et lumineuse. Libre. Elle restera pour toujours ainsi.

Il y a dix jours, j'ai passé deux heures dans un café au bord de la Seine avec André Téchiné. Je tenais à montrer ce soir-là à la Cinémathèque un de ses films, *Les Sœurs Brontë*, dans lequel Marie-France joue le rôle de Charlotte, personnage grave et profond. Je crois que Marie-France n'a jamais été regardée sous cet angle-là comme dans ce film. Qu'elle n'a sans doute jamais exprimé ces sentiments-là, avec cette profondeur-là. Et peut-être cette douleur-là. Nous parlions d'elle avec chaleur lorsqu'André Téchiné m'a dit ce mot qui m'a infiniment touché : « Elle a illuminé ma jeunesse. » Je ne crois pas qu'il y ait de plus bel hommage à rendre à Marie-France que de répéter : oui, elle a illuminé notre jeunesse.

Actrice, scénariste, écrivain, cinéaste, intellectuelle, femme de son temps, active et engagée. Elle aura été tout cela à la fois, dans un tourbillon incessant qui donne le vertige. Elle était aussi une femme mondaine et insolente, comme le sont les femmes chez Sacha Guitry. Je garde le souvenir de l'avoir vue jouer au

Théâtre des Amandiers dans *Le Nouveau Testament*, avec François Marthouret et d'autres partenaires, dans une mise en scène de Daniel Benoin. Elle y était comme chez elle. Cela ne dit pas tout d'elle. On ne résume pas une femme et une vie en quelques mots. Le reste n'est qu'incertitude. Mystère. Laissons-lui cette ultime liberté.

Dans la famille Garrel, je demande le père

(1923-2011)

Dans la famille Garrel, je demande le père : Maurice. Acteur magnifiquement sobre au visage ridé, sculpté sur le mode antique, voix profonde et rauque, si particulière. Beau regard et grande séduction. Maurice Garrel vient de mourir à l'âge de 88 ans. Sa carrière fut dense, plus de cent vingt films et moult téléfilms, apparitions, rôles secondaires et quelques rôles marquants qui ont fait de cet acteur intense une figure familière du cinéma français. Sans oublier le théâtre : Claudel, Brecht, Adamov...

On attend avec impatience de voir son dernier film, *Un été brûlant* (2011), réalisé par Philippe Garrel, avec Louis Garrel et Monica Bellucci. La saga des Garrel. Le père aura joué dans de très nombreux films de son fils Philippe : *Liberté, la nuit* (1983), *Les Baisers de secours* (1989), *Le Cœur fantôme* (1996), *Sauvage innocence* (2001), *Les Amants réguliers* (2005), dans lequel il côtoie son petit-fils Louis Garrel comme partenaire. Le grand-père, son fils et le fils de son fils, cela fait une famille de cinéma. D'artistes du cinéma. Le hasard fait que la dernière image que nous aurons de Maurice Garrel acteur sera liée à un film de Philippe Garrel, un des artistes les plus essentiels du cinéma français contemporain.

Maurice Garrel restera éternellement attaché à une figure de résistant – je me souviens de lui dans *Drôle de jeu*, réalisé en 1968 par Pierre Kast, adapté du très beau roman de Roger Vailland, dans lequel il a pour nom de résistance Marat. Maurice Garrel ou la figure du militant politique. Homme de l'ombre – acteur de l'ombre ? Celui qui porte les valises, le clandestin, l'homme secret, impliqué dans des réseaux invisibles et mystérieux. Il a également été l'interprète de films réalisés par Alain Cavalier (*L'Insoumis* et *Le Combat dans l'île*), Costa-Gavras (*Un homme de trop*), Jacques Doniol-Valcroze (*La Maison des bories*), Claude Sautet (*Un cœur en hiver*), Claude Chabrol (*Nada*), Claude Lelouch (*Édith et Marcel*), Jacques Rivette (*Merry-Go-Round*) et beaucoup d'autres. Dans *La Peau douce* de François Truffaut, il fait partie de la petite bande d'intellectuels provinciaux et mortellement ennuyeux, réunis autour de Daniel Ceccaldi, qui accueille Jean Desailly venu faire à Reims une conférence sur André Gide, empêtré dans sa relation adultère avec la sublime Françoise Dorléac. Je me souviens aussi de Maurice Garrel dans le premier film réalisé par son ami Michel Piccoli, *Alors voilà* (1997), où il était son *alter ego*, son double à l'écran. Il était un acteur engagé, ce qui veut dire impliqué, concerné par son temps. Maurice Garrel incarnait l'élégance et la souveraineté.

Claudine Paquot, une amie de trente ans

(1951-2011)

Hier matin, la nouvelle est arrivée jusqu'à moi via un SMS d'une sécheresse totale : « Claudine Paquot n'est plus. » Tant qu'à faire, je préfère que ce soit net et sans appel, comme une information brutale qui neutralise en partie l'émotion. Une heure plus tard, je n'ai pu retenir mes larmes, mesurant ce que la mort d'une amie comme Claudine a d'émouvant mais aussi de choquant.

C'est vrai : Claudine n'est plus. Elle ne vit plus. Elle a cessé son combat contre une maladie qui l'avait envahie il y a trois ans et contre laquelle elle a lutté de toutes ses forces – et Dieu sait que Claudine était forte et battante –, croyant jusqu'au bout qu'elle allait vaincre. Claudine était une fille qui ne pouvait pas perdre, *qui ne voulait* pas perdre. Et pourtant…

Ses amis et ses proches, nous qui la connaissions depuis tant d'années, étions devenus les témoins impuissants, mais ô combien admiratifs, de son combat contre la mort. Claudine a lutté avec un courage et une vitalité qui nous impressionnaient, sans renoncer à vivre et à rire. Sans renoncer à rien. À aimer. Et à aimer passionnément son travail d'éditrice.

Je l'ai connue en 1977 grâce à une amie, Annie Cot, qui me l'avait recommandée. Toutes deux avaient fait

Sciences-Po, c'est là qu'elles s'étaient connues. Les *Cahiers du cinéma* allaient se développer après des années de stagnation et de misère. Je l'ai engagée pour s'occuper de la photothèque, pour ranger, classer et valoriser une très belle collection de photos de films, enrichie chaque année. Son nom apparaît dans la revue en février 1978 sous l'intitulé : « Documentation, Photothèque », figurant dans l'ours d'un numéro affichant une nouvelle formule proposée aux lecteurs. Claudine est arrivée au moment d'un nouveau départ, impulsé par Serge Daney et moi, d'un nouveau projet qui nous paraissait essentiel et qui se devait d'être tenu. Elle fut d'emblée partante et le resta tout au long de trois décennies. Claudine n'avait peur de rien ni de personne, elle y croyait dur comme fer, ne se décourageant jamais, allant de l'avant, souvent avec une brusquerie qui n'entamait en rien son intégrité et sa vaillance. Je n'ai jamais rencontré dans ma vie professionnelle une personne aussi déterminée et fiable, à qui l'on pouvait confier les tâches les plus ardues : Claudine parvenait toujours au but, avec une sorte d'idée fixe, d'obstination et d'entêtement. Elle faisait toujours corps avec la cause qu'elle avait décidé de servir. Cette cause était celle des *Cahiers du cinéma*.

Quelque temps plus tard je lui ai confié le secrétariat de rédaction, responsabilité qu'elle a assumée pendant plusieurs années, nous assistant, Serge Daney et moi, avec une loyauté sans égale. Claudine s'est prise de passion pour les *Cahiers* – elle disait « la revue », ce qui désignait à la fois la *chose*, le *lieu*, la maison mère, l'*église* qui nous réunissait. Elle ne cessa dès lors de faire trait d'union.

Lorsqu'elle tomba enceinte de Pierre, son premier fils, sa réaction fut d'abord d'être catastrophée, calculant instantanément, à peine sortie du cabinet médical, qu'elle accoucherait au mois de mai, ce qui voulait dire pendant le Festival de Cannes, ce qui à ses yeux allait donc être préjudiciable à « la revue ». Plus tard, Alexandre est né et elle fut une mère irréprochable, aimante envers ses deux fils comme envers Philippe, son mari.

Au sein de « la revue », Claudine devint le pilier, l'élément stable et organisateur, déployant une force de travail peu commune, jamais prise en défaut. Elle s'était mis en tête, une fois pour toutes, de faire en sorte qu'un groupe composé d'individualités disparates, majoritairement masculin, ayant en commun la passion du cinéma, travaille en bonne entente en respectant quelques règles élémentaires. Tâche ingrate et difficile. À l'intérieur de la bande, ce qu'on appelle une rédaction – Olivier Assayas, Alain Bergala, Jean-Claude Biette, Pascal Bonitzer, Jean-Louis Comolli, Michel Chion, Danièle Dubroux, Thérèse Giraud, Jean-Paul Fargier, Serge Le Péron, Yann Lardeau, Jean-Jacques Henry, Pascal Kané, Joël Magny, Jean Narboni, Jean-Pierre Oudart, Guy-Patrick Sainderichin, Louis Skorecki, Charles Tesson, sans oublier l'ami américain Bill Krohn, notre fidèle correspondant à Los Angeles ; plus tard, la génération des Marc Chevrie, Antoine de Baecque, Frédéric Strauss, Nicolas Saada, Marie Anne Guerin, Hervé Le Roux, Bernard Benoliel, Thierry Jousse, Jean-Marc Lalanne, Clélia Cohen et tant d'autres –, Claudine était la cheville ouvrière, animée d'une foi inébranlable. Comme dans toute bande, les *Cahiers du cinéma* étaient régulièrement tiraillés par des conflits internes ou des rivalités. Claudine en était témoin, évitant les jugements subjectifs, persuadée que « la revue » était notre cause commune, plus importante que tout et au-dessus de tout. Chez elle, qui était athée, il y avait un fond d'éducation catholique et cela faisait du bien.

À la fin des années 1970 nous avons souhaité développer un secteur d'édition – il s'agissait d'accompagner la revue, enfin redevenue mensuelle, de hors-séries puis de livres. Jean Narboni, qui en avait la charge, développa une collection prestigieuse en coédition avec Gallimard (*La Chambre claire* de Roland Barthes, des textes de Jean Giono, Nagisa Ōshima et Jean Renoir sur le cinéma, le *Nosferatu* de Michel Bouvier et Jean-Louis Leutrat, *L'Homme ordinaire du cinéma* de Jean Louis Schefer, *Souvenirs écran* de Claude Ollier, etc.). Au bout de deux ans la décision fut prise de poursuivre seuls cette politique d'édition. Alain Bergala proposa alors de diriger une collection d'ouvrages sur la photographie – « Écrits sur l'image » –, inaugurée avec succès par *Correspondance new-yorkaise* de Raymond Depardon. Il y eut aussi les livres de Denis Roche, Jean-François Chevrier, Sophie Calle (*Suite vénitienne*, avec un texte de Jean Baudrillard), *Le Désert américain* de Raymond Depardon... Narboni et Bergala lancèrent la collection « Écrits » (ceux de Roger Leenhardt, André Bazin, Roberto Rossellini, Éric Rohmer, Carl Theodor Dreyer, Serge Daney, Jean Douchet...) ; la collection « Auteurs » dirigée par Claudine et moi-même (une trentaine de titres), les beaux livres illustrés (le *Magnum Cinéma* et tant d'autres), le *Godard par Godard* piloté par Alain Bergala, les nombreux essais de Jacques Aumont, Dominique Païni, Michel Chion,

Bernard Eisenschitz, Noël Simsolo, Jérôme Prieur et tant d'autres, les auteurs au travail (Truffaut, Welles, Scorsese, Cronenberg, Eastwood, Godard, etc.). C'est aussi Claudine qui lança la « Petite Bibliothèque des Cahiers du cinéma », format de poche reprenant de nombreux scénarios et rééditant des ouvrages cinéphiles déjà parus. Nous avions pris goût aux livres de cinéma et à l'édition. Elle davantage que d'autres. Si le catalogue des ouvrages publiés par les éditions des *Cahiers du cinéma* est aujourd'hui si dense et si foisonnant, c'est dans une très large mesure à Claudine Paquot que nous le devons. Et je sais que pour de nombreux auteurs, le travail de Claudine au corps à corps avec les manuscrits fut décisif. Elle y mettait toute son âme.

J'ai néanmoins le souvenir d'avoir dû lutter pour la convaincre d'abandonner le secrétariat de rédaction des *Cahiers,* pour prendre en charge le secteur édition. Claudine craignait d'être marginalisée. Je savais que Delphine Pineau, qui allait lui succéder, s'en acquitterait parfaitement. Ce fut pour Claudine un véritable crève-cœur que de s'éloigner de « la revue ». J'avais beau lui dire que, bien au contraire, elle ne s'en éloignait pas puisqu'elle aurait tout loisir de s'en inspirer pour imaginer de nouveaux projets, en s'appuyant sur un noyau de rédacteurs qui ne demandaient qu'à écrire des livres sur le cinéma, elle résistait. Je ne regrette pas de le lui avoir imposé, persuadé qu'elle avait des qualités essentielles pour exercer le métier d'éditrice.

L'histoire des *Cahiers du cinéma* est évidemment noueuse et complexe, souvent marquée par des déchirements, des brouilles et des réconciliations, la coexistence des « anciens » et des « nouveaux », la disparition tragique de figures essentielles – Serge Daney, Alain Philippon, Iannis Katsahnias, Philippe Arnaud, plus tard Jean-Claude Biette. Tout cela recouvre plus de trente ans de notre histoire. Le point fixe c'était Claudine Paquot, fidèle à son engagement de servir « la revue ». Imperceptiblement, au fil des années, Claudine s'était tellement identifiée à la revue qu'elle en devint la mémoire, faisant preuve d'une fidélité et d'une loyauté irréprochables. C'est ce que nous allons garder d'elle : sa foi, sa générosité, son courage, sa force de travail, son rire. Il n'y avait pas meilleur que cette femme, une amie de trente ans.

Werner Schroeter ou le souci de la passion (1945-2010)

Werner Schroeter est mort le 12 avril dernier à l'âge de 65 ans, laissant derrière lui une œuvre cohérente, fière, magnifique. Lyrique et poétique, hantée par des figures et traversée par un sens inouï du spectacle et de la représentation. Le spectacle sous toutes ses formes : théâtre, opéra, musique, cinéma. Werner Schroeter était un créateur au sens noble et premier du terme : un artiste en prise directe avec son imaginaire, sa culture et ses passions intérieures. D'une totale liberté par rapport aux normes ou au système de production en vigueur. Fièrement dans les marges. Cela lui valut quelques difficultés dans sa vie de cinéaste, soulagées heureusement par de grandes fidélités. Celle de ses acteurs et actrices, qui formaient autour de lui une troupe. Celle aussi de ses collaborateurs artistiques. Celle de la ZDF[1] qui, dans les années 1970, produisit la plupart de ses films. Et celle de Paulo Branco, l'ami portugais qui produisit *Le Roi des roses* (1986), *Deux* (2002) et *Nuit de chien* (2008).

Tout cela nous replonge au début des années 1970 lorsque ses premiers films furent découverts à Paris.

1. Zweites Deutsches Fernsehen : la deuxième chaîne de télévision allemande.

Dans mon souvenir c'était au cinéma Olympic, rue Boyer-Barret dans le XIVe arrondissement, tenu par un jeune cinéphile dandy qui ignorait qu'il serait un jour... ministre de la Culture : Frédéric Mitterrand.

C'était un temps déraisonnable. Il y avait d'un côté les partisans du discours idéologique (nous en étions, aux *Cahiers du cinéma*, pour quelque temps encore), et de l'autre les amoureux de l'art, les esthètes, les tenants de l'avant-garde. C'était l'époque flamboyante du Festival d'Hyères dirigé par Marcel Mazé, où *Willow Springs* obtint le grand prix en 1973 (Jean Douchet faisait partie cette année-là du jury). C'étaient eux qui avaient raison. Cela ne fait plus aucun doute : Schroeter, avec Eustache, Fassbinder et Garrel, fait partie de ce qu'il y avait de plus novateur à cette époque dans le cinéma européen.

Parlant de Werner Schroeter, je ne peux m'empêcher d'évoquer Michel Foucault. Le cinéma n'était pas sa passion première, comme chacun sait. Un jour, c'était en 1974, nous l'avions interrogé sur le thème de l'anti-rétro, dans le but de contrecarrer l'influence que nous jugions néfaste de films comme *Lacombe Lucien* de Louis Malle et *Portier de nuit* de Liliana Cavani. Ce fut un passionnant entretien avec un philosophe, un penseur. Mais nous n'avions pas perçu l'essentiel, qui était sa passion pour ce qu'on appelait alors le « nouveau cinéma allemand » : Schroeter, Syberberg, Fassbinder. J'ajoute le nom d'un cinéaste qui n'était pas allemand mais suisse, un être doux et délicieux : Daniel Schmid. Lors d'un entretien avec la revue *Cinématographe* en 1975, sur le sadisme au cinéma, Michel Foucault disait ceci :

« Regardez les baisers, les visages, les lèvres, les joues, les paupières, les dents, dans un film comme *La Mort de Maria Malibran*, de Werner Schroeter. Appeler cela sadisme me paraît tout à fait faux, sinon par le détour d'une vague psychanalyse où il serait question de l'objet partiel, du corps morcelé, du vagin denté. Il faut revenir à un freudisme d'assez basse qualité pour rabattre sur le sadisme cette manière de faire chanter les corps et leurs prodiges. Faire d'un visage, d'une pommette, de lèvres, d'une expression des yeux, faire ce qu'en fait Schroeter n'a rien à voir avec le sadisme. Il s'agit d'une démultiplication, d'un bourgeonnement du corps, une exaltation en quelque sorte autonome de ses moindres parties, des moindres possibilités d'un fragment du corps. Il y a là anarchisation du corps où les hiérarchies, les localisations et les dénominations, l'organicité, si vous voulez, sont en train de se défaire. Alors que dans le sadisme, c'est bien l'organe en tant que tel qui est l'objet de l'acharnement. Tu as un œil qui regarde, je te l'arrache. Tu as une langue que j'ai prise entre mes lèvres et mordue, je vais te la couper. Avec ces yeux, tu ne pourras plus voir ; avec cette langue, tu ne pourras plus ni manger ni parler. Le corps chez Sade est encore fortement organique, ancré dans une hiérarchie, la différence étant bien sûr que la hiérarchie ne s'organise pas, comme la vieille fable, à partir de la tête mais à partir du sexe. Alors que, dans certains films contemporains, la manière qu'on a de faire échapper le corps à lui-même est d'un tout autre type. »

Foucault admirait *La Mort de Maria Malibran* (1972) et *Willow Springs* (1973), peut-être sous l'influence de son ami Hervé Guibert. Ces films l'ont aidé à entrevoir une nouvelle approche philosophique du corps et de ses plaisirs. Foucault toujours : « Dans *La Mort de Maria Malibran*, la manière dont les deux femmes s'embrassent, qu'est-ce que c'est ? Des dunes, une caravane dans le désert, une fleur vorace qui s'avance, des mandibules d'insecte, une anfractuosité au ras de l'herbe. Antisadisme de tout cela. Pour la science cruelle du désir, rien à faire de ces pseudopodes informes, qui sont les mouvements lents du plaisir-douleur. » Ce que Foucault aimait et admirait chez Schroeter, c'était le seul souci de la passion, cet état de combustion entre deux êtres. Les deux hommes en débattent lors d'une rencontre orchestrée par Gérard Courant, le 3 décembre 1981[2].

Qu'est-ce qu'une passion ? se demande Foucault en évoquant *La Mort de Maria Malibran* :

> « C'est un état, c'est quelque chose qui vous tombe dessus, qui s'empare de vous, qui vous tient par les deux épaules, qui ne connaît pas de pause, qui n'a pas d'origine. En fait, on ne sait pas d'où ça vient. La passion est venue comme ça. C'est un état toujours mobile, mais qui ne va pas vers un point donné. Il y a des moments forts et des moments faibles, des moments où c'est porté à l'incandescence. Ça flotte. Ça balance. C'est une sorte d'instant instable qui se poursuit pour des raisons obscures, peut-être par inertie. Ça cherche, à la limite, à se maintenir et à

---

2. Propos recueillis par Gérard Courant le 3 décembre 1981, parus dans *Werner Schroeter* de Gérard Courant, éditions Cinémathèque française et Goethe Institut, janvier 1982.

disparaître. La passion se donne toutes les conditions pour continuer et, en même temps, elle se détruit d'elle-même. Dans la passion, on n'est pas aveugle. Simplement, dans ces situations de passion, on n'est pas soi-même. Ça n'a plus de sens d'être soi-même. On voit les choses autrement. »

Ce à quoi Werner Schroeter répond :

« Le conflit de l'amour et de la passion est le sujet de toutes mes pièces de théâtre. L'amour est une force perdue, qui doit se perdre tout de suite parce qu'elle n'est jamais réciproque. C'est toujours la souffrance, le nihilisme total, comme la vie et la mort. Les auteurs que j'aime sont tous suicidaires : Kleist, Hölderlin – qui est quelqu'un que je crois comprendre, mais hors du contexte de la littérature… Depuis mon enfance je sais que je dois travailler non pas parce qu'on m'a dit que c'était indispensable – mais parce que je savais qu'il y avait si peu de possibilités de communiquer dans la vie qu'il fallait profiter du travail pour s'exprimer. En fait, travailler, c'est créer. »

Werner Schroeter a donc passé sa vie à travailler. À créer. Théâtre, cinéma, opéra. Son œuvre traverse les langues et les cultures : elle est musicale, organique, physique. Allemagne, Autriche, France, Italie, Portugal, Philippines, Argentine, Nicaragua. Goût des mélanges, recherche de l'extase, mélancolie profonde, musicale, opératique. Il a, disait Frédéric Strauss, « filmé la passion sous l'empire de la vérité ». Chaque film de Schroeter offre le spectacle d'une combustion. Pour cela il a besoin d'acteurs, et surtout d'actrices :

de figures amies et admirées, qui concourent à ses passions. Fascination pour la Callas et pour les nombreuses égéries qui peuplent ses films : Magdalena Montezuma, Ingrid Caven, Ila Von Hasperg, Christine Kaufmann, Karina Fallenstein, Bulle Ogier, Ida Di Benedetto, Andréa Ferréol, Maria Schneider, Amira Casar, Arielle Dombasle, Carole Bouquet, Isabelle Huppert.

Isabelle Huppert, c'est d'abord *Malina* en 1991. Puis *Deux*, en 2002. *Malina* est un roman d'Ingeborg Bachmann, adapté par Elfriede Jelinek, l'écrivaine autrichienne qui était très amie avec Schroeter. La rencontre entre Isabelle Huppert et Schroeter fut tumultueuse, dans une sorte de fusion artistique, brûlante, incandescente, asphyxiante. « Werner me dit souvent qu'il se prend pour moi, que lui c'est moi, c'est une relation fusionnelle, un rapport très fort comme j'en ai rarement connu, dit Isabelle Huppert. Il adore toucher les gens, il a un côté animal, sensuel. Il a une très grande fascination pour ses acteurs, une volonté tenace de rentrer en eux pour leur arracher ce qu'ils ont à l'intérieur[1]. » Incroyable directeur d'acteurs, doué d'une forte maîtrise, spectateur des sentiments et des états dans lesquels il plonge ses acteurs et collaborateurs : tel était Werner Schroeter, artisan et artiste. Il avait visiblement besoin de créer autour de lui un sentiment chaotique, une tension générale, afin de mettre ses acteurs sur les nerfs pour en tirer le maximum. Génie de la vibration, de la passion qui surgit comme un éclair. Ce cinéaste rare nous a quittés.

Dans un entretien publié en novembre 2002, il disait ceci : « Après mes études secondaires, j'ai eu deux

1. *Cahiers du cinéma* n° 435, septembre 1990.

objectifs : connaître l'amour puis connaître la mort[2]. » Nul doute que, pour lui, le cinéma fut le seul compromis acceptable. Une manière de jouer passionnément sur ces deux registres. Le cinéma : à la vie, à la mort.

2. *Cahiers du cinéma* n° 573, novembre 2002.

Raoul Ruiz, pirate et magicien
(1941-2011)

C'est la rentrée. Nous sommes tristes car les vacances se terminent par deux mauvaises nouvelles. La première : le suicide de Katerina Golubeva, survenu un dimanche d'août, en plein Paris désert. Elle a été l'actrice de quelques films, étoile solitaire, et l'égérie de cinéastes importants : Sharunas Bartas, Leos Carax, Bruno Dumont, Claire Denis. Une pensée affectueuse et émue, sincère, à ses proches. La seconde, la mort de Raoul Ruiz, survenue vendredi 19 août, des suites d'une infection pulmonaire. Ce mardi matin nous étions nombreux à l'église Saint-Paul à se dire que, décidément, il est des retours de vacances plus gais. Raoul Ruiz était en train de terminer un nouveau film tourné au Chili, *La noche de enfrente* (*La Nuit d'en face*), produit par François Margolin, qui m'a confirmé que le montage était achevé et que le film serait sans doute prêt d'ici la fin septembre.

Raoul Ruiz, né le 25 juillet 1941 à Puerto Montt, au sud du Chili, avait 70 ans. Son cercueil s'envolera demain pour Santiago du Chili, accompagné par sa femme la cinéaste Valeria Sarmiento, épousée en 1969. Raoul Ruiz sera enterré au Chili où deux jours de deuil officiel ont été décrétés pour saluer sa mémoire, celle du cinéaste le plus prolifique au monde. Un moment de fierté nationale. La France aura été sa terre d'adoption. Il s'y est installé en 1973, chassé par le coup d'État militaire du général Pinochet qui mit fin au régime socialiste de Salvador Allende. Ruiz avait déjà réalisé quelques films – entre autres *Trois Tristes Tigres* (1968) –, mais c'est avec *Dialogue d'exilés* qu'il fut découvert en 1975 dans des festivals importants comme Locarno et Pesaro. Dès son installation à Paris, Ruiz a exploré avec une intelligence et une énergie rares les marges du cinéma et de la télévision, faisant feu de tout bois. Il fut ainsi de toutes les aventures et de toutes les expériences originales menées sous la houlette de l'INA (l'Institut national de l'audiovisuel), alors dirigé par Michel Roux et où sévissait une *dream team* constituée autour de Manette Bertin : Sylvie Blum, Muriel Rosé, Françoise Dumas, Jérôme Prieur, Jean Frapat, sans oublier Jean Baronnet alors assisté de Martine Chaussin. Les films de Ruiz s'enchaînent et se suivent à un rythme fou, explorant tous les formats et toutes les durées. Comme si cet exilé avait mieux compris que quiconque notre système – système D comme débrouille : Ruiz réalise en France et un peu partout en Europe, au Portugal, en Hollande et ailleurs, quelques films marquants : *La Vocation suspendue*, d'après Pierre Klossowski (1978), *L'Hypothèse du tableau volé* (1979), *Le Borgne* (1980), *Le Territoire* (1981), *Le Toit de la baleine* (1982), *Bérénice, La Ville des pirates* et *Les Trois Couronnes du matelot,* trois films réalisés durant la même année 1983, ensuite *L'Éveillé du pont de l'Alma* en 1985, et d'autres encore, composant une filmographie labyrinthique et incroyablement prolifique. Longs et courts-métrages, mini-séries TV, essais, blagues, télé-tests, films de chambre, films en tout genre, parfois visibles, souvent invisibles, dessinant le contour d'une œuvre fantastique et par moments ésotérique, produite dans une économie affolante et variée, mais totalement logique. Un véritable labyrinthe. Il travaille avec des chefs opérateurs de talent comme Henri Alekan, Sacha Vierny, François Ede, Ricardo Aronovich, Gilberto Azevedo, Acácio de Almeida, Jacques Bouquin ou Éric Gautier, qui l'aident à inventer trucages et effets, changements de lumières et de décors en autant de tours de passe-passe. Fidélité à ses collaborateurs techniques et à son musicien Jorge Arriagada.

Nous étions subjugués par ces films inventifs et ludiques qui relevaient d'une logique baroque, souvent absurde et surtout pleine de mystère. Cela nous aidait à sortir d'un cinéma dogmatique sous l'emprise de l'idéologie marxiste. Cultivé et gourmand, drôle et fin, généreux et farceur, Raoul Ruiz maniait à la fois le marxisme et la culture jésuite, cela nous ravissait. À quoi croyait-il ? Sans doute à l'un ou à l'autre, ou plutôt à l'un *plus* l'autre. Tel un magicien, il s'amusait à faire de drôles de mélanges. Il avait surtout une aptitude et une capacité incroyables à se fondre dans la commande, d'où qu'elle provienne, en gardant sa liberté entière pour mieux la dévoyer. La plus officielle ou la plus marginale – il travailla durant un temps au sein de la Maison de la culture du Havre, y réalisant une dizaine de films à une vitesse folle. Laissant derrière lui cent quinze films, Ruiz bat ainsi le record d'un Claude Chabrol ou d'un Jean-Pierre Mocky.

Mardi matin, à l'église, Paulo Branco, qui fut souvent son producteur (dont le dernier, *Mystères de Lisbonne*, prix Delluc 2010), a dit des mots très justes : « Il nous transformait car il nous rendait meilleur, et il nous surprenait. » Raoul Ruiz était un incroyable conteur d'histoires. Un narrateur hors pair. Un affabulateur. Un magicien. Lui seul pouvait s'attaquer à des œuvres littéraires présumées intouchables (Klossowski, Kafka, Proust, Melville, Stevenson, Giono, etc.), sans les dénaturer, en sachant y pénétrer par effraction, comme un éclaireur muni de sa lanterne. Comme un pirate cultivé. Son adaptation de Marcel Proust – *Le Temps retrouvé* – m'avait énormément plu lors de sa présentation au Festival de Cannes en 1999, avec une pléiade d'actrices et d'acteurs : Catherine Deneuve, Emmanuelle Béart, Chiara Mastroianni, Marie-France Pisier, Édith Scob, Arielle Dombasle, Elsa Zylberstein, John Malkovich, Vincent Perez, Pascal Greggory, Melvil Poupaud, Christian Vadim… Et Marcello Mazzarella dans le rôle de Marcel. Ruiz aimait les acteurs et savait les mettre en confiance ou dans sa poche. La liste de celles et ceux qui l'ont croisé et qu'il a dirigés constituerait un véritable bottin du cinéma. Tous les grands ont aimé travailler avec lui, par exemple Marcello Mastroianni et Michel Piccoli, les deux plus grands acteurs du cinéma européen. Son intelligence et sa connaissance du cinéma, sa culture si vive et si riante ou rieuse, sa souveraineté et le sentiment de confiance qui émanait de lui faisaient le reste. Davantage qu'un cinéaste, Ruiz était un magicien. Il faisait sortir des lapins de son chapeau, devant trois spectateurs ou mille. Cela ne court pas les rues, les magiciens. Ceux qui sont capables de vous

« enfumer » avec des mots et des images, des trucages et des histoires incroyables. En quarante ans, Raoul Ruiz nous a embarqués dans un incroyable labyrinthe dont lui seul semblait connaître le dédale ou le trajet. Mais subsiste l'hypothèse que lui-même ne savait pas à l'avance où cela le mènerait, et qu'il partait pour l'aventure *à l'aveugle* ! Son œuvre ressemble à un jeu de l'oie qu'il serait fantastique de revisiter. En partant de la première case, jusqu'à la toute dernière.

J'aimerais terminer en citant un long extrait du livre de Melvil Poupaud, *Quel est Mon noM ?*, paru en 2011 chez Stock. Melvil Poupaud est un enfant de cinéma et son premier « père » fut Ruiz.

> « Je crois que si Raúl m'a engagé plusieurs fois étant enfant, c'est que je ne cherchais pas à tout comprendre. Je me laissais guider et diriger par lui – on pourrait dire bercer – sans poser de questions. Parce que j'avais confiance d'une part, mais aussi parce que j'avais le pressentiment que, grâce à lui, j'allais vivre des aventures extraordinaires.
>
> D'ailleurs, rien ne lui plaît tant aujourd'hui encore que de faire l'inventaire de tous les dangers auxquels j'ai échappé enfant, sans jamais en avoir conscience : les accidents de voiture mortels qui décimaient régulièrement les membres de ses équipes au Portugal. Les armes à feu et les explosifs, utilisés sur ses tournages sans trop de précautions par des artificiers alcooliques. Les singes d'Afrique, avec lesquels je m'amusais sur le tournage de *L'Île au trésor* et qu'on abattait d'un coup de fusil dès que j'avais le dos tourné parce qu'ils avaient la rage. L'alcoolisme, que je pratiquais en cachette, finissant systématiquement tous les verres

de l'équipe à la cantine. Les adultes, enfin, parfois mal intentionnés à l'égard de l'enfant que j'étais, et qui évoluait, seul, au milieu d'eux.

Les tournages de Raúl ont toujours ressemblé à ses films, et les membres de ses équipes aux personnages des histoires de pirate qu'il aime à raconter. Quant aux anecdotes qu'on récolte quand on monte à bord d'un de ses plateaux, elles sont aussi surréalistes que les malédictions qu'on rapporte de "l'île aux serpents", ce rocher maudit aux abords duquel nous tournions *L'Île au trésor.* »

Ben Gazzara, acteur suave et lucide

(1930-2012)

Ben Gazzara est mort le 3 février à l'âge de 81 ans. Star pour cinéphiles, sa longue carrière aurait pu le cantonner dans les innombrables séries de télévision qui ont jalonné sa carrière, à New York et à Hollywood. Impossible de les compter tellement il y en eut. Mais il rencontra un jour sur son chemin John Cassavetes et sa vie bascula. Ceux qui ont un peu de mémoire se rappellent l'avoir vu dans un rôle secondaire mais inoubliable dans *Autopsie d'un meurtre*, réalisé par Otto Preminger en 1959, aux côtés du grand James Stewart et de la belle et mystérieuse Lee Remick. Mais c'est avec *Husbands* de John Cassavetes que Ben Gazzara devint célèbre, entouré de ses deux acolytes Peter Falk et John Cassavetes *himself*. Puis ce sera *The Killing of a Chinese Bookie* (*Meurtre d'un bookmaker chinois*, 1976), avec Seymour Cassel, un autre acteur de la bande. Ensuite, *Opening Night* en 1977 avec Gena Rowlands et John Cassavetes – couple à la vie et à l'écran. Autant de bides sur le marché américain, mais qui suscitèrent l'adhésion et l'enthousiasme de la critique européenne et du public cinéphile.

Lors de mon premier voyage en Californie, durant l'été 1978, j'eus un rendez-vous avec Peter Bogdanovich qui était alors au faîte de sa gloire. Il vivait dans une somptueuse demeure à Bel Air, quartier ultrachic de Hollywood. Bogdanovich m'avait montré sur sa table de montage le film qu'il était en train de terminer, *Saint Jack* (*Jack le Magnifique*), tourné à Singapour. Robby Müller, le chef opérateur de Wim Wenders, assurait la photographie, et l'ami Pierre Cottrell en était le directeur de production. J'avais beaucoup aimé *Saint Jack*, un film sorti en catimini, et devenu rare, quasi introuvable. Je ne me souviens plus comment je me suis retrouvé aux côtés de Ben Gazzara, nous nous sommes liés d'amitié, si bien que lors de son passage à Paris, quelques mois plus tard, je l'ai emmené dîner à la Closerie des Lilas. L'homme était charmant, il parlait peu, le regard toujours souriant, amical. Il dégageait quelque chose d'étrange, comme dans les films de Cassavetes, comme s'il esquivait la violence, jouant sur le langage et surtout les silences. Ben Gazzara joua également dans cet autre film de Peter Bogdanovich, *They All Laughed* (*Et tout le monde riait*, 1981), dont je garde un très bon souvenir. La carrière de Peter Bogdanovich commençait à décliner du fait de l'échec commercial de ses derniers films, tout en demeurant une figure et une référence essentielles au sein de la communauté cinéphile américaine, tandis que Gazzara était au sommet de son art. C'est le paradoxe hollywoodien typique. John Cassavetes avait connu des difficultés semblables, ses films ne tenaient pas plus d'une semaine à l'affiche dans des salles américaines de seconde catégorie. Et lorsqu'il montait une pièce de théâtre, à Los Angeles, il n'y avait pas foule dans les petites salles qui voulaient bien l'accueillir. De quoi nourrir l'amertume de cet immense artiste. Il y avait heureusement l'Europe, où il était adulé. Marco Ferreri dirigea Ben Gazzara dans *Conte de la folie ordinaire* (1981), d'après Charles Bukowski, avec Ornella Muti. Beau film sur lequel j'avais écrit un long texte dans les *Cahiers du cinéma*. J'ai toujours aimé Marco Ferreri, même ses films les moins réussis, car il sentait mieux que personne une époque, le désenchantement d'une époque. Avec mélancolie. C'est un cinéaste tombé dans le creux de l'histoire, qu'il faudrait réhabiliter d'urgence. Je ne sais plus ce qu'a fait ensuite Ben Gazzara. Il a sans doute repris le chemin des films de série B ou des séries télévisées. Il n'empêche qu'il a incarné pendant toute une époque ce qui nous fascinait le plus dans le cinéma américain, c'est-à-dire les films de John Cassavetes. Les marginaux lucides et désespérés, à la voix et au regard suaves. Et nous l'avons tant aimé.

Laurent Perrin et ses passages secrets

(1955-2012)

Comme de très nombreux amis, j'étais cet après-midi dans le crématorium du Père-Lachaise à l'occasion des obsèques de Laurent Perrin, mort il y a quelques jours à l'âge de 56 ans. Du monde debout, assis, tout autour, la famille et les proches devant. Sur un écran de télévision, un défilé d'images en boucle. Sobre et d'une grande élégance. Beaucoup d'images, une sorte de pêle-mêle – Laurent à tous les âges, seul ou entouré d'amis, femmes, enfants, proches, actrices et acteurs de ses films. À toutes les périodes de sa vie. Et puis, mêlées aux images intimes ou aux nombreuses photos de voyages, des photos de ses ancêtres, des photos d'écrivains et artistes illustres qu'il aimait – Beckett, Kafka, Joyce, Proust, Freud, Bob Dylan, Miles Davis –, l'ensemble dessinant un monde, un croisement de vies parallèles. Laurent Perrin était présent à travers toutes ces photos. Très beau jeune, légèrement empesé à l'âge d'homme, mais toujours serein et détendu, souriant et disponible. Et le fait que ces photos défilent durant plus d'une heure, le temps d'une cérémonie ou d'un dernier adieu, le rendait pour ainsi dire sinon vivant, du moins proche. Il était parmi nous, nous étions rassemblés autour de lui. Il nous regardait autant que nous le découvrions. Et nous étions émus.

Ainsi, ce jeune homme que j'ai connu il y a plus de trente-cinq ans grâce à Olivier Assayas dont il était le meilleur ami, quand l'un et l'autre commencèrent à écrire aux *Cahiers du cinéma* au tout début des années 1980, apportant un souffle nouveau, une énergie et un autre regard sur le cinéma, ainsi donc était-il si multiple, si ouvert à une multitude de courants et d'influences, de passions. Ainsi donc, au vu de ce défilé d'images, ai-je découvert qu'il avait plusieurs vies dont je ne connaissais qu'une des facettes. Comme moi, la plupart de ses amies et amis présents, appartenant à plusieurs générations successives, ont apprécié ses qualités d'homme et de cinéaste et découvert les multiples passages secrets de la vie de Laurent Perrin. Il est étrange que ce soit à ce moment-là, quand il s'agit de célébrer les adieux, que l'on découvre tous ces territoires cachés, remplis de mystères ou de liens dissimulés, qui font une vie.

Judith, sa fille, puis Inès et Félix, les enfants de sa compagne Martine, et Nathalie Richard (qui joua dans *30 ans*, le dernier film réalisé par Laurent en 2000) ont lu des extraits de ses carnets intimes, révélant un véritable écrivain, un observateur amusé de la vie quotidienne, sous l'angle de la politique comme du cinéma. Un autre de ses dons. Ces lectures étaient entrecoupées de bandes sonores, car la musique, avec la littérature et bien sûr le cinéma, était l'autre passion de Laurent Perrin. Olivier Assayas évoqua avec émotion les conditions dans lesquelles il fit la connaissance de Laurent Perrin en 1976, lorsque tous deux étaient stagiaires ou troisièmes assistants sur le tournage à Londres, puis en Hongrie, du film de Richard Fleischer *Crossed Swords* (*Le Prince et le Pauvre*). Ce qu'il y avait d'émouvant, c'était d'écouter Olivier dire ce qu'il devait à cet ami déjà plus sûr de son désir de faire du cinéma, et qui l'entraîna dans cette aventure, l'un et l'autre n'ayant alors qu'à peine 20 ans. Michka Assayas joua avec son fils Antoine quelques morceaux, la sono était déplorable, cela ressemblait à un film tchèque des années 1960… Moment *live* ô combien vivant et qui nous fit du bien.

Laurent Perrin n'aura réalisé qu'une poignée de films. *Passage secret* (1985) promettait une belle carrière. Laurent a ensuite réalisé *Buisson ardent* (prix Jean-Vigo en 1987), *Sushi Sushi* (1991), *30 ans* (2000), et quelques documentaires, dont le beau portrait de Dominique Laffin (*Portrait d'une enfant pas sage*, en 2007), l'actrice de ses débuts. Entre ces films, il a vécu plusieurs vies, avec passion et intelligence. Sans doute avait-il des regrets de ne pouvoir enchaîner film après film. C'était le prix à payer de son indépendance et de ses exigences intimes. Il laisse le souvenir d'un jeune homme toujours curieux, ouvert et amical. C'est le sentiment qui émanait fortement de cette cérémonie au Père-Lachaise.

Antonio Tabucchi laisse un vide immense

(1943-2012)

En disparaissant hier à l'âge de 68 ans, Antonio Tabucchi laisse un vide immense. Grand écrivain contemporain, il rendait compte à sa manière, sur le mode poétique et fictionnel, de l'état du monde. De *notre* monde. Son écriture avait valeur d'engagement. C'est en étant pleinement un écrivain contemporain qu'il s'engageait. Les passions et les querelles du monde ne lui étaient pas étrangères, il les prenait à bras le corps, ne voyant jamais les choses de haut mais vivant dans une perpétuelle confrontation intellectuelle, spirituelle et politique avec les événements et le bruit du monde. Son œuvre littéraire, cohérente et intime (*Nocturne indien*, *Requiem*, *Pereira prétend*, *Tristano meurt*, *Le temps vieillit vite*), continuera de vivre et de toucher de nombreux lecteurs à travers le monde.

Antonio Tabucchi était italien, né près de Pise à Vecchiano en 1943. Mais il avait élu domicile à Lisbonne, où il rencontra sa femme Maria José de Lancastre, qui fut sa complice. Tabucchi vivait aussi à Paris, en Inde et ailleurs. Il voyageait et partageait son temps entre plusieurs villes, plusieurs pays et plusieurs langues. C'était un homme multiple et pourtant cohérent, intègre. Cet écrivain voyageur écrivait en italien, sa langue natale, parlait couramment portugais, français, anglais. Il avait ce don des langues, ce don d'être ici et ailleurs, de passer d'une langue à l'autre. Et d'y être à la fois le même et un autre. Il était Antonio Tabucchi, homme cultivé et charmant, mais aussi le double ou l'ombre de celui qu'il admirait et dont il avait fait le héros de son œuvre, Fernando Pessoa. Sa culture était immense, jamais cuistre, toujours élégante et offerte en partage à l'interlocuteur. Parler avec lui était un vrai plaisir démocratique. Car il savait écouter, vous écouter. J'aimerais dire qu'il fut aussi et profondément un cinéphile, un ami du cinéma. Plusieurs de ses romans ont été adaptés : *Nocturne indien* par Alain Corneau, *Requiem* par Alain Tanner, *Pereira prétend* par Roberto Faenza, entre autres. Le cinéma faisait partie de la culture profonde d'Antonio Tabucchi. Ce dernier était venu à plusieurs reprises à la Cinémathèque, répondant à notre invitation. Je garde en mémoire son dialogue inoubliable avec Manoel de Oliveira en 2009. Moment d'une grande douceur et d'une grande délicatesse intellectuelle, où transparaissaient chez Tabucchi l'intelligence poétique et l'admiration juvénile pour le maître, le vieux Manoel, natif de Porto. Leur dialogue avait commencé après la projection enchanteresse du premier film de Manoel de Oliveira, *Douro, Faina Fluvial*, réalisé en 1931, à l'époque du muet. L'autre moment, plus récent, ce fut lors de la rétrospective consacrée à Alain Tanner, avec la présentation de *Requiem* (1998). Au-delà de l'adaptation du roman de Tabucchi, le cinéma de Tanner est lié à cet écrivain et à son monde : même amour du Portugal – l'admirable *Dans la ville blanche* (1983) –, même recherche d'un lieu idéal (ce qu'on appelle l'utopie), et même présence parmi nous des fantômes. Antonio Tabucchi était un écrivain précieux.

Pierre Schoendoerffer sur son lit de mort

(1928-2012)

Dimanche après-midi je suis allé rendre visite à Pierre Schoendoerffer à l'hôpital militaire de Percy, à Clamart. Pat, sa femme, m'a accueilli très gentiment, calme et pleine de sang-froid. Il y avait là Frédéric et Ludovic, ses deux fils, Amélie, sa fille, ses petits-enfants ainsi que des proches. Chacun à tour de rôle allait dans la salle où Pierre était hospitalisé. Puis est arrivée Florence Darel, actrice dans *Là-haut, un roi au-dessus des nuages*, le dernier film réalisé par Pierre Schoendoerffer en 2004. Florence lui parlait de près, prenant tendrement sa main et caressant son visage. Pierre était sous perfusion, dans l'incapacité de parler. Mais il s'exprimait avec les yeux et saluait notre présence. Son regard seul transmettait ses sentiments. Pendant ce temps, la télévision retransmettait le meeting de Nicolas Sarkozy à Villepinte.

Pierre Schoendoerffer était maigre, mais il a toujours été d'une minceur militaire. Je me souviens qu'à Los Angeles, il y a un an, nous étions tout un groupe à nous promener dans les rues de Venice, au bord de l'océan. Ayant aperçu un magasin Levi's, Pat me dit que Pierre allait devoir se choisir un pantalon taille garçonnet. Il était impeccable dans son jean noir, et sur la veste en jean noire le petit liseré rouge et vertical portant la marque Levi's remplaçait en quelque sorte presque avantageusement la Légion d'honneur. Qu'il porte le jean ou le blazer, Pierre avait l'allure d'un gentleman. Élégant et racé.

Nous étions à Los Angeles à l'invitation de COLCOA, le festival de films français organisé chaque année par le Fonds culturel franco-américain, et qui se déroule dans la salle de la Directors Guild of America, 7920 Sunset Boulevard. Pierre était venu présenter *La 317ᵉ Section* (1965), film que la Cinémathèque française avait restauré en partenariat avec StudioCanal, grâce au concours du Fonds culturel franco-américain. Pierre était très fier de cette restauration qu'il avait supervisée avec son ami et complice de toujours, Raoul Coutard, directeur de la photographie. Les deux hommes s'étaient connus en Indochine en 1954, et le lien entre eux devint dès lors indéfectible.

J'ai depuis longtemps une grande admiration pour Pierre Schoendoerffer, dont l'univers m'est pourtant très éloigné. Je n'ai pas fait mon service militaire, ayant été exempté à la fin des années 1960 car appartenant à une classe d'âge trop nombreuse, m'avait-on dit. Cela ne m'empêche pas de considérer *La 317ᵉ Section* comme le plus beau film de guerre du cinéma français. Quelque part en Indochine, une patrouille en chemin traverse les lignes ennemies, évitant les embuscades, surmontant les intempéries, l'eau, la boue et la dysenterie, allant vers la défaite. Chaque geste, chaque détail sonne juste, car le film est l'expression directe, copiée collée, de celle vécue par Pierre Schoendoerffer lui-même lorsqu'il était correspondant de guerre en Indochine. Que la reproduction soit impeccable, soit, cela ferait déjà de *La 317ᵉ Section* un grand film. Mais il y a aussi cette manière de filmer la souffrance des hommes et leur cheminement vers la mort. Filmer la défaite et la chute de l'empire colonial, tel aura été le cœur ou le noyau sacré de l'œuvre de Pierre Schoendoerffer cinéaste, fortement inspiré par Joseph Conrad dont il espérait adapter *Typhon* – tout était prêt, le tournage imminent, lorsque tout capota, causant la profonde déception de Pierre. Son *Diên Biên Phu*, réalisé en 1992, est en quelque sorte l'épopée d'une défaite, filmée et racontée dans sa geste.

Il y a quinze jours, j'étais à Roubaix pour un concert de musiques de films de Georges Delerue, mort il y a tout juste vingt ans, natif de cette ville. Une soirée magnifique au Colisée, où nous étions plusieurs amis à entourer Colette Delerue, sa veuve. L'Orchestre national de Lille, dirigé ce soir-là par Dirk Brossé, a joué le *Concerto de l'adieu*, avec Hrachya Avanesyan au violon. Je crois sincèrement que c'est la plus belle musique de film au monde – celle de *Là-haut*. L'incarnation même de la grâce. Or c'est une musique d'accompagnement d'un film de guerre. C'est là tout le paradoxe du cinéma de Pierre Schoendoerffer. Il a filmé la guerre, *sa guerre*. Et il y a mis des sentiments d'une profondeur extrême, toute son âme en vérité, ce qui fait que chacun peut s'y reconnaître sans pour autant faire allégeance à l'armée ou au militarisme. C'est ce qui fait la grandeur de ses films.

Dimanche, à Percy, j'ai raconté la soirée de Roubaix à Pierre et lui ai dit que cette musique de Georges Delerue était incroyable de beauté. Son regard s'est illuminé, il ressemblait à un enfant. À la fois triste et nostalgique, mais profondément ému, comblé. Pierre mérite tous les éloges car il est l'auteur d'une œuvre.

Jean-Henri Roger, éternel jeune homme, fougueux et bavard

(1949-2012)

Jean-Henri Roger ne connaîtra pas 2013. Il est mort vers vingt heures, le 31 décembre, dans sa maison de Saint-Cast en Bretagne, après avoir préparé un dîner de fête. Ce ne sera donc pas la fête pour tous les amis de cet éternel jeune homme fougueux et bavard, toujours sur la brèche. Nous nous connaissions depuis quarante ans et j'ai beau chercher, je n'ai pas d'autre exemple d'un être aussi fidèle que lui à ce que fut sa jeunesse, à ce que furent ses engagements et sa passion du militantisme politique et culturel. Les années ont passé, les causes ont changé et nous avec. Jean-Henri demeurait sur la brèche, toujours disponible pour participer à la lutte, à défendre les sans-papiers, à organiser la résistance, à réaliser des films militants. Il en devenait parfois, et même souvent, excessif, mais sa sincérité était pure, intacte, de même que sa loyauté. Dès qu'il y avait une cause à défendre, Jean-Henri Roger se mettait en première ligne.

Je trouvais qu'il avait grossi ces dernières années et je m'inquiétais de sa santé. Il buvait, il mangeait, il fumait. Ses proches aussi se faisaient du souci. Serge Le Péron, qui m'a annoncé lundi la nouvelle au téléphone, la voix secouée de larmes, veillait sur son ami et s'inquiétait de son état, le trouvant déprimé ces derniers temps. Mais Jean-Henri rebondissait sans cesse, même après de graves accidents qui en auraient laissé d'autres sur le carreau. Il avait une force de vie et une énergie incroyables, bien au-dessus de la moyenne. C'est aussi pour cela que nous l'aimions.

Jean-Henri a coréalisé deux films avec Juliet Berto, *Neige* et *Cap Canaille*. Je me souviens d'eux au Festival de Cannes en mai 1981, quand *Neige* avait été sélectionné en compétition officielle. Le bonheur et la jeunesse, l'insouciance également, parcouraient la Croisette. Juliet est morte quelques années plus tard, tout le monde était triste, Jean-Henri surtout. Quelques années auparavant, il avait été proche de Godard et de Jean-Pierre Gorin à travers le Groupe Dziga Vertov. C'était juste après Mai 68 : *British Sounds* (1969) et *Pravda* (1970), films vus et revus et qui furent pour nous des films d'école, des films d'apprentissage pour mieux comprendre et voir le cinéma et à quoi servent les images et les sons. Jean-Henri a bourlingué, enseigné le cinéma à Vincennes, puis à l'université de Saint-Denis dont il fut même un temps le vice-président ; il eut des responsabilités au sein de la SRF – la Société des réalisateurs de films –, toujours prêt à se battre pour le cinéma et la liberté. Je vois bien qu'en écrivant je commence à être solennel. Jean-Henri, entre autres qualités, ne se prenait pas trop au sérieux, la vie était un jeu et il s'amusait. Il vivait et il aidait les autres à vivre. C'est fou ce qu'il s'est amusé. On aurait aimé continuer de s'amuser avec lui. Comme avant.

Le dernier film de Christine Pascal

(1953-1996)

Samedi matin j'ai vu un film étonnant, unique en son genre. Un film tiré du néant. Bouleversant. Son titre : *Adultère, mode d'emploi – Journal de montage*. Jacques Comets, monteur et enseignant le montage à la Fémis, m'avait convié à cette projection tout en prenant des gants : « Tu verras, c'est un film étrange qui a été possible à partir du moment où nous avons retrouvé les bandes de Hi8 tournées pendant le montage du film de Christine Pascal, *Adultère, mode d'emploi*, en 1994, quelques mois avant la mort de l'actrice et réalisatrice. »

Curieux, je suis venu. La projection avait lieu au Saint-Germain-des-Prés ; il y avait là des amis de Christine Pascal, morte le 31 août 1996, il y a déjà dix-sept ans. Bertrand Tavernier, qui l'a souvent dirigée dans ses films (*Des enfants gâtés*, *Le Juge et l'Assassin*, *Autour de minuit*), Bruno Coulais qui a composé la musique du film, Renato Berta qui en a fait la lumière, et d'autres. Lorsqu'elle a présenté le film, dont elle est la réalisatrice, Annette Dutertre a elle aussi été prudente : « Vous allez voir, l'image est dégueulasse, le son médiocre, il n'est pas sûr que ce soit un film… » *Journal de montage* dure une heure trente ou quarante et suit au jour le jour le montage du dernier film de Christine Pascal. C'est un film de cinéma, sur le cinéma, *dans le cinéma* : il en montre les secrets de fabrication, il en dévoile le mécanisme intime. Son âme, en quelque sorte.

Il existe une multitude de *making of* et ce depuis des lustres. Cela consiste en général à faire un peu de tourisme durant le tournage d'un film, à interroger le réalisateur et les vedettes, à saisir une ou deux scènes en cours de tournage. Le tour est joué, la promotion assurée. On n'est jamais *dedans*, à l'intérieur du mystère du film en train de se faire, on reste sur le palier. Là, il s'agit d'autre chose : de suivre un film en cours de montage, dans ce moment d'écriture très particulier où le film trouve lentement et en tâtonnant sa forme et son rythme, sa musique, se discute et sort des limbes. En 1994, on montait encore sur pellicule, c'était avant l'arrivée du montage numérique. Jacques Comets est de tous les plans, à la table de montage, gai et plein d'humour, heureux de travailler dans une totale complicité avec Christine Pascal. Annette Dutertre est son assistante monteuse. Par jeu, ils ont pris le parti de se filmer, sans que cela modifie leur attitude et leurs gestes. Ces images sont restées pendant longtemps dans une boîte, jusqu'à ce qu'Annette Dutertre se décide à en faire un film. La salle de montage à Joinville est une sorte de caverne, on y vit dans le noir ou la pénombre, pour le film et par le film. Le dehors n'existe pas. C'est l'antre du cinéma. Sans hors-champ. Ça fume beaucoup, ça rit et ça rêve, et le film peu à peu trouve sa langue propre. Christine Pascal est radieuse, elle rit, elle rit, son rire est à répétition, contagieux, elle charme et l'actrice transparaît souvent derrière la réalisatrice. Elle est d'une beauté stupéfiante. Un moment magique : un matin, elle arrive fatiguée à la salle de montage car elle n'a pas beaucoup dormi de la nuit. Tandis que Jacques Comets s'installe à la table de montage, Christine s'allonge sur un lit de camp et s'endort. C'est un moment absolument bouleversant où cette jeune femme retourne en enfance, laissant son film *se faire sans elle*, après l'avoir confié à un ami. Le cinéma sort du rêve, il en est le prolongement éveillé. C'est le sentiment qui transparaît dans ce beau film, qu'il faut programmer dans toutes les cinémathèques et les écoles de cinéma du monde entier.

Adultère, mode d'emploi parlait de sexe, et de manière osée. Au cours du montage, Christine Pascal s'amuse de l'avoir fait, et en même temps on sent qu'elle en a peur. C'est aussi pour cela qu'elle s'endort, qu'elle se retranche durant un moment du montage et du monde des adultes. Mutine et rieuse, adorable d'intelligence et de sincérité, on a du mal à croire qu'elle n'a plus que quelques mois à vivre. Tiré d'une boîte noire où il était endormi depuis dix-sept ans, ce film sur le film est aujourd'hui visible. Grâce à Annette Dutertre qui l'a réalisé, et Jacques Comets qui l'a monté. Il est un film de plus, essentiel, vital et bouleversant, dans l'œuvre intense de Christine Pascal qui, rappelons-le, n'avait réalisé que cinq films : *Félicité* (1979), *La Garce* (1984), *Zanzibar* (1989), *Le petit Prince a dit* (1992) et *Adultère, mode d'emploi* (1995). Ce film, sans le vouloir, est pour ainsi dire son tombeau.

Jean-Claude Biette me manque

(1942-2003)

Dans le TGV qui nous emmène à Marseille, le 7 décembre 2012, où nous nous rendons pour évoquer la mémoire de Serge Daney, Patrice Rollet sollicite ma contribution pour un hommage à Jean-Claude Biette, à l'occasion du dixième anniversaire de sa disparition, à paraître dans la revue *Trafic*. Patrice attend de moi une évocation subjective, dans un texte pas trop long.

J'aimerais ne dire qu'une seule chose : Jean-Claude Biette me manque. Il manque à beaucoup, et chacun aura l'occasion de dire en quoi et de quelle manière spécifique Jean-Claude nous manque.

Jean-Claude me manque parce qu'il était unique. De son être et de sa présence il émanait quelque chose de magique, une grâce que je n'ai rencontrée chez personne d'autre. J'ignore d'où elle provenait mais elle était immédiate, dans sa manière de vivre, de parler du cinéma et d'en faire. Il ne subissait aucun stress, je ne l'ai jamais vu en colère, il donnait toujours le sentiment de prendre le temps de vivre. Ses choix ou décisions essentiels, il semblait les avoir définis une fois pour toutes et s'y tenir dans une sorte d'entêtement doux et enfantin. Sa vision du monde était d'autant plus claire qu'il semblait vivre lui-même dans une sorte d'univers parallèle. Il vivait et il survivait. Je n'ai jamais su quelle était son économie domestique, je sais qu'il vivait de peu mais ne se plaignait jamais. Lorsqu'il venait dîner à la maison, il arrivait très tôt – parfois trop tôt – et sonnait à l'interphone : « C'est Jean-Claude. » C'était pour nous le début d'une fête.

Il était gourmand. Quand nous dînions au restaurant, souvent il disait : « Ce soir je me suis programmé pour manger du poulet. » Et il riait, il riait. Et il nous faisait rire… Jean-Claude était le roi du calembour. Je me souviens par exemple de « la Tatin habite au 21 ». Ou de sa formule « en bonnet due forme », du célèbre « clou helbecq ». Il nous est souvent arrivé d'en rire aux larmes. Tout, de son être enfantin, jaillissait alors de manière communicative. Sans aucune méchanceté.

Serge Daney aussi nous manque. Il *me* manque. Mais ce manque n'a rien à voir avec le manque de Jean-Claude Biette. Ni avec son absence. Serge manque pour des raisons d'ordre critique et politique. J'aurais aimé connaître son point de vue ou son regard sur des films et des événements qui ont jalonné ces vingt dernières années. Comment aurait-il perçu et analysé le monde d'aujourd'hui, à ce point déréglé, en déséquilibre ? Mais Jean-Claude nous manque pour des raisons d'ordre poétique. Serge et Jean-Claude étaient les meilleurs amis du monde. Une réelle complicité intellectuelle les liait, une même cinéphilie. Je peux affirmer qu'il n'y avait entre eux aucun esprit de compétition, aucune rivalité mimétique. Une amitié profondément respectueuse. Mais sur le territoire du cinéma, ils campaient de manière différente. C'est cette différence qui est intéressante à décrire ou à imaginer.

Non pas dans une opposition, mais dans une différence de point de vue et d'attitude. Je pourrais résumer cette opposition d'un seul trait : Serge, très orgueilleux, avait sans doute une revanche sociale à prendre, il lui fallait s'imposer, donc, d'une certaine manière, faire ses preuves. Et il les a faites, au-delà même de ce qu'il espérait. Jean-Claude avait plus facilement le don de vivre et d'être heureux. Il émanait de lui une plus grande sérénité. J'ose dire, une lumière. C'est en tout cas ainsi que je l'ai perçu. Mais tout être évidemment cache des secrets ou porte un masque. Jean-Claude aussi, et j'avoue n'avoir connu qu'un aspect de sa personnalité, celui qu'il acceptait d'offrir. Il était certes très solitaire, mais sa solitude était gaie, joyeuse, et elle ne pesait jamais sur les autres.

Mon amitié avec Jean-Claude était pour ainsi dire équidistante de celle qui me liait à Serge Daney. C'est par Serge que j'ai connu Jean-Claude aux *Cahiers du cinéma.* Lui y revenait, après un long détour, alors que j'y faisais mes classes. Un long détour dans la vie de Jean-Claude passait par Rome, ses quatre ou cinq années italiennes au cours desquelles il avait été très proche de Pasolini (il fut son traducteur et assistant) et des cercles intellectuels et artistiques romains : Alberto Moravia, Bernardo Bertolucci, Laura Betti, Ninetto Davoli, entre autres. En 1969, de retour à Paris, Jean-Claude, qui vivait sans établir de réelle stratégie, revint naturellement dans le giron des *Cahiers du cinéma*, son premier cercle d'amis, sa première famille. Entretemps, la revue avait opéré plusieurs virages assez brutaux, avant de revenir lentement, toute cicatrisée, vers son point d'attache : le cinéma. À Rome, au moment de Mai 68, il avait évité du même coup la catharsis idéologique qui s'était emparée des *Cahiers*, avec ses retombées dogmatiques. Jean-Claude renoua sans violence avec sa passion cinéphile des années cinquante qui lui avait fait découvrir et admirer le cinéma américain (Lang, Ford, Hawks). Il fut aussi aux côtés de Jean Eustache, Jacques Rivette, Jean-Marie Straub et Danièle Huillet, Philippe Garrel, Marguerite Duras, Éric Rohmer, Adolfo Arrieta, ou encore Paul Vecchiali, quand nous étions encore en train de nous débarrasser du dogme maoïste.

Cette absence de rupture ou de cassure dans son lien avec le cinéma est un élément essentiel pour comprendre sa trajectoire, la longue courbe de ses amours ou de ses alliances avec les auteurs de films. Peut-on dire que cela faisait alors, pour lui, « système » ? Oui sans doute, mais dans un sens davantage poétique que politique. Jean-Claude fonctionnait par affinités esthétiques, le lien entre lui et ces cinéastes ne s'inscrivait dans aucun manifeste idéologique. S'il s'agissait pour lui comme pour eux de « résister », cette résistance était épanouie et consistait à camper dans les marges du cinéma : on parlait alors de « cinéma différent ». Tandis qu'au même moment la cinéphilie des *Cahiers* – je parle de la période 1971-1974 – s'embourbait dans l'illusion de construire un « front culturel révolutionnaire ». On peut en rire aujourd'hui, mais c'était triste, vraiment triste. Et cela ne nous faisait vraiment pas rire, à l'époque.

Jean-Claude était donc en avance sur nous, du seul fait qu'il demeurait fidèle à lui-même et à son idée de jeunesse : écrire sur le cinéma et faire des films.

Réécrivant aux *Cahiers*, à la demande de Serge Daney puis de moi-même – je lui avais confié la rubrique *Cinéma-chroniques* –, Jean-Claude poursuivit son exploration du cinéma, sans surmoi ni imposition idéologique ou politique, ce qui lui donnait une grande liberté de jugement. Il était animé d'une sorte d'impertinence poétique, qui fait que ses textes peuvent être relus aujourd'hui avec bonheur. Sa liberté de jugement y demeure pure, intacte. Il ne subissait aucune pression, son avis sur les films prenait souvent sa source dans le détail et le goût de la lumière. « Un des facteurs qui ont toujours été déterminants pour moi, disait-il dans un entretien paru en ouverture de son recueil de textes (*Poétique des auteurs*, Cahiers du cinéma, 1988), dès cette période [celle de la fin des années 1950], ça a été la lumière. Celle d'*Hiroshima* était belle, et j'y étais sensible. Je n'ai pas aimé la lumière des *Amants*, ou même celle des *Quatre Cents Coups* : la lumière était pour moi un facteur d'acquiescement ou non aux films que je découvrais. »

Dans ce même entretien que nous avions mené, Jean Narboni et moi, il nous disait ceci qui avait valeur de vérité pour lui et sans doute pour d'autres – mais que lui osait dire : « J'ai toujours eu du mal avec les groupes. Je sais que j'ai tort. La vie nous apprend qu'il faut être nombreux pour mener certaines luttes. » Jean-Claude s'est donc tout naturellement tenu à l'écart des emballements collectifs, préférant poursuivre avec constance et à son rythme ce qui avait pour lui valeur d'engagement : écrire et faire des films. L'un *et* l'autre. Non pas l'un d'abord et l'autre ensuite. Les deux simultanément.

Écrivain et cinéaste. « J'étais décidé à écrire et à faire des films : mais à mon rythme et en prenant mon temps. »

Jean-Claude Biette, cinéaste du dimanche ? C'est honnêtement ainsi que je le percevais, me rappelant ce qu'il disait à propos du tournage d'un de ses films : « Je ne tourne que les week-ends. » Il retournait le handicap en en faisant un principe actif, un choix de mise en scène. Un choix de vie, aussi. C'était sa manière si singulière de contourner les difficultés économiques, le manque d'argent et de moyens, et de tenir vivace la flamme d'un amateurisme en art qu'il partageait avec la bande d'acteurs et de techniciens qui l'entouraient et l'aimaient. Heureusement, Paulo Branco, Paul Vecchiali et quelques autres veillaient à lui prodiguer des conseils et à lui donner le peu dont il avait besoin.

Ce que je retiens aussi de Jean-Claude, de ses écrits sur le cinéma, c'est sa manière naturelle et talentueuse de « présentifier » les films du passé, de les considérer comme des objets singuliers, quelle que soit l'année de leur réalisation. Comme des objets au présent, dont la rhétorique de mise en scène s'offre à nous intacte. Jean-Claude avait un talent extraordinaire pour déceler, dans une sorte d'émerveillement, ce qui dans une œuvre brille encore de tous ses feux et nous parle. Sans nostalgie ni culte fétichiste du passé. Mais dans une sorte d'intelligence vive, au présent, à lire les œuvres essentielles du cinéma, anciennes ou plus récentes.

Ouvrant au hasard *Cinémanuel*[1], je tombe sur ce passage :

1. Jean-Claude Biette, *Cinémanuel*, P.O.L./Trafic, 2001.

« Jeudi 25 mai
Hier soir, ai fumé. N'aurais pas dû, peut-être. Insomnie, longue. »

Cela ressemble à du Ozu, le grand Yasujirō.

Il y avait chez Jean-Claude Biette un air de doux rêveur qui faisait totalement partie de son charme.

Édouard Molinaro ou l'élégance désenchantée

(1928-2013)

Édouard Molinaro est mort aujourd'hui à l'âge de 85 ans. Ses amis l'appelaient Doudou, car c'était en effet un homme très doux. La dernière fois que je l'ai vu, c'était le 4 septembre, lors de la soirée d'ouverture de la rétrospective consacrée à Michel Piccoli à la Cinémathèque française. À moins que cela ne soit plus récent, lorsque nous avions programmé le film sur la Formule 1, *Weekend of a Champion*, réalisé en 1972 par Frank Simon et Roman Polanski, avec le coureur automobile Jackie Stewart. Car Édouard Molinaro adorait le sport.

J'ai fait sa connaissance assez tard, grâce à mon grand ami Marc Habib, et je dois dire que j'ai eu pour Doudou une estime immédiate. De l'affection. L'homme était fin, humble, très facile dans le contact, amateur de littérature. Lorsqu'il fit paraître son autobiographie il y a quatre ans, *Intérieur soir* (édité chez Anne Carrière), je l'ai convié à la Cinémathèque pour présenter l'un de ses films – il en a réalisé un très grand nombre, sans compter de nombreux téléfilms. Il avait choisi *Un témoin dans la ville*, réalisé en 1959. Je devine qu'il avait le désir secret de montrer un de ses premiers films, une œuvre de jeunesse, pour ainsi dire. Un film dont il était fier.

Né à Bordeaux, Édouard Molinaro a débuté dans le cinéma à la fin des années 1950, après avoir réalisé plusieurs courts-métrages. Il est contemporain de la Nouvelle Vague, dont il n'a partagé ni le chemin ni les principes. Ses premiers films, *Le Dos au mur*, *Un témoin dans la ville* et *La Mort de Belle*, ce dernier adapté d'un roman de Simenon, avec Jean Desailly et Alexandra Stewart, méritent d'être revus. Tout au long de sa carrière, Édouard Molinaro a tourné avec les principaux acteurs et actrices du cinéma français : de Brigitte Bardot à Annie Girardot, de Mireille Darc à Micheline Presle, en passant par Françoise Dorléac, Catherine Deneuve, Claude Jade, Emmanuelle Béart, Sandrine Kiberlain, Anémone, Caroline Cellier. Et chez les hommes, Philippe Noiret, Alain Delon, Jean-Paul Belmondo, Michel Piccoli, Lino Ventura, Jacques Brel, Louis de Funès, Jean-Claude Brialy, le duo Michel Serrault-Ugo Tognazzi dans *La Cage aux folles* (1 et 2), Fabrice Luchini, Claude Rich, Claude Brasseur, Daniel Auteuil, Jean-Pierre Marielle, Jean Rochefort, Gérard Jugnot, Pierre Richard, Richard Bohringer, j'en oublie sans doute au passage, sans compter les nombreux seconds rôles. Le cinéma français lui doit beaucoup. D'avoir réalisé un grand nombre de films populaires, dont certains avaient du style, conçus dans un esprit artisanal. La télévision aussi lui doit beaucoup, d'avoir pu au fil des années multidiffuser bon nombre de films de Molinaro, bénéficiant souvent de très fortes audiences. Lui-même était lucide, sans doute trop, sur son propre travail de cinéaste. J'ai eu plus d'une fois le sentiment qu'il ne s'estimait pas assez, comme s'il regrettait d'avoir choisi dans sa jeunesse une mauvaise voie. Je trouve qu'il avait tort et qu'il aurait dû davantage assumer son travail et son œuvre de cinéaste. C'était un artisan, un bon artisan du cinéma. Un soir, chez lui, il m'avait montré les maquettes d'avion qu'il collectionnait et qu'il fabriquait de ses propres mains. C'était une véritable passion, il en était fier tel un adolescent. Cet homme éternellement jeune savait tout faire. Dans ses mémoires il écrivait : « Travail ? Je n'ai jamais considéré le fait de raconter une histoire en images comme un travail. Mon père, sans s'en offusquer, me disait quelquefois : "Tu ne fais que ce qui te plaît !" C'est la stricte vérité. Je me rends compte que je n'ai pas vraiment travaillé. Ce fut une longue récréation de plus de soixante ans. Cela se paye parfois. Le jeu perpétuel induit une faculté chronique de ne rien prendre au sérieux. À commencer par soi-même. C'est à la fois confortable et réducteur. Un regard plus réfléchi sur ma petite personne m'aurait sans doute conduit à des choix plus exigeants. Mais ce n'était pas dans ma nature. J'ai préféré me laisser guider par le hasard et le plaisir. » Je suis sûr que le cinéma français commence déjà à le regretter.

Alain Resnais, crinière blanche, chemise rouge et baskets assorties

(1922-2014)

Alain Resnais est mort hier samedi à l'âge de 91 ans. Il venait de terminer son film *Aimer, boire et chanter*, présenté tout récemment au Festival de Berlin et qui sortira en salles le 26 mars. La nouvelle est triste, très triste, même si l'on s'attendait à ce que cet homme si cultivé et si élégant disparaisse un jour.

Alain Resnais occupait une place très singulière dans le cinéma français. Pas celle d'un sage que l'on venait consulter, ni celle d'un maître acceptant avec condescendance qu'on l'admire. Il préférait celle d'un expérimentateur gai et ludique, doté d'une incroyable humilité et d'une grande gentillesse. Le mot *courtoisie* semble taillé sur mesure pour décrire cet homme qui refusait toute position de maîtrise, préférant celle d'un metteur en scène « meneur de troupe », osant prendre des risques chaque fois qu'il faisait un film. Son amour des acteurs et du jeu, du texte, de la littérature et du théâtre, de la bande dessinée, du jazz et de la musique classique, de la chanson, de l'opérette, de la comédie musicale, des décors et de la lumière, cet amour-là, si multiple et terriblement lié à son enfance, il le mettait au service de chacun de ses films, pensés et mis en place comme des expériences de l'espace et du langage. Tout un art. Chaque film de Resnais aura été une aventure de l'imaginaire où la vie et la mort s'entremêlent, concevant une œuvre tour à tour grave et légère, grave puis légère, musicale et jamais sentencieuse.

Resnais a commencé par être monteur vers la fin des années 1940 et le début des années 1950. Son compagnonnage avec Chris Marker marque la première partie de son parcours artistique et intellectuel. Avec (*Les statues meurent aussi*, en 1953) ou sans Marker, Resnais réalise plusieurs documentaires qui renouvellent le genre, très stylisés, parfois lyriques, d'une incroyable sobriété plastique : *Van Gogh* (1947), *Gauguin* (1950), *Guernica* (1950), *Toute la mémoire du monde* (1956), jusqu'à *Nuit et Brouillard* réalisé en 1956 sur un texte de Jean Cayrol dit par Michel Bouquet. « *Nuit et Brouillard* est non seulement un film de réminiscence, mais aussi un film de grande inquiétude ! Nous avons d'abord voulu, aux yeux de tous, faire connaître ou plutôt "porter à la connaissance du public" la vérité sur les camps de concentration, qui furent une des images du délire raciste plus vivace que jamais à notre époque » (dixit Jean Cayrol).

En regardant en arrière, on se rend compte que Resnais a toujours été synchrone (sa manière à lui de s'inquiéter de l'état du monde) avec les grands déchirements de l'Histoire. Les camps de concentration (*Nuit et Brouillard*), la bombe atomique (*Hiroshima, mon amour*, 1959), la guerre d'Algérie (évoquée dans *Muriel ou le Temps d'un retour*, 1963), la guerre d'Espagne (*La guerre est finie*, 1966), ou celle du Vietnam (il participa au film collectif *Loin du Vietnam* aux côtés de Chris Marker, Claude Lelouch, Joris Ivens, William Klein,

Agnès Varda et Jean-Luc Godard en 1967), Mai 68 (*L'An 01,* co-réalisé avec Jacques Doillon). Et pourtant, Alain Resnais n'était pas un cinéaste politique au sens strict du terme. Ce qui l'intéressait ou le préoccupait, c'était de prendre en compte les soubresauts du monde et d'en capter les vibrations imaginaires. Toute son œuvre est traversée par une sorte d'inquiétude gaie, un plaisir d'explorer de nouveaux territoires de l'imaginaire. À ce titre, *Mon oncle d'Amérique*, qui date de 1980, me paraît être un film doté d'une matrice absolument essentielle et novatrice, en ce sens qu'il joue et déjoue la construction narrative classique pour en inventer d'autres fondées sur l'insertion de blocs narratifs exogènes, citations, chevauchements ou incrustations, qui feront florès au cours des années 1990 dans le cinéma américain et les séries télévisées.

Aidé par des scénaristes ou par des écrivains tentés par le cinéma – Marguerite Duras, Jean Cayrol, Alain Robbe-Grillet, Jacques Sternberg, Jorge Semprún, Jean Gruault, plus récemment par Alan Ayckbourn, adapté par le tandem Agnès Jaoui/Jean-Pierre Bacri –, Resnais s'est toujours amusé à pénétrer à l'intérieur de l'imaginaire des autres, non pour tout chambouler, mais pour y installer sa propre graine, une sorte de machine à penser, à décortiquer ou à explorer certains territoires jusque-là inédits et secrets. Resnais ou la petite souris du professeur Laborit dans *Mon oncle d'Amérique.* L'imaginaire tel un labyrinthe à explorer, en gros plan, renvoyant au fonctionnement du cerveau humain, avec sa capacité d'aimer, de croire, d'oublier, de se souvenir et de faire mémoire. C'est une définition possible et plausible du cinéma. Ce fut la sienne.

Le paradoxe veut qu'Alain Resnais ait réalisé ses films les plus « graves » à ses débuts et qu'il ait terminé sa trajectoire artistique avec des œuvres plus légères – il suffit de redire le titre de son dernier film : *Aimer, boire et chanter*. Comme s'il avait voulu moins peser sur nous, spectateurs, et sur le monde. Comme s'il avait voulu, au fond, tirer gaiment sa révérence, quitter le spectacle en toute légèreté, sur la pointe des pieds, sans déranger. S'en aller sans trop peser. C'est la marque de son extrême élégance. Celle aussi de son incroyable jeunesse.

On ne peut pas évoquer Alain Resnais sans parler de son amour des acteurs. C'est peut-être la chose la plus importante à dire concernant son œuvre. Il avait une manière à lui de « distribuer » les rôles (la « distribution » n'a rien à voir avec le « casting », un terme horrible qui ne veut rien dire), s'entourant souvent des mêmes, Sabine Azéma, André Dussollier, Pierre Arditi, ouvrant film après film la porte à de nouvelles figures : Fanny Ardant, Lambert Wilson, Isabelle Carré, Jean-Pierre Bacri, Agnès Jaoui, Anne Consigny, Emmanuelle Devos, Denis Podalydès, j'en oublie beaucoup. Il était venu présenter *Les Herbes folles* et *Vous n'avez encore rien vu* à la Cinémathèque, entouré de ses acteurs ou comédiens et de Jean-Louis Livi, son producteur ami et complice. Alain Resnais était un enfant de la Cinémathèque, celle de l'avenue de Messine qu'il avait très tôt fréquentée. Il avait évoqué devant un public amical et conquis les spectres qui hantent la Cinémathèque d'Henri Langlois. Tout son cinéma, derrière une apparente gaieté ou légèreté, est hanté par des spectres, ces figures fantomatiques qui habitent *L'Amour à mort* (1984), *Mélo* (1986), *Cœurs* (2006) et la plupart de ses autres films. Resnais parlait sans peur de la mort, il la côtoyait, elle ne l'effrayait pas car il savait par expérience que le cinéma filme toujours peu ou prou, selon l'expression de Jean Cocteau, *la mort au travail.*

Abdelwahab Meddeb, un esprit libre

(1946-2014)

J'ai eu la chance de connaître Abdelwahab il y a longtemps, en 1975, j'étais alors un jeune rédacteur des *Cahiers du cinéma* aux côtés de plusieurs critiques de cinéma, tous mes aînés – Serge Daney, Jean Narboni, Serge Le Péron, Pascal Bonitzer, Pascal Kané. À cette époque, nous tentions de remettre la revue sur la voie du cinéma, après plusieurs années de dogmatisme idéologique qui nous en avaient éloignés. Je ne me souviens plus précisément des circonstances exactes grâce auxquelles j'ai été amené à connaître Abdelwahab et à devenir son ami. Sans doute étions-nous dans la même mouvance universitaire, celle de Paris III-Sorbonne Nouvelle, jeunes cinéphiles attirés par le cinéma. Nous avions en commun la Tunisie, son pays d'origine et celui où je suis né et ai passé mon enfance. Cela nous avait rapprochés. Je me souviens d'Amina, qui suivait des études littéraires : elle venait de rencontrer Abdelwahab et ce fut le début de leur belle histoire d'amour.

Le premier texte d'Abdelwahab paru dans les *Cahiers du cinéma* traitait d'un film qui nous avait beaucoup intéressés : *Kafr kasem*, réalisé en 1974 par Borhane Alaouié, un cinéaste libanais engagé vivant en exil à

Bruxelles. La revue avait publié un ensemble de textes dans un dossier consacré au « Cinéma et la Palestine » – c'est dire si nous étions curieux et en avance sur la réalité même. Le texte d'Abdelwahab avait pour titre « La leçon sauvage ». Abdelwahab avait le don des titres, cela est vrai pour ses textes comme pour ses livres. Un autre de ses écrits sur le cinéma s'intitulait « L'œil féminin de la ville », consacré à *El Chergui ou le silence violent*, un beau film marocain réalisé la même année par Moumen Smihi. Un autre titre encore : « La mémoire fertile ».

Abdelwahab avait écrit un long et passionnant texte qui s'intitulait « L'icône et la lettre, pour une esthétique arabo-islamique ». Le cinéma le passionnait en tant qu'enjeu non seulement esthétique et formel, mais également politique. L'image, le son, l'espace, la gestuelle, la langue, le discours, la psychologie des personnages, tout ce que le septième art véhicule à travers des formes, des récits et l'organisation de signes, renvoyait, disait-il, à « leur insertion dans la temporalité dramatique déterminée par un temps historique d'une inaltérable présence dans la mémoire arabe contemporaine ». Son projet central consistait à fonder une analyse qui proposerait une alternative à la pensée occidentale, à l'intérieur du champ des arts et de la représentation, donc du cinéma, en prenant en compte l'héritage arabo-islamique et la civilisation orientale. Tel un archéologue, Abdelwahab Meddeb pointait avec une incroyable finesse, une profondeur d'analyse, une écriture élégante, déliée, ample, souveraine, et une grande érudition, tout ce qui faisait nouveauté dans la culture arabe. Il avait une approche poétique de la politique et de l'engagement. Un engagement au niveau des idées, des concepts et peut-être surtout des goûts, qui prenait sa source dans la connaissance et l'étude, et devenait matière à transmission.

Fort de ses connaissances et de ses convictions, il pouvait écrire dans ce texte qu'il faut relire, « L'icône et la lettre », que « le cinéma vaut d'être questionné à partir de la tradition esthétique arabe. L'on sait que dans cette tradition, le problème de l'image demeure le spectre qui hante la scène de la représentation. Pour éviter les considérations superficielles et convenues qui constatent que la loi musulmane ne supportait pas la vue de l'image et que celle-ci ne suscita qu'une activité marginale, tardive, en sursis, traquée, réduite à l'enluminure ; pour échapper à la réponse par ricochet à telle affirmation et qui s'ingénie à montrer, maintes preuves et documents à l'appui, que l'iconoclasme arabo-islamique était des plus relatifs et que, dès l'époque omayyade, l'image a occupé l'espace monumental de la peinture et qu'il y a raison de découvrir de grands maîtres dans l'art de la figure dessinée et peinte en miniature (Maître de Leningrad, Wasîtî, etc.) ; pour déplacer la problématique de l'image hors cette inefficace alternative, il n'est pas peu de chercher ailleurs les termes qui rendent à la question les dimensions de sa complexité autant que la clé de sa résolution. »

Voilà à quoi s'est attelé durant sa vie hélas trop courte ce cher Abdelwahab Meddeb : donner à la culture arabe une identité forte fondée sur ses traditions et sa modernité. Ce fut son combat, son incessant combat. J'ai beaucoup admiré Abdelwahab, aimé sa douceur et son regard, sa gentillesse, son goût de la beauté. C'était un homme exceptionnel dont le champ d'investigation était large, sans frontière. Il aimait le cinéma, la littérature, la poésie, la philosophie, les sciences, le théâtre, les idées. Un homme libre, en quelque sorte.

Lia van Leer, éloge d'une pionnière

(1924-2015)

Nous avons appris avec beaucoup de tristesse la disparition à Jérusalem de Lia van Leer, à l'âge de 90 ans, éminente personnalité du monde du cinéma, pionnière en Israël, son pays, en matière de culture et de patrimoine cinématographique.

Née en 1924 en Roumanie de l'époque, actuelle Moldavie, Lia van Leer s'était installée en 1940, dès l'âge de 16 ans, en Palestine, fuyant la guerre et l'antisémitisme qui sévissaient en Europe. Avec Wim van Leer, qu'elle épousa en 1953, elle fonda en 1955 le ciné-club de Haïfa, base de la future Cinémathèque de la ville située dans le nord d'Israël. Animé par une commune passion du cinéma, le couple sauva de la destruction ou de l'oubli un nombre important de films, constituant ainsi une collection privée qui servira à jeter les bases de la future Cinémathèque de Jérusalem. En 1960, Lia et Wim van Leer avaient produit *Description d'un combat* de Chris Marker, un documentaire sur un pays en pleine adolescence, Israël, créé douze années auparavant. Plus tard, Chris Marker, pour des raisons obscures, retira ce film de sa filmographie, le répudiant en somme.

Créée en 1960, la Cinémathèque de Jérusalem s'installa en 1981 dans un bâtiment construit aux pieds des murs de la vieille ville, avec le soutien de George Ostrovsky, ami du couple van Leer et mécène privé, et de Teddy Kollek, le maire de la ville. Ouverte à tous les publics, la Cinémathèque de Jérusalem a été et continue d'être un point de ralliement des cinéphiles du monde entier. Lia van Leer s'est évertuée à en faire un espace de dialogue et d'échange entre Israéliens et Palestiniens, un lieu animé par un esprit d'ouverture aux cinémas du monde entier.

Lia van Leer fonda et dirigea le Festival international du film de Jérusalem, qui se déroule depuis trente ans chaque année en juillet. Concernée par la mémoire et le patrimoine cinématographique, elle était également curieuse et découvreuse de nouveaux talents, accompagnant le nouveau cinéma israélien et les jeunes cinéastes venus du monde entier. C'était une femme estimée et reconnue pour son talent, son courage, sa ténacité, son engagement pour la paix, parlant plusieurs langues, présente tous les ans aux festivals de Cannes et de Berlin, et dans d'autres festivals du monde entier.

Le 1er novembre 2013, Lia van Leer avait été décorée des insignes d'officier de la Légion d'honneur par l'ambassadeur de France en Israël, M. Patrick Maisonnave. De très nombreux amis étaient réunis autour de cette infatigable animatrice, passionnée de cinéma. Présent lors de cette cérémonie, j'étais convié par la Cinémathèque de Jérusalem, ainsi que celles de Haïfa et Tel-Aviv, dans le cadre d'une carte blanche offerte à la Cinémathèque française, avec une programmation de « films de francs-tireurs » : Marcel Carné (*Quai des brumes*), Jean Grémillon (*Lumière d'été*), Alain Cavalier (*Mise à sac*), Maurice Pialat (*Van Gogh*), Jacques Doillon (*Le Premier Venu*), Philippe Garrel (*Liberté, la nuit*), Jean-Daniel Pollet (*L'Acrobate*) et Mia Hansen-Løve (*Tout est pardonné*).

Dans la vie et dans ses passions, Lia van Leer était ce qu'on appelle tout simplement une pionnière. Celle qui éclaire le chemin.

Je n'irai plus au Parc des Princes avec Marc Habib

(1949-2015)

Une photo nous faisait beaucoup rire, Marc et moi. On y voit nos deux places réservées au Parc des Princes : porte E, accès 107, rang 9, places 57 et 58, avec nos deux noms inscrits. Nous y allions ensemble, sur mon scooter, les soirs de matchs du PSG. Mercredi dernier Marc était absent du match PSG-Barça. Et pour cause, il est mort la veille, le 14 avril.

Nous n'irons plus au stade ensemble. Nous n'irons plus, les soirs de match, manger un couscous ou dîner dans un bon resto italien, heureux de commenter le match, de le prolonger par notre échange, comme lorsqu'on parle d'un film que l'on vient de voir. Marc a été enterré hier après-midi au cimetière du Montparnasse, entouré de ses proches : Anne sa femme, Laurent son frère et Marie-Claire sa sœur, et ses nombreux amis.

Nous nous connaissions depuis le début des années 1980, cela remonte à très loin. Il n'y avait pas que le football qui nous liait. Il y avait aussi le cinéma, les vacances, et surtout le plaisir d'être ensemble. Nous n'avions pas besoin de beaucoup nous parler pour nous sentir bien. En confiance. C'est cela un ami, un être avec qui partager le fait d'être là, en vie, de comprendre l'essentiel, avec ou sans les mots. Marc était comme un frère, d'une gentillesse extrême, d'une amabilité et d'une civilité incroyables. Est-ce que cela cachait quelque chose ? Sans doute un fond d'inquiétude et de mélancolie. Un vide qu'il fallait combler. Mais justement, c'est aussi cela qui nous rapprochait, le sentiment commun d'aimer la vie et parfois d'avoir, lui comme moi, le besoin de surmonter la mélancolie pour être en vie. Quitte à donner le change.

Je lui ai présenté nombre d'amis, des amis de cinéma – Marc adorait le cinéma, qu'il connaissait très bien et qui lui servait aussi souvent dans le cadre de séminaires sur la psychiatrie. Mes amis tombaient immédiatement sous le charme, tant Marc était délicieux et charmant. Psychiatre de formation, il s'occupait de thérapie familiale et jouissait d'une excellente réputation. Il pensait que le cinéma avait souvent traité ou abordé des cas de folie ou de dérive mentale qu'il jugeait bon d'étudier, d'analyser. Des drames individuels ou familiaux exhibant quelques cas sociaux ou psychiques d'une richesse et d'une sophistication exceptionnelles. Il savait donc lier cinéma et psychiatrie et ce lien lui était utile, nécessaire, exemplaire, dans sa pratique de thérapeute. Il adorait l'opéra, la musique, la tauromachie, les voyages, les enfants, les repas entre amis. Bien qu'abonné au PSG, son club favori était le LOSC (le club de foot de Lille, pour ceux qui l'ignorent, présidé à cette époque par Michel Seydoux), si bien qu'il faisait souvent le voyage jusqu'à Lille pour voir des matchs. Il m'est arrivé de l'accompagner, nous y croisions Alain Cavalier, lui aussi fidèle supporter du LOSC, et proche de Michel Seydoux, son producteur.

Les vacances avec Marc et Anne étaient pour moi des moments de vraies retrouvailles. Récemment en Bretagne, ou au Rayol, dans la maison de son frère Laurent, sur la Côte d'Azur. La maison donnait sur la mer, il suffisait de quelques pas pour y plonger. Nous avions ce goût commun de la Méditerranée. Le bleu du ciel et de la mer. Il y a longtemps, nous nous retrouvions à Tourtour, dans le Sud de la France, dans la maison des parents d'Emmanuèle. Ou dans l'Aveyron, à une autre époque de sa vie. L'amitié avec Marc prenait alors tout son sens : le temps de vivre, de prendre du plaisir, de manger, de boire et de rire ensemble. De blaguer. De s'aimer comme de vrais amis. Il faudra désormais faire sans lui. Vivre sans lui. J'espère que c'est possible, mais je n'en suis pas tout à fait sûr.

Jean Gruault l'irrévérencieux

(1924-2015)

Madeleine Morgenstern m'a annoncé il y a deux jours au téléphone la mort de Jean Gruault. Grande tristesse ! Nous avons parlé de lui pendant de longues minutes et tout de suite sont remontés les souvenirs joyeux et gais de cet homme plein d'entrain, alerte, vif, irrévérencieux, profondément cultivé, humain. Jean Gruault communiquait instantanément sa joie de vivre, son goût des livres et des films – Griffith, Lubitsch, le cinéma muet, les Chaplin, les films Pathé-Baby de son enfance et autres trésors du cinéma qu'il projetait chez lui, en famille ou avec ses amis. Il était encore récemment venu à la Cinémathèque française, au moment de l'exposition consacrée à François Truffaut – je m'en souviens parfaitement, c'était le 24 novembre 2014 ; j'étais censé animer une discussion sur son travail de scénariste (*Jules et Jim*, *Les Deux Anglaises et le Continent*, *L'Histoire d'Adèle H.*, *L'Enfant sauvage*, *La Chambre verte*), à laquelle nous avions convié Arnaud Desplechin qui admire sincèrement l'apport de Gruault à l'œuvre de Truffaut, mais également à celles de Jacques Rivette (*Paris nous appartient* et *La Religieuse*), de Jean-Luc Godard (*Les Carabiniers*), et bien sûr d'Alain Resnais – je pense à *Mon oncle d'Amérique* (1980) et au bouleversant

L'Amour à mort (1984). Pendant plus d'une heure, ni Arnaud Desplechin ni moi n'avons pu en placer une, prononcer le moindre mot, la moindre phrase, ni poser la moindre question, tant l'éloquence de notre cher Jean était vive et rayonnait. Il ne se lassait pas de raconter des anecdotes, de prendre son temps, d'emprunter des chemins de traverse, pour en fin de compte revenir à l'essentiel : son amitié et sa complicité avec François Truffaut, qu'il avait connu tout jeune, au début des années 1950. Il évoquait le cinéma de Truffaut avec un grand respect, bien sûr, mais surtout une grande liberté, en dévoilant les tâtonnements, les allers et retours, les hésitations, les nombreuses ratures, les résolutions et les repentirs. Un grand bonheur. Jean vient de mourir à l'âge de 90 ans. Ces derniers mois, il avait du mal à marcher, son corps souffrait, mais l'esprit, la jeunesse d'esprit était intacte. Nous l'aimions, nous l'aimions tendrement. Et nous l'admirions pour ses incroyables qualités d'homme.

Marc Nicolas ou le goût du service public
(1957-2016)

Marc Nicolas était un ami de longue date, un ami très cher. Nous nous étions connus à la fin des années 1970, alors qu'il travaillait au service des études du Centre national de la cinématographie et connaissait l'économie du cinéma sur le bout des doigts. J'étais critique aux *Cahiers du cinéma* et, avec Serge Le Péron, Guy-Patrick Sainderichin et d'autres, nous pensions qu'il était essentiel de comprendre l'économie du cinéma et celle des films, afin de conforter nos partis pris esthétiques, convaincus qu'un lien fort, souterrain, existait entre l'écriture filmique et les moyens dont on dispose pour réaliser un film.

En 1989, Marc Nicolas devint l'un des conseillers de Jack Lang, ministre de la Culture, en charge du cinéma. Il fut dès lors impliqué dans toutes les réformes initiées par Jack Lang, concernant aussi bien les aides sélectives que les aides directes, la relance de l'exploitation dans les régions, et plus tard le Plan nitrate conçu pour soutenir les restaurations de films du patrimoine, ou encore la création de la Fémis (remplaçant l'ancienne IDHEC), sans oublier le projet de Maison du cinéma au Palais de Tokyo – projet qui n'aboutit jamais. Marc fut un excellent conseiller du ministre, animé d'une intelligence et d'une honnêteté hors pair, toujours au service de l'idée qu'il se faisait du rayonnement du cinéma et de la *mission publique*. Il revint par la suite au CNC comme directeur-adjoint, jusqu'en 2001, avant de diriger la Fémis. Au cours de la période durant laquelle il travailla aux côtés de Catherine Trautmann, ministre de la Culture de 1997 à 2000, c'est à Marc Nicolas que la Cinémathèque française doit d'être logée dans le bâtiment de Frank Gehry – 51 rue de Bercy dans le XIIe arrondissement. Marc avait fait une recommandation afin que l'État acquière ce bâtiment moderne déserté depuis la faillite du Centre américain de Paris, peu de temps après s'y être installé en 1994.

Pendant douze années Marc a dirigé la Fémis, la grande école de cinéma reconnue internationalement parmi les meilleures au monde. Il y a insufflé un esprit d'ouverture et de curiosité, un goût de la transmission de la culture cinématographique, inventant de nouveaux cursus (la distribution et l'exploitation, plus récemment les séries télévisées). À ma connaissance, Marc était l'une des rares personnes à entretenir avec le cinéma un rapport à la fois économique et esthétique, ne renonçant à aucune de ces deux approches, concevant l'une comme l'autre indispensables, en s'efforçant de les conjuguer au présent avec finesse et conviction. Il avait du goût, aimait la réflexion et les études, la discussion amicale. Le ministère de la Culture et le CNC lui doivent d'avoir développé et modernisé le service des études concernant la culture et sa diffusion dans notre pays. Cet après-midi, je me suis recueilli, bouleversé, devant sa dépouille. Il est mort ce matin des suites d'une longue maladie, à l'âge de 59 ans. Cet ami généreux, élégant et aimant toujours la confrontation d'idées va terriblement me manquer.

Hervé Le Roux, électron libre

(1956-2017)

Hervé le Roux a commencé à écrire aux *Cahiers du cinéma* au cours du printemps 1984. Son premier texte est paru dans le numéro 358, qui affichait en couverture une photo du film de Philip Kaufman, *The Right Stuff* (*L'Étoffe des héros*, 1983). Comment Hervé est-il arrivé aux *Cahiers* ? Je me souviens avoir reçu sa lettre de lecteur tapée en rouge à la machine. La couleur m'avait intrigué, la lettre était brillante et incisive. Je lui avais répondu en l'invitant à nous rejoindre. À cette époque la revue recrutait des jeunes gens, femmes et hommes, car nous avions besoin de nouvelles forces d'écriture, si possible les plus diverses. Hervé avait du talent, une écriture affirmée, de l'humour, une vraie légèreté et un œil critique fin et assumé. Son premier texte, une critique de *Streamers* de Robert Altman, avait pour titre « Bidasses en folie ». Je me permets d'en citer un passage :

> « *Streamers* suscite évidemment la curiosité : treize ans après *M.A.S.H.*, Altman y revient sur l'armée, cette fois pendant la guerre du Viêt-Nam. De fait, le film s'ouvre par une sorte *d'Apocalyspe Now* du pauvre, moulinets de fusils dans un brouillard bayreuthien.

Très vite, nous nous retrouvons dans un dortoir, avec de jeunes recrues en partance pour le Viêt-Nam. Au premier tour de table, ils abattent les cartes. Pour Billy-l'orthodoxe, il s'agit d'écraser aujourd'hui les Viets comme hier les Nazis, dans un même combat pour le monde libre. Pour Roger, Johnson pourrait bien être le nazi de l'histoire. Richie fonctionne à l'intuition : "I don't want to go." Carlyle, qui les rejoindra, sera plus explicite : "They want to kill me" (ce n'est pas une distribution, c'est un panel). Ajoutons deux sergents, qui semblent vivre dans une cage en verre située à l'intérieur du dortoir (petit bocal dans grand bocal). Les deux sergents, qui ont connu la guerre, sont de grosses brutes épaisses et imbibées. »

Hervé avait du style et savait *voir un film*, à la fois le décrire et en discerner les impasses ou les ouvertures. Dans le même numéro, une notule sur *Mesrine* d'André Génovès : de l'humour et de l'ironie, pas vraiment de méchanceté, un œil critique acéré, au travail. Hervé a beaucoup écrit durant ces années-là car il était totalement disponible. De quoi vivait-il ? Avait-il une autre activité ? Cela demeurait pour moi un mystère. Certes, les *Cahiers* payaient des piges mais cela ne permettait pas d'en vivre. Ami avec Marc Chevrie, Alain Philippon et Alain Bergala, il s'est très vite fait adopter par toute la rédaction dont il est devenu un pilier. Sa palette critique et journalistique était très large, sans tabous ni œillères. Ainsi a-t-il largement contribué à l'ouverture des *Cahiers* sur des questions aussi bien esthétiques qu'économiques. Ce qui le caractérisait, c'était une totale indépendance d'esprit, tel un électron libre ayant trouvé refuge aux *Cahiers*, au sein de la petite communauté qui composait la rédaction. C'était une belle période, chacun reprenait goût au cinéma, aux voyages, à la découverte. Hervé avait trouvé une famille, une drôle de famille en vérité, composée de grands solitaires. Il était là, toujours partant, d'une humeur agréable et rieuse.

J'ai entretenu de très bonnes relations avec lui, marquées par le respect et l'humour. La sympathie. Une forme de légèreté qui le caractérisait. Mais je devinais des fissures. La dernière fois que nous nous sommes vus, c'était à l'occasion de la projection d'un documentaire de Jérôme Prieur à l'auditorium du Louvre. Nous ne nous étions pas vus depuis longtemps et là, au quart de tour, la discussion est repartie comme si nous ne nous étions jamais quittés.

Son passage au cinéma fut une réussite dès son premier film, *Grand Bonheur*, réalisé en 1993 et présenté la même année à la Quinzaine des réalisateurs à Cannes. Puis ce fut *Reprise* en 1996, un documentaire dans lequel Hervé Le Roux partait à la recherche d'une militante filmée en juin 1968 par un groupe d'étudiants en cinéma à l'IDHEC, dans ce film mythique du cinéma militant en France, *La Reprise du travail aux usines Wonder*. Dans une séquence, cette ouvrière révoltée manifestait en criant et en pleurant son refus d'obéir aux consignes de la CGT, qui demandait aux ouvriers de reprendre le travail. Elle était pour Hervé Le Roux une sorte de figure héroïque du prolétariat, si bien que, fasciné, il décida de partir à sa rencontre près de vingt ans plus tard. À la recherche d'une héroïne inconnue, *Reprise* eut du succès et suscita maints débats dans les salles de cinéma à Paris et dans toute la France. Il poursuivit avec un film inspiré par la comédie musicale,

On appelle ça… le printemps, avec Marilyne Canto qui fut en quelque sorte son égérie. Certes, la filmographie d'Hervé Le Roux est maigre, mais je ne doute pas qu'il aurait réalisé d'autres films si sa vie matérielle et existentielle le lui avait permis. Je m'en veux aujourd'hui de ne pas l'avoir aidé davantage. De ne pas m'être enquis de sa situation matérielle. Hervé masquait ses difficultés à vivre, je veux dire sur le plan économique. C'était un garçon fier, qui jamais n'aurait osé se plaindre des difficultés à faire des films. Ou simplement de survivre. Il vivait dans la marge. Trop, à mon goût. C'est mon regret de ne pas lui avoir fait signe plus souvent. Cet ami si singulier le méritait largement. Il concluait en général les échanges par cette formule : « Prends soin de toi ! » J'ai aujourd'hui un sentiment de remords de ne pas avoir assez pris soin de lui.

Claude Lanzmann et l'amitié

(1925-2018)

Je ne vous parlerai pas de l'œuvre de Claude, qui irradie et continuera de le faire durant des décennies. J'aimerais vous parler de son sens de l'amitié. Claude avait de nombreux amis, vous en êtes, les uns et les autres. Il cultivait un art de l'amitié fondé sur le serment. Il aimait les serments d'amitié. Avec lui, c'était à la vie à la mort. Mais l'amitié avec Claude n'était pas une mince affaire. Elle n'était pas de tout repos, passant par des hauts et des bas, des zones souvent orageuses, tempétueuses, des ruptures et des réconciliations. Bref, ça tanguait. Mais elle finissait toujours par revenir vers des climats plus tempérés.

Avec Claude, l'amitié se conjuguait avec la fidélité. Il avait une très haute idée de ce qui lie des hommes entre eux. Il aimait toucher, palper, pétrir l'autre, comme pour vérifier *physiquement* que le lien était tenu, au présent, partagé. Je n'ai jamais été étreint de manière aussi forte, puissante, que par Claude. Jamais été autant peloté que par lui.

Il avait une conception ancienne, ancestrale, de l'amitié. Sans doute était-elle liée à la guerre, à la Résistance, à des temps plus anciens où s'affirmait une fraternité de combat. C'est ce que j'aimais chez lui, cette incarnation vive d'un temps ancien, survivance qu'il cultivait avec orgueil. Il fallait sans cesse lui donner des preuves d'amitié, de fidélité, sans quoi on pouvait recevoir la foudre. Il m'est arrivé de défaillir, de ne pas l'appeler aussi souvent qu'il l'espérait, de ne pas répondre à ses injonctions. J'avais parfois d'autres chats à fouetter.

Mal m'en prenait.

Combien de messages, répétés et lancinants, ai-je reçus, au motif de mes absences : « Je croyais être ton ami, mais je m'aperçois que non... Tu ne m'appelles pas, ne me donnes pas signe de vie... Cela m'attriste beaucoup de perdre un ami... » Reproches mêlés de culpabilité. J'avais tort. C'est Claude qui avait raison. L'amitié se cultive à chaque instant, comme une fleur qu'on arrose chaque matin.

J'étais ami de Claude depuis une vingtaine d'années. C'est donc une amitié récente au regard de son âge et du mien. Un jour, devant recevoir la médaille du Mérite, je lui ai demandé s'il accepterait de me remettre cette décoration. Claude m'a dit oui aussitôt, avec empressement. C'était en 2010. Il s'est vite rendu compte qu'il ne savait pas grand-chose de mon itinéraire, de ma carrière professionnelle. De ma vie, en quelque sorte. Alors il est venu dîner chez nous, rue des Pyramides. Il lui fallait ses deux larges serviettes blanches autour du cou, tel un parrain dans un film de mafia. Claude craignait de salir son beau costume bleu sombre – entre parenthèses, il était un homme d'une grande élégance, là encore, à l'ancienne, l'élégance comme code social mais surtout manière d'honorer les autres de sa présence et de sa prestance.

Ce soir-là je lui ai parlé de moi, timidement, humblement. De mes parents, de mon enfance en Tunisie, de mon amour du cinéma. Emmanuèle, ma compagne, lui a aussi parlé de moi. Il en savait assez pour ensuite rédiger un discours magnifique dont j'étais en quelque sorte le héros. Il avait inventé une formule magique pour me désigner : « le sombre natif de Sousse ». Il résumait ainsi, avec le talent inouï qui était le sien, le fond mélancolique de ma personnalité. « Le sombre natif de Sousse. » Claude m'avait percé à jour. Il a lu son long discours à la Cinémathèque, le jour de cette remise de médaille, devant mes nombreux amis qui riaient en l'écoutant, tant Claude était drôle et visait juste. Un cadeau magnifique !

Son amitié va terriblement me manquer. Elle va *nous* manquer. Claude était un homme venu de loin, qui a traversé le siècle, connu ou frôlé la mort à chaque instant de sa vie. La mort qu'il détestait. Il la haïssait car elle était son ennemi intime. L'extermination des Juifs persécutés au XXe siècle. Celle de Félix, son fils chéri. Lors de nos derniers dîners, il me parlait d'elle, la redoutant mais faisant face. Il s'y préparait tel un lutteur. Il avait encore assez d'énergie et de projets pour vivre dix ans, voire plus.

La dernière fois que j'ai vu Claude, c'était à Necker, le 19 juin 2018 : je lui ai tenu la main pendant de longues minutes. La très chère Laura Koeppel veillait sur lui, lui donnant à boire. Son corps était totalement perfusé, il avait la bouche sèche, mais tenait à me parler. Il avait mal partout, suppliait qu'on le masse. Il tendait son visage vers l'oxygène pour mieux respirer. Bouleversant. Toujours le désir de vivre. Les derniers mots qu'il me lança furent : « La condition humaine est lamentable ! » Ensuite il a attiré ma main vers sa bouche pour la baiser.

Claude nous a transmis une force extraordinaire : celle d'avoir le courage d'affronter la mort. Il avait le goût de vivre. De vivre à tout prix. Son héritage n'a pas de prix.

Michel, un ami de Bretagne, m'a écrit trois jours après la mort de Claude : « Quelle chance tu as eue d'être ami avec l'un des hommes les plus marquants du XXe siècle. » Cette chance, nous sommes fiers de la partager, tous ici réunis, en étant les amis de Claude Lanzmann.

Tonie Marshall, généreuse et opiniâtre
(1951-2020)

Tonie Marshall, disparue ce 12 mars, au tout début du confinement, était actrice, scénariste, réalisatrice et productrice. Elle était aussi une véritable militante du cinéma, dont elle avait épousé la cause. Une femme de passion. Très active au sein d'Unifrance (commission artistique et comité exécutif), élue au conseil d'administration de la Cinémathèque française, elle faisait également partie du collectif 50/50 qui milite pour l'égalité des hommes et des femmes au sein de la profession. Elle mettait toute son énergie, sa gentillesse et son talent au service du cinéma, toujours avec honnêteté et loyauté, et un grand sens de l'écoute. Tonie « jouait collectif », une expression souvent utilisée dans le jargon sportif, elle qui adorait le football et suivait avec passion les exploits, et souvent aussi les défaites, du Paris Saint-Germain au Parc des Princes où elle avait son abonnement et où nous nous retrouvions les soirs de matchs.

Tonie était une grande amie. J'ai eu la chance de la connaître vers le milieu des années 1970, à l'époque où elle était une jeune actrice tournée vers la comédie, proche de la troupe du Splendid. Elle cherchait encore sa voie, n'acceptant pas d'être cantonnée dans des rôles secondaires dans les films de Jean-Michel Ribes (*Rien ne va plus*, 1979) et de Claude Zidi (*Les Sous-doués*, 1980). Elle ne se contentait pas non plus d'être la fille d'une grande et célèbre actrice, Micheline Presle. Il lui fallait beaucoup plus, c'est-à-dire faire de sa vie une belle aventure. Et elle releva le défi.

Le premier tournant de sa carrière d'actrice survint avec les films de Jacques Davila (*Qui trop embrasse*, 1986, *La Campagne de Cicéron*, 1990), de Gérard Frot-Coutaz (*Beau temps mais orageux en fin de journée*, 1986), ou encore de Jean-Claude Biette (*Le Champignon des Carpathes*, 1989, *Chasse gardée*, 1992), de Lucas Belvaux (*Pour rire !* en 1996), entre autres. Elle noua avec ces cinéastes une relation d'amitié, heureuse de faire partie d'une troupe où la créativité était largement partagée. Courageuse et opiniâtre, Tonie usa de son entêtement, de sa patience et de son talent d'écriture pour entreprendre son premier film comme réalisatrice : ce fut *Pentimento* en 1989, avec Patricia Dinev et Antoine de Caunes. Ce fut dès lors le deuxième tournant de sa carrière, au cours duquel elle enchaîna film sur film, sans compter les téléfilms. En 1994, *Pas très catholique*, puis *Enfants de salaud* (1996), *Vénus Beauté (Institut)* en 1999, avec Nathalie Baye, Audrey Tautou, Bulle Ogier, Mathilde Seigner et Samuel Le Bihan, pour lequel elle obtint quatre César, dont ceux de meilleur film et meilleur réalisateur, en l'occurrence meilleure réalisatrice, meilleur espoir féminin pour Audrey Tautou et meilleur scénario original. En 2000 elle réalisa un téléfilm, *Tontaine et Tonton*, revint au cinéma deux ans plus tard avec un film très émouvant, *Au plus près du paradis*, dans lequel elle dirigeait Catherine Deneuve et William Hurt, en s'inspirant du chef-d'œuvre de

Leo McCarey *Elle et lui*, qu'elle adorait (avec Deborah Kerr et Cary Grant, version 1957). Puis ce fut *France Boutique* (2003), *Passe-passe* (2008), *Tu veux… ou tu veux pas ?* (2014) et *Numéro une*, son dernier film réalisé en 2017 avec Emmanuelle Devos dans le rôle principal. Le thème secret de son œuvre, le fil rouge pourrait-on dire, tourne autour des familles bancales, des pères absents, disparus ou lâches, en fuite, des généalogies indécises ou compromises, un thème qu'elle abordait sur le mode de la fantaisie et de la légèreté, sans toutefois masquer les gouffres qui sous-tendaient ses fictions. Elle était au cœur de ses propres histoires, déguisant à peine ses personnages féminins, qui lui ressemblaient toujours par leur courage et leur opiniâtreté. Tonie Marshall laissera le souvenir d'une femme engagée et généreuse, souriante et toujours apte au dialogue et à l'entraide. Elle était pour moi comme une sœur dont j'étais en quelque sorte l'aîné. Une amie sincère, toujours fidèle et loyale.

Immense Michel Piccoli

(1925-2020)

Immense Michel Piccoli, acteur grandiose, libre et transversal, ouvert à tout le cinéma, français et international, à toutes les aventures cinématographiques et théâtrales. Il aura tout joué et tout tenté en se mettant au service des autres : de Luis Buñuel à Marco Ferreri, de Jean-Luc Godard à Claude Sautet, de Marco Bellocchio à Manoel de Oliveira, en passant par Alain Cavalier, Youssef Chahine, Yves Boisset, Claude Chabrol, Alfred Hitchcock, Claude Lelouch, Louis Malle, Pierre Granier-Deferre, Jacques Rouffio, Francis Girod, Jacques Rivette, Michel Deville, Jacques Doillon, Agnès Varda et Jacques Demy, Pascal Bonitzer, Leos Carax, Raoul Ruiz, Nanni Moretti, parmi beaucoup d'autres, se coulant tout à la fois avec majesté et humilité dans le regard des autres, auxquels il apportait sa liberté, sa curiosité, sa disponibilité, sa folie aussi, et son goût des aventures artistiques les plus audacieuses.

L'accueil de *La Grande Bouffe* au Festival de Cannes en 1973 demeure l'un des plus gros scandales cinématographiques de l'après-guerre. Michel Piccoli, avec ses complices Marcello Mastroianni, Ugo Tognazzi et Philippe Noiret, sans oublier Andréa Ferréol, eurent à cœur de faire corps avec Marco Ferreri, leur mentor, pour assumer collectivement et avec *maestria* ce film inoubliable et profond, iconoclaste et visionnaire. Dans l'ancien Palais du Festival, des spectateurs et spectatrices en tenue de soirée exultèrent de haine envers le film, tout le monde s'empoignait, ce qui n'empêcha pas *La Grande Bouffe* de séduire ou d'horrifier deux millions de spectateurs en France – on rêve.

Michel Piccoli plaçait sa liberté artistique au-dessus de tout, il n'était ni bourgeois, ni tranquille, aimant explorer tous les univers possibles, ceux des autres, cinéastes et dramaturges – Patrice Chéreau, Luc Bondy, Peter Brook, André Engel, entre autres – curieux de l'enrôler dans des imaginaires très disparates. C'est un acteur qui, plus que d'autres, a beaucoup voyagé dans le cinéma du monde, par curiosité, camaraderie, goût du jeu et non du « je » : Piccoli n'était jamais narcissique, il aimait plus que d'autres « faire partie de la troupe », enseignement sans doute tiré de son expérience avec Jean Renoir dans *French Cancan*, à une époque où il écumait les seconds rôles au cinéma comme au théâtre, avant que le public ne le découvre enfin dans *Le Mépris* en 1963, alors qu'il approchait la quarantaine. Michel Piccoli n'a jamais été un « jeune premier », sachant patiemment attendre son heure en acceptant des seconds rôles, chez Jean-Pierre Melville (*Le Doulos,* 1962) et Costa-Gavras (*Compartiment tueurs*, 1965), entre autres. Son personnage de Paul Javal dans *Le Mépris*, scénariste élégant et lâche, marié à la sublime Camille (Brigitte Bardot), ne sachant pas très bien ce qu'il est venu faire dans cette galère d'adaptation américaine de l'*Odyssée*, dans les studios de Cinecittà, puis dans la maison de Malaparte au bord de la mer, aura gravé pour toujours sur l'écran l'image d'un homme désinvolte, portant le chapeau comme Dean Martin dans *Comme un torrent* de Vincente Minnelli. Godard eut le génie de fixer cette image de Michel Piccoli, dans le cadre grandiose de Capri, et ce rôle lui ouvrit la deuxième partie de sa magnifique carrière. Il y eut également *Dom Juan ou le festin de pierre*, de Marcel Bluwal, diffusé à la télévision en 1965 et qui fixa l'autre image de Piccoli, celle d'un libertin à la diction parfaite et à l'élégance naturelle. Image que l'on retrouve aussi bien chez Buñuel que chez Michel Deville ou chez Pierre Granier-Deferre – Piccoli est époustouflant dans *Une étrange affaire*, réalisé par ce dernier en 1981, à la fois familier et inquiétant, souverain et dominateur. Il faudrait évoquer sa voix, unique et profonde, portant loin. Une voix inoubliable, l'une des plus belles du cinéma. Ses colères aussi, comme chez son ami Claude Sautet : la scène du déjeuner à la campagne dans *Vincent, François, Paul... et les autres,* Piccoli en train de découper le gigot du dimanche, tandis que Serge Reggiani le raille d'avoir abandonné la pratique du dispensaire médical pour devenir un bourgeois... Grosse colère. Il m'est arrivé un jour de subir la colère de Michel, plus puissante qu'un coup de tonnerre ; c'était lorsqu'il présidait *Premier siècle de cinéma*, de 1992 à 1995, une association que j'animais avec Alain Crombecque. Nous avions en charge de célébrer le centenaire du cinéma en France. Michel avait déchaîné sa colère contre nous et nous en ignorions la cause ; cela a duré, duré, un orage a éclaté dans Paris mais ce n'était rien à côté de ce que nous subissions de la part de Michel. Et soudain, tout est redevenu calme, l'orage est passé, la colère aussi,

Michel nous a quittés en redevenant l'homme affable qu'il était. Nous n'avons pas très bien compris la raison de sa colère, qu'il a lui-même très vite oubliée.

Il faudrait évoquer ses propres films, qu'il entreprit sur le tard, passant de l'autre côté de la caméra. *Alors voilà* (1997), *La Plage noire* (2001), *C'est pas tout à fait la vie dont j'avais rêvé* (2005), tous coécrits avec Ludivine Piccoli, sa femme. Des films sombres et sautillants, graves et comme s'excusant d'exister. Ne voulant pas déranger. Comme l'était Michel. Le grand, l'immense Michel Piccoli.

Nour-Eddine Saïl, mon ami marocain

(1948-2020)

Je viens d'apprendre par une amie commune la mort de Nour-Eddine Saïl, le 15 décembre à Casablanca, des suites du Covid-19. Nour-Eddine avait 73 ans. Nous nous connaissions depuis la fin des années 1970, à l'époque où il présidait, avec une grande intelligence et un sens pédagogique inné, la Fédération marocaine des ciné-clubs. Il en avait fait un espace ou un territoire de découvertes et de discussions, souvent idéologiques et politiques, mais toujours de manière voilée, faisant en sorte de ne jamais heurter le pouvoir en place, celui du roi Hassan II, qui n'était vraiment pas commode. Les ciné-clubs au Maroc devinrent, sous l'égide de Nour-Eddine, un véritable lieu d'apprentissage et de transmission culturelle, comme une école du regard critique. Il maniait l'intelligence combinée à la ruse, une alliance alors nécessaire et indispensable. Nour-Eddine avait ce talent-là. Combien de fois nous a-t-il invités, Serge Daney, Jean Narboni, Pascal Kané et moi, notre petite bande des *Cahiers du cinéma*, pour présenter des films dans des ciné-clubs ou des festivals au Maroc, afin de transmettre notre expérience de critiques et d'éduquer les jeunes cinéphiles de son pays ! Nour-Eddine était un homme cultivé et raffiné, influencé par Roland

Barthes dont il avait suivi l'enseignement à Paris, philosophe de formation, homme érudit et ayant le sens pratique des choses. Outre la Fédération des ciné-clubs marocains, il a tour à tour dirigé Canal+ Horizons à Paris de 1990 à 2000, puis la chaîne de télévision privée marocaine 2M de 2000 à 2003, enfin le CCM – l'équivalent du CNC français, de 2003 à 2014, où il déploya une énergie folle au service d'une stratégie qui allait permettre au cinéma marocain de littéralement décoller, grâce à de nouvelles réglementations concernant aussi bien la production que la distribution ou l'exploitation. Le cinéma marocain lui doit beaucoup, de même que le cinéma africain ou celui du Moyen-Orient, car Nour-Eddine avait une vision très large en matière de coopération culturelle. C'est grâce à son intelligence, son obstination, son esprit de synthèse et sa vision du développement, que le cinéma marocain a fait un bond en avant ces quinze ou vingt dernières années, en produisant pas moins de 25 longs-métrages annuels. Nour-Eddine en avait fait le pari, ayant su convaincre les autorités politiques, jusqu'au plus haut niveau, de l'importance de faire rayonner le cinéma à travers tout le pays. De nombreux cinéastes africains lui doivent aussi d'avoir pu faire leurs films en bénéficiant d'accords de coproduction. C'était un ami cher, fidèle et loyal, qui m'a vraiment fait aimer son pays. Je me souviens de festivals, celui de Khouribga, de Tétouan ou encore de Tanger, parmi d'autres, où Nour-Eddine Saïl faisait preuve de son talent et de son intelligence d'animateur et de débatteur, gardant toujours à l'esprit l'enjeu et l'importance de la culture et de la cinéphilie, animé d'un esprit de tolérance, de patience et de sens pédagogique. Où qu'il aille, dans toute l'Afrique et le Moyen-Orient, il suscitait un grand respect. Il était un homme de dialogue et d'initiatives, à qui l'on doit un grand nombre de réformes décisives.

Jean-Claude Carrière, génial touche-à-tout
(1931-2021)

Jean-Claude Carrière est mort lundi 8 février, à l'âge de 89 ans, laissant une œuvre considérable qui touche à tous les genres, tous les formats et toutes les disciplines artistiques. Cinéma, théâtre (*Le Mahâbhârata* de Peter Brook, entre autres), écriture romanesque, chanson, sketchs, dessin, arts plastiques, etc. Sa qualité première était d'être un homme doté d'une culture universelle et insatiable, tournée vers les sciences et les religions, l'histoire de l'art, les goûts culinaires, la manière de vivre, en France, en Inde, en Iran, au Mexique et partout dans le monde. Curieux de tout, Jean-Claude Carrière était né dans l'Hérault, non loin de Montpellier, pour faire de belles rencontres. Celle avec Jacques Tati et Pierre Étaix fut à l'origine de son entrée dans le monde du cinéma au début des années 1960. Celle avec Luis Buñuel fut décisive et légendaire, depuis *Le Journal d'une femme de chambre* en 1964 jusqu'à *Cet obscur objet du désir* en 1977, dernier film du génial cinéaste espagnol. Il y eut également celles avec Miloš Forman (depuis *Taking Off* en 1971 jusqu'à son dernier film, *Les Fantômes de Goya*), Louis Malle, Jean-Luc Godard, Jacques Deray, Volker Schlöndorff, Patrice Chéreau, Andrzej Wajda, Jean-Paul Rappeneau, Marco Ferreri,

Michael Haneke, Julian Schnabel, parmi tant d'autres, et celle plus récente avec Philippe Garrel ainsi qu'avec Louis Garrel, acteur et realisateur.

Ces collaborations artistiques, fondées sur la rencontre d'univers ou d'imaginaires différents, furent incroyablement fécondes pour ces nombreux cinéastes comme pour Jean-Claude Carrière lui-même. Il avait l'art et la manière de se mettre au service des auteurs avec intelligence et humilité. Il a durant toute sa vie servi les arts comme peu l'ont fait, au nom du plaisir et du goût, de la culture dans toute sa diversité, et de sa transmission la plus noble. C'était un conteur magnifique, un homme charmant, rieur et léger, qui aimait partager les plaisirs sans jamais vous écraser de son savoir et de ses connaissances. Au contraire, il aimait vous donner le sentiment d'être son égal, ce qui n'était évidemment pas le cas. Avec lui on se sentait en confiance, prêt à partager des moments délicieux et de grande convivialité. Et on apprenait. On apprenait.

Jean-Claude Carrière avait reçu un Oscar d'honneur en 2015, récompensant son incroyable carrière cinématographique.

Bertrand Tavernier, un homme complet de cinéma

(1941-2021)

La nouvelle tombe à peine, implacable : Bertrand Tavernier vient de mourir, l'année de son quatre-vingtième anniversaire. C'est un homme complet de cinéma qui disparaît, ayant mené une vie entièrement dédiée et dévouée à l'art du film, vécue avec passion, intransigeance, intelligence et générosité. Il fut tour à tour attaché de presse, critique et journaliste, assistant réalisateur, scénariste et producteur, avant de réaliser son premier long-métrage, *L'Horloger de Saint-Paul*, en 1974, adapté d'un roman de Georges Simenon. Il réalisa ensuite *Que la fête commence...* (1975), *Le Juge et l'Assassin* (1976), *Des enfants gâtés* (1977), *La Mort en direct* (1980), *Une semaine de vacances* (1980) et *Coup de torchon* (1981), *Mississippi Blues* (1983), *Un dimanche à la campagne* (1984), jusqu'à *Quai d'Orsay* en 2013. Il faudrait aussi mentionner son amour du jazz – *Autour de minuit* en 1986 –, sa parfaite connaissance de l'histoire, illustrée dans *La Passion Béatrice* (1987), *La Vie et rien d'autre* (1989), *Laissez-passer* (2002), *La Princesse de Montpensier* (2010), ses engagements politiques anticolonialistes – *La Guerre sans nom*, magnifique documentaire sur la guerre d'Algérie (1992).

J'avoue avoir été un spectateur – et un critique – distant de ses films, tout en leur reconnaissant une valeur de probité et d'engagement moral. Mais il m'a toujours semblé qu'il leur manquait quelque chose d'essentiel à mes yeux, qui est l'enfance, l'émerveillement candide de la jeunesse, que l'on trouve chez les plus grands. Bertrand Tavernier était un cinéaste adulte, pour les adultes. Ce n'est certes pas un défaut, mais peut-être une limite. Cela ne m'a pas empêché d'avoir pour lui du respect. Un détail dans sa longue traversée du cinéma m'est apparu récemment, lorsque j'ai découvert son impressionnante série *Voyage à travers le cinéma français*, qui date de 2016. En 1965, Bertrand Tavernier fut l'attaché de presse de *Pierrot le Fou*, le film de Jean-Luc Godard. À ce titre, il convia à une projection privée Louis Aragon et Elsa Triolet qui étaient des amis de son père, René Tavernier. Celui-ci, poète et résistant, avait fait la connaissance du couple Aragon-Triolet à Lyon, pendant les années d'Occupation, les logeant clandestinement au premier étage de sa maison. Ébloui par le film de Godard, Aragon écrivit un texte magnifique dans *Les Lettres françaises*, l'hebdomadaire culturel qu'il dirigeait alors. Je me souviens du titre qui s'étalait sur deux pages : *Qu'est-ce que l'art, Jean-Luc Godard ?* Je l'ai lu à l'âge de 16 ans, juste après avoir découvert ce chef-d'œuvre qui m'avait bouleversé. Trop jeune, j'avais du mal à formuler les choses, à dire pourquoi ce film avait provoqué en moi un sentiment inédit jusque-là qui touchait à la Beauté. Le texte sublime d'Aragon m'avait conforté dans ce choix d'aimer *Pierrot le Fou*, et je peux dire en toute franchise que cela a changé le cours de ma vie. Je suis donc en partie redevable à Bertrand Tavernier d'être devenu, très jeune, un cinéphile.

Bertrand Tavernier exerçait à l'intérieur du cinéma français, mais cela se répercutait au niveau international, une sorte de « magistère » moral et politique dont personne ne contestait la légitimité, acquis à travers les diverses fonctions qu'il exerça durant toute sa vie, par son engagement cinéphile et ses prises de position. Avec Jean-Pierre Coursodon, il fut l'auteur de l'énorme ouvrage *50 ans de cinéma américain*, une véritable bible que l'on consulte régulièrement. Idem pour son autre livre, *Amis américains*, publication de ses très nombreux entretiens avec des cinéastes américains, réédité en 2008 chez Institut Lumière/Actes Sud, qui en est le double complice et dans lequel il rend hommage – mille pages ! – à ses auteurs de prédilection, installant John Ford à la place du « Parrain ». La défense du cinéma d'auteur, son engagement militant et constant au sein de la Société des auteurs et compositeurs dramatiques (la SACD), celle de cinéastes français ou étrangers injustement méconnus et oubliés, son goût pour le cinéma de patrimoine, son rôle historique comme président de l'Institut Lumière, où il fut, avec Bernard Chardère, en quelque sorte le mentor de Thierry Frémaux, actuel directeur général de l'Institut, et également délégué général du Festival de Cannes. Bertrand Tavernier parlait du cinéma, ancien ou contemporain, avec gourmandise, délectation et générosité, manifestant une parfaite connaissance de ses arcanes, qu'il s'agisse du cinéma français de l'avant-guerre ou de l'après-guerre, mais également du cinéma américain, anglais, italien, etc. Il incarnait une forme de cinéphilie universelle, généreuse et pointilleuse, en tous points connaisseuse, ne cessant de s'émerveiller devant la découverte de trésors, manifestant une extraordinaire curiosité qu'il aimait partager avec les autres. À travers une œuvre prolifique (nombreux courts-métrages et plus de trente films, alternant fictions et documentaires), il dirigea les plus grands acteurs et les plus grandes actrices du cinéma français. Bertrand Tavernier n'était jamais avare de conseils et de recommandations, livres, disques ou films. Il vivait pour le cinéma et la culture, en s'efforçant de les mettre à la portée de tous. C'était le sens de son engagement, à la fois politique et moral. La cause de toute sa vie.

Jean-Paul Belmondo, dit Bébel

(1933-2021)

Pour les uns il était Monsieur Belmondo, pour les autres tout simplement Bébel, et il aura magistralement incarné un très large pan du cinéma français, celui de la comédie et du film d'aventures, durant un demi-siècle. Avec gourmandise et désinvolture. En donnant le sentiment que tout était facile pour lui, en masquant le travail ou l'effort, ce qui était la marque de son élégance naturelle. Un début de carrière rapide et boulimique, qui le fait devenir la coqueluche de cinéastes comme Claude Chabrol, Philippe de Broca, Claude Sautet, Jean-Pierre Melville, Louis Malle, Henri Verneuil, François Truffaut, Claude Lelouch, Jacques Deray, Georges Lautner, Jean-Paul Rappeneau, Alain Resnais, Gérard Oury, entre autres. Il s'impose *illico* en Italie, avec Alberto Lattuada et Vittorio De Sica. On avait le sentiment que rien ne pouvait lui arriver de grave, tant il semblait puissant et virevoltant, léger et agile, jouant toujours sur les crêtes – cette scène fameuse du *Casse,* d'Henri Verneuil, où il prenait tous les risques. Très belle musique d'Ennio Morricone, tout le monde s'en souvient. Belmondo s'amusait à *faire l'acteur,* ça marchait et le public en redemandait. Comme s'il prenait sa revanche, avec un incroyable panache, d'avoir été si peu et si mal considéré au Conservatoire, où un obscur professeur s'était montré incapable de reconnaître en lui un vrai talent en germe. Un immense talent, dont celui d'avoir cet éternel sourire aux lèvres.

Il aura fallu qu'un homme de 30 ans, inconnu et mal rasé, le regard caché par des lunettes noires, l'air presque patibulaire, lui tourne autour devant le drugstore de Saint-Germain-des-Prés (de nos jours, une boutique Armani) et finisse par l'aborder pour lui proposer le rôle de Michel Poiccard dans *À bout de souffle*, pour que Jean-Paul Belmondo se révèle au public du monde entier. Cet inconnu se nommait Jean-Luc Godard. Nous sommes en 1960, Belmondo est âgé de 27 ans, on l'a déjà vu dans des films, mais pas de cette manière, avec un personnage qui crève l'écran. La légende dit que l'acteur lui-même ne croyait pas vraiment au film, tant il était conçu et réalisé en dehors des clous, ne respectant aucune des règles établies par la grammaire du cinéma. *À bout de souffle* bouscula le cinéma français telle une tornade. En fait, le cinéma tout court. On y voyait l'acteur descendre les Champs-Élysées, nonchalant, clope au bec et chapeau sur le crâne, aux côtés de Jean Seberg, splendide créature habillée d'un tee-shirt et d'un pantalon court, vendant à la criée le *New York Herald Tribune*. Ces scènes ont fait le tour du monde, Jean-Paul Belmondo incarnait la nouveauté et la modernité, l'insolence et la désinvolture. Aucun acteur avant lui ne bougeait de cette manière. Le film fit de lui une icône à tout jamais. Mais son personnage dégageait aussi une forme de « spleen » contemporain, comme un mal-être qui ne se dit pas, une étrange inquiétude, dans un polar pas comme les autres. Tout le monde se souvient de la fin tragique de Michel Poiccard, trahi par celle qu'il aime, abattu par les flics rue Campagne-Première, au coin du boulevard Raspail. *Dégueulasse*. Qu'est-ce que ça veut dire, « dégueulasse » ? Et ce geste inoubliable de se passer un doigt sur les lèvres, comme pour tout effacer.

Il y eut un avant et un après *À bout de souffle*. Le paradoxe fut que Belmondo, avec sa dégaine et son costume, cette insolente liberté dans la démarche et dans le jeu, imitait en quelque sorte les grands acteurs mythiques du cinéma américain des années 1940 et 1950 – Bogart, bien sûr –, et qu'en retour il influença la nouvelle génération d'acteurs américains des années 1970 incarnée par Robert De Niro et Al Pacino. Le cinéma s'est engouffré dans la brèche, à peu près tous les cinéastes français ont fait appel à Jean-Paul Belmondo, qui apportait avec lui une manière de jouer, de courir, de s'amuser, et dégageait un incroyable parfum de liberté. Il se déguisait, on ne voyait jamais le travail de l'acteur, il faisait pour ainsi dire cadeau de sa présence, dans tous les rôles : imperméable de flic ou blouson de voyou, cascadeur, héros de cape et d'épée, séducteur invétéré s'amusant à pianoter toute la gamme du romanesque.

Avec Godard encore : *Une femme est une femme* (1961) et un chef-d'œuvre : *Pierrot le Fou* (1965). Avec Melville : *Léon Morin, prêtre* en 1961, où il excelle, *Le Doulos* (1962) et *L'Aîné des Ferchaux* (1963). Avec Philippe de Broca, des comédies pétaradantes comme *Cartouche* (1962), *L'Homme de Rio* (1964), *Les Tribulations d'un Chinois en Chine* (1965), *Le Magnifique* (1973), ou encore *L'Incorrigible* (1975). Avec François Truffaut,

La Sirène du Mississipi en 1969 – ce sera leur unique collaboration, mais Belmondo y est étrangement fragile, j'ose dire féminin. Avec Alain Resnais, *Stavisky* en 1974. Avec Gérard Oury, *Le Cerveau* (1969) et *L'As des as* en 1982. Avec Louis Malle, *Le Voleur* (1967). Avec Jean-Paul Rappeneau, *Les Mariés de l'An II*, en 1971. Avec Lelouch, *Un homme qui me plaît* (1969), *Itinéraire d'un enfant gâté* (1988), *Les Misérables* (1995). Etc., etc. Une carrière incroyablement remplie qui, vers le milieu des années 1970, bascula presque exclusivement du côté des polars et films d'aventures du genre *Le Corps de mon ennemi (*1976), *Le Guignolo* (1980), sans oublier *Le Marginal* (1983) ou *Les Morfalous* (1984), délaissant à tout jamais le cinéma d'auteur. L'acteur avait ses raisons et le public continuait de le suivre. Mais il n'a jamais oublié d'où il venait, ni ce qu'il devait à ceux qui, comme Godard, Chabrol, Malle ou Melville, avaient décelé en lui un immense talent. Le cinéma français est aujourd'hui orphelin, ressentant une immense tristesse de perdre un artiste qui, durant toute sa longue carrière d'acteur, aura transmis avec le sourire une si belle énergie à des millions de spectateurs.

Jean-Pierre Bacri ou l'art de faire la tronche
(1951-2021)

La nouvelle de la mort de Jean-Pierre Bacri nous touche et nous bouleverse. Né en Algérie en 1951, cet acteur et auteur a tracé une voie très singulière dans le cinéma français, mélange original entre la comédie et le désabusement, le rire et un perpétuel « à-quoi-bon ». Jean-Pierre Bacri savait lever les sourcils comme personne, semblant sans cesse dire sur un mode poétique et désespéré : On ne me la fait pas, à moi ! Il avait l'art d'être un éternel bougon et il le jouait finement, avec talent, ironie et tendresse, aimant se donner le rôle du mauvais coucheur : celui qui fait la tronche. Le public aimait sa gueule, son air de chien battu, sa mélancolie douce, son humour désenchanté et laconique, sa belle lucidité sur la vie et sur les êtres. Il jouait mais il était vrai. Cela relevait-il de l'art du jeu ou bien était-ce une part de sa vérité intime, personnelle, qu'il inscrivait à l'écran ? Lui seul le sait.

Il avait commencé une carrière lentement ascendante, vers la fin des années 1970, avec des apparitions ou des seconds rôles dans un grand nombre de films et de téléfilms, du *Grand Pardon* (Alexandre Arcady, 1982) à *Coup de foudre* (Diane Kurys, 1983), de *Édith et Marcel* (Claude Lelouch, 1983) au *Grand Carnaval* (Arcady encore, en 1983), *Subway* (Luc Besson, 1985), *Escalier C* (Jean-Charles Tacchella, 1985), *États d'âme* (Jacques Fansten, 1986), avant des rôles plus visibles comme dans *Mes meilleurs copains* de Jean-Marie Poiré (1989), jusqu'aux films coécrits avec Agnès Jaoui, début d'un compagnonnage artistique au long cours, reconnu par la critique et le public : *Cuisine et dépendances* en 1993, *Le Goût des autres* en 2000, *Comme une image* en 2004, *Parlez-moi de la pluie* en 2008, *Au bout du conte* en 2013 et *Place publique* en 2018. Le tandem se mit avec succès au service d'Alain Resnais, d'abord en adaptant l'auteur anglais Alan Ayckbourn pour *Smoking/No Smoking* en 1993, puis avec *On connaît la chanson* en 1997, trouvant un terrain d'entente astucieux et fertile avec un réalisateur injustement réputé cérébral. Jean-Pierre Bacri fut également dirigé par Nicole Garcia (*Selon Charlie*, 2006), Noémie Lvovsky (*Les Sentiments*, 2003), Pascal Bonitzer (*Cherchez Hortense* en 2012, et *Tout de suite maintenant* en 2016), Cédric Klapisch (*Un air de famille*, 1996), entre autres. En 2017, il fut l'acteur principal du *Sens de la fête* d'Olivier Nakache et Éric Toledano, un succès populaire où il se montrait tel qu'en lui-même, chef d'orchestre d'une troupe de bras cassés, bougon, désespéré et tendre. Le public aimait tout à la fois l'acteur et le personnage. Sans doute parce qu'il avait naturellement et sincèrement « le goût des autres ».

L'intelligence de David Kessler

(1959-2020)

David Kessler est mort le 3 février, j'ai appris cette triste nouvelle par les réseaux sociaux. Son nom et sa photo figuraient ce matin en ligne, cela m'a semblé étrange et j'ai tout de suite pensé au pire. Plus tard dans la matinée, j'ai eu confirmation de son suicide. Suicide ? Je n'aurais jamais pu imaginer que David en viendrait à se donner la mort, tellement il incarnait la vie et l'intelligence. Comme beaucoup de ses amis, je n'ai rien vu venir et je m'en veux.

J'ai eu la chance de croiser David à différentes étapes de son parcours professionnel, puis de mieux le connaître. La première fois, c'était lorsqu'il était en charge de la Culture au cabinet de Lionel Jospin, alors Premier ministre. Mais c'est lorsqu'il dirigea le CNC, de 2001 à 2004, que nous nous vîmes régulièrement, au point de nouer une réelle complicité. En 2002 Jean-Jacques Aillagon, ministre de la Culture, m'avait confié une mission sur le patrimoine cinématographique en France. Ce dossier épineux concernait la Cinémathèque française, alors empêtrée dans une crise profonde, en interne entre la direction et les salariés, doublée d'une crise de confiance entre la vieille institution créée par Henri Langlois et les pouvoirs publics. Le ministre s'interrogeait sur l'avenir de cette institution. Il fallait faire bouger les lignes, cela devenait impératif. Pour cela, il était auparavant nécessaire de « déminer » le terrain. C'était la mission qui m'était confiée, à un moment où j'étais disponible sur le plan professionnel.

Cette mission m'a occupé durant six mois. J'eus la chance d'avoir Denis Berthomier, alors jeune auditeur à la Cour des comptes, comme coéquipier ou partenaire. Cela m'était indispensable pour mieux connaître les arcanes administratifs de la politique culturelle publique, afin de jouer sur tous les leviers, juridiques et administratifs, pour imaginer de nouvelles relations entre la Cinémathèque et les pouvoirs publics. La complicité avec David Kessler fut essentielle durant cette période et jusqu'à la remise de mon rapport au ministre, début janvier 2003. David avait des qualités humaines et professionnelles hors pair, une écoute et une intelligence des situations, un sens de la mesure, un art de démêler les conflits, un talent de diplomate mêlé à une exigence publique nécessaire à l'établissement d'un contrat de confiance entre une institution comme la Cinémathèque française et l'État. J'ai beaucoup appris grâce à lui et avec lui. Il avait cet art de trouver les bons compromis, de donner du champ à la pensée, permettant ensuite de passer à l'action.

En avril 2003, je fus nommé à la direction de la Cinémathèque pour mener à bien son implantation rue de Bercy. Il allait falloir que la Cinémathèque quitte la colline de Chaillot ; le personnel et les cinéphiles se montraient inquiets, il nous fallait du cran pour avancer. Nous étions convaincus, David et moi, qu'une nouvelle ère allait commencer. Il y prit une part importante, décisive. Nous devînmes amis. C'est un des hommes les plus intelligents qu'il m'est arrivé de connaître, doué d'un esprit rare. Sensible, très humain. Capable de rire aux éclats et de faire rire. Un mélange détonnant. Il avait cette capacité rapide de maîtriser un dossier, d'y apporter tous les éclairages nécessaires pour fixer un cap et s'y tenir. Et le sens du partage. Je pense souvent à lui depuis sa mort, en me disant qu'il me manque. Que son intelligence me manque. Comme elle manque à tous ceux qui l'ont connu et aimé.

Gaspard Ulliel, une gueule d'ange

(1984-2022)

Nous avons appris il y a quelques minutes le décès accidentel de Gaspard Ulliel, dû à une brutale collision au ski. Transporté en hélicoptère à l'hôpital de Grenoble, l'acteur n'a pas survécu. Stupeur !

À peine âgé de 37 ans, Gaspard Ulliel avait déjà derrière lui un sacré bout de chemin, au cinéma comme à la télévision. Il était un jeune premier, au sens précis du terme : la beauté (magnifiée dans le clip publicitaire pour *Bleu* de Chanel réalisé par Martin Scorsese), le talent et le mystère, la séduction élégante, incarnant une sorte de fragilité romantique. Une grande gentillesse aussi, doublée d'une sincère humilité. Il avait commencé très tôt, vers l'âge de 12 ans, d'abord à la télévision, puis dans des courts-métrages, avant de se voir confier un premier rôle dans *Le Pacte des loups* de Christophe Gans en 2001, puis dans le film de Michel Blanc *Embrassez qui vous voudrez* (2002). Il enchaîne ensuite, passant d'un genre à un autre et d'une époque à une autre, alternant les films en costumes (*Un long dimanche de fiançailles* de Jean-Pierre Jeunet en 2004, qui lui vaudra le César du meilleur espoir masculin, *La Princesse de Montpensier* de Bertrand Tavernier en 2010, *Un peuple et son roi* de Pierre Schoeller en 2018), et des rôles contemporains, aussi bien chez André Téchiné dans *Les Égarés*, 2003, que chez Rithy Panh dans *Un barrage contre le Pacifique*, aux côtés d'Isabelle Huppert, d'après le roman de Marguerite Duras, réalisé en 2008, ou dans *L'Art d'aimer*, d'Emmanuel Mouret, en 2011. Il fut également dirigé par Brigitte Roüan dans *Tu honoreras ta mère et ta mère* (2012), par Stéphanie Di Giusto, *La Danseuse*, 2016. On retiendra son interprétation magnifique dans le *Saint Laurent* de Bertrand Bonello en 2014. Et celle, bouleversante, dans *Juste la fin du monde* de Xavier Dolan (2016), qui lui valut le César du meilleur acteur. Il tourne deux films en 2018 : *Eva* de Benoît Jacquot où il retrouve Isabelle Huppert dans un remake du film de Joseph Losey avec Jeanne Moreau, adapté du roman de James Hadley Chase, et *Les Confins du monde* de Guillaume Nicloux avec Gérard Depardieu. En 2019, il jouait aux côtés de Virginie Efira dans *Sibyl*, de Justine Triet, sélectionné en compétition officielle au Festival de Cannes. Gaspard Ulliel venait de terminer une série en six épisodes pour Disney, *Moon Knight*, avec Oscar Isaac et Ethan Hawke, ainsi qu'un film d'Emily Atef, la réalisatrice de *Trois jours à Quiberon* : *More Than Ever* (*Plus que jamais*) avec Vicky Krieps et Liv Ullmann. Il s'apprêtait à retrouver Bertrand Bonello pour un projet intitulé *La Bête*, d'après le court roman de Henry James *La Bête dans la jungle*. Gaspard Ulliel était promis à une brillante carrière, en France comme à l'étranger, et sa disparition, si injuste car si précoce, est une perte immense pour le cinéma dont il était l'une des figures parmi les plus talentueuses. Il était impossible de ne pas l'aimer tant il manifestait avec son regard trouble teinté de mélancolie le charme même. Et le mystère.

Michel Bouquet, une incroyable vie d'acteur et de comédien

(1925-2022)

Michel Bouquet vient de mourir à l'âge de 96 ans. Quelle incroyable vie d'acteur, quelle incroyable vie de comédien ! Assurément l'une des plus belles en France. Il avait débuté après la guerre dans des films souvent oubliés. À tort. Dirigé par Henri-Georges Clouzot dans *Manon* (1949), par Jean Grémillon dans l'admirable *Pattes blanches* la même année, plus tard par Sacha Guitry dans *Si Versailles m'était conté...* (1954), travaillant sans relâche à la télévision dans des dramatiques ou des téléfilms (*La caméra explore le temps*, entre 1957 et 1966), jouant dans de nombreux courts-métrages, etc. Et bien sûr au théâtre. Une carrière normale et presque sans éclats. Jusqu'à ce que Claude Chabrol lui confie des rôles dans deux films pourtant considérés comme mineurs – à juste titre – dans la carrière du cinéaste : *Le Tigre se parfume à la dynamite* (1965) et *La Route de Corinthe* (1967). Ensuite ce sera un chef-d'œuvre : *La Femme infidèle* avec Stéphane Audran et Maurice Ronet (1969), puis *La Rupture* (1970) et l'année suivante ce film injustement méconnu, *Juste avant la nuit*, avec la même Stéphane Audran et François Périer (1971). Michel Bouquet y interprétait le rôle du mari et François Périer celui de l'amant, ils étaient voisins et les meilleurs amis du monde, aimaient la même femme, la sublime Stéphane Audran. La scène d'explication, quand l'amant raconte au mari qu'il a tué sa femme, est inoubliable. La mort y passe en douceur. Comme si Chabrol et Bouquet avaient signé un pacte secret, le premier désirant se refaire une santé après quelques échecs commerciaux de films pourtant géniaux tel *Les Bonnes Femmes* (1960), ensuite contraint de réaliser quelques nanars avec Roger Hanin, produits par Christine Gouze-Rénal, son épouse, le deuxième pour s'aventurer enfin dans un cinéma moderne et plus audacieux. Chabrol et Bouquet se retrouveront bien des années plus tard dans *Poulet au vinaigre* (1985).

De Chabrol à Truffaut, le passage se fit de manière naturelle. Dans *La mariée était en noir* (1968), Michel Bouquet est génial lorsqu'il regarde danser Jeanne Moreau, les yeux écarquillés et comme subjugué, alors qu'il est en train de mourir empoisonné, mais n'en revenant pas de regarder cette déesse mortifère se livrer à une danse macabre. Ensuite ce sera *La Sirène du Mississipi* (1969) où il joue un rôle secondaire, celui du commissaire Comolli, qui s'acharne à poursuivre la belle Marion (Catherine Deneuve), menteuse et voleuse qui s'est fait passer pour une autre en épousant le naïf Louis Mahé (Jean-Paul Belmondo) pour le dépouiller de sa fortune. Il faut également citer Yves Boisset avec qui Michel Bouquet a fait un petit bout de chemin : *Un condé* en 1970 et *L'Attentat* en 1972. D'autres cinéastes importants firent appel à lui, d'Henri Verneuil à Robert Guédiguian, en passant par Anne Fontaine, Bertrand Blier, Pierre Zucca, Robert Hossein, Catherine Binet,

Jacques Deray, Gilles Bourdos, André Cayatte, Jaco Van Dormael, Alain Corneau, José Giovanni, Bernard Stora, et d'autres encore, dans le désordre.

La carrière de Michel Bouquet fut extraordinaire et très éclectique grâce à son talent, étonnante par sa longévité, couvrant plus de soixante-dix années, marquée par une alternance subtile entre cinéma et théâtre, sans oublier la télévision et les courts-métrages. Cela impliquait de sa part une immense humilité. Il était la preuve éclatante que le talent et la modestie s'entendent à merveille. Lui qui venait d'un cinéma ancien, celui de l'après-guerre, eut la chance de croiser la route de la Nouvelle Vague, ce qui contribua non seulement à relancer sa carrière, mais aussi à en faire un acteur moderne et secret, toujours disponible, parfois taciturne ou tourmenté, effaçant toute trace de psychologie dans son jeu, pour se mettre au service des rôles qu'on lui confiait. Sa grandeur venait de son aptitude à masquer les sentiments, à jouer en dedans, de manière neutre. J'appréciais tout particulièrement sa démarche, celle d'un homme ordinaire, sans identité, les bras ballants, le corps légèrement penché, se donnant l'allure d'un monsieur Tout-le-monde. Il avait ce don inouï de faire de la banalité un mystère. Un atout. Il incarnait les personnages ordinaires que l'on trouve dans les romans de Simenon. Sa vie consistait à jouer, il adorait se mettre au service des autres. Il fut littéralement vénéré par la génération plus jeune d'acteurs et de comédiens, tel Fabrice Luchini qui le considérait comme son maître. Au théâtre, une immense carrière qu'il commença dès 1944 et s'étira jusqu'en 2017, durant laquelle il aura joué Molière, Albert Camus, Thomas Bernhard, Jean

Anouilh, Gogol, Shakespeare, en passant par Ionesco et Pinter, Beckett et Strindberg, dans des mises en scène de Claude Régy, Roger Planchon, Jean Vilar, pour ne citer qu'eux. Et il y excellait. Oui, une incroyable vie d'acteur et de comédien.

Jacques Perrin, acteur, producteur et bourlingueur

(1941-2022)

Acteur, producteur et réalisateur, Jacques Perrin, mort jeudi 21 avril à l'âge de 80 ans, aura accompli dans le cinéma français l'un des parcours parmi les plus originaux et les plus audacieux, celui d'un homme toujours libre et inventif, à la fois dans la marge et au centre, à la recherche de voies nouvelles pour exprimer son amour du cinéma. Il apparaît tout jeune dans *Les Portes de la nuit* que Marcel Carné réalisa en 1946, puis dans *Les Tricheurs*, du même cinéaste (1958), ainsi que dans *La Vérité* de Henri-Georges Clouzot (1960). Mais sa carrière de « jeune premier », expression d'usage à la fin des années 1950, commence dans des films italiens, ceux de Valerio Zurlini, génial cinéaste à redécouvrir : *La Fille à la valise* (1961) avec la bellissime Claudia Cardinale, puis *Journal intime* (1962) avec Marcello Mastroianni. Jacques Perrin avait tout juste vingt ans. C'était l'époque où les acteurs français et italiens se croisaient à la frontière, les uns allant tourner dans les studios de Cinecittà à Rome, les autres venant s'illustrer dans ceux de Boulogne-Billancourt. Il n'était pas indispensable de parler italien, les films étant postsynchronisés. Jacques Perrin, Jean-Louis Trintignant, Jean-Paul Belmondo, Jean-Pierre Mocky et tant d'autres jouaient souvent en Italie. Les acteurs italiens, eux, parlaient français, que ce soit Vittorio Gassman, Marcello Mastroianni ou Ugo Tognazzi. En France, Pierre Schoendoerffer en fit son héros de la guerre en Indochine dans *La 317e Section* (1965). Il est le sous-lieutenant Torrens, traversant hagard la jungle avec son unité peu à peu décimée. Les deux hommes s'entendent parfaitement, Jacques Perrin participera des années plus tard à d'autres films réalisés par Schoendoerffer, avec toujours à ses côtés le directeur de la photographie Raoul Coutard, ancien photographe de guerre en Indochine : *Le Crabe-Tambour* (1977), puis *L'Honneur d'un capitaine* (1982). Sa rencontre avec Costa-Gavras aura également été essentielle, dès *Compartiment tueurs* (1965), le premier film du réalisateur grec installé en France. Il joue également dans *Un homme de trop* (1967), deux années avant l'aventure épique que fut la réalisation de *Z*. Costa-Gavras rencontra des difficultés lorsqu'il voulut produire son film, qui dénonçait la dictature des colonels en Grèce, en adaptant le roman de Vassílis Vassilikós. Jacques Perrin s'invente alors un rôle de producteur, en plus de celui du personnage du photographe dans le film, et parvient à convaincre les autorités algériennes non seulement d'accueillir le tournage à Alger mais aussi d'y contribuer financièrement. *Z* fit le tour du monde, rencontrant un succès à la fois commercial et de prestige incroyable, deux Oscars dont celui de meilleur film étranger. Une nouvelle vie commence pour Jacques Perrin producteur, qui aura plus de cinquante films à son actif, parallèlement à sa carrière d'acteur. *L'Étrangleur* de Paul Vecchiali (1970), *État de siège* (1972), suivi de *Section spéciale* (1975), réalisés par son ami Costa-Gavras, *La Victoire en chantant*, le premier film de Jean-Jacques Annaud (1976, Oscar du meilleur film étranger), *Les Quarantièmes rugissants* de Christian de Chalonge (1982), *Le Peuple singe* de Gérard Vienne, *Hors la vie* du cinéaste libanais Maroun Bagdadi (1991), *Microcosmos : le Peuple de l'herbe* de Claude Nuridsany et Marie Pérennou (1996), *Le Peuple migrateur* en 2001, qu'il coréalise avec Jacques Cluzaud et Michel Debats. Sans oublier *Les Choristes* et *Faubourg 36*, tous deux réalisés par son neveu Christophe Barratier. Parmi beaucoup d'autres films auxquels il contribua comme acteur ou producteur.

Deux films ont fait sa légende auprès du public : *Les Demoiselles de Rochefort* (1967) et *Peau d'Âne* (1970) de Jacques Demy. Tantôt Maxence, marin peroxydé toujours en partance, tantôt prince charmant à marier, dans deux films qui vont fixer pour longtemps son image d'éternel jeune premier. Ce qui frappe le plus dans cette longue et belle carrière, au cinéma, comme à la télévision, c'est la diversité de ses apparitions, soit comme acteur, soit comme réalisateur ou encore comme producteur, prenant des risques, par exemple lorsqu'il s'acharna à produire *Le Désert des Tartares* (1976), réalisé par Valerio Zurlini, celui qui lui avait donné sa chance dans sa jeunesse. Il y avait chez Jacques Perrin un bel entêtement à mener ses idées ou ses envies jusqu'au bout. Quoi qu'il en coûte. Et une grande humilité. Cela faisait à la fois sa grandeur et sa morale d'homme complet de cinéma.

Jean-Louis Trintignant, timidité longue durée

(1930-2022)

De Jean-Louis Trintignant, acteur prolixe (près de cent cinquante films au compteur), comédien de théâtre, grand lecteur de poésie, pilote de course automobile, viticulteur, entre autres, sans oublier qu'il réalisa deux films – *Une journée bien remplie* (1973) et *Le Maître-nageur* (1979) –, on retiendra d'abord la voix si particulière, chaude et profonde, rassurante. Intime. Une voix indéniablement singulière que l'on pourrait écouter durant des heures, en boucle, sans se lasser. On aimerait presque mettre bout à bout, à la queue leu leu, pure chimère, sa parole dans tous ses films, comme un interminable ruban vocal sous forme d'un monologue. Jean-Louis Trintignant tel qu'en lui-même, auteur d'une incroyable œuvre orale.

Mais il serait dommage d'amputer celle-ci des répliques de ses nombreuses et sublimes partenaires : Brigitte Bardot, Anouk Aimée, Romy Schneider, Dominique Sanda, Françoise Fabian, Catherine Deneuve, Stéphane Audran, Simone Signoret, Isabelle Huppert, Lea Massari, Emmanuelle Riva, Irène Jacob, Juliette Binoche, Fanny Ardant, etc. Au cinéma, le charme s'opère à deux. Il était un acteur de séduction, de charme, un ex-jeune premier, terme qu'il n'aimait pas, qu'il détestait même. Cela datait de *Et Dieu... créa la femme*, le film de Roger Vadim réalisé en 1956, qui le rendit mondialement célèbre du fait d'être le partenaire timide, presque falot, de Brigitte Bardot. Et d'être aussi son amoureux dans la vie. Le mythe Bardot éclata à cette époque dans des proportions ou des dimensions que nous avons du mal à imaginer aujourd'hui. Par son audace et surtout celle de son actrice, libérée du corset moral et sexuel des années de l'après-guerre, le film de Vadim bouscula à jamais, en riant et en dansant, comme dans une transe sexuelle, les codes anciens du cinéma français. Juste après, Trintignant fit son service militaire, qui durait longtemps à cette époque. Il revint au cinéma en recommençant tout à zéro. Heureusement il y eut l'Italie, où des cinéastes le demandèrent : Valerio Zurlini pour *Été violent* (1959), Dino Risi pour *Le Fanfaron* (1962), plus tard Sergio Corbucci (*Le Grand Silence*, un western qui se déroule dans la neige, sorti en 1968), et surtout Bernardo Bertolucci pour *Le Conformiste* (1970), un rôle inquiétant, menaçant, dévoilant une autre facette de ce grand timide. Entre-temps il y eut en France la Nouvelle Vague, qui passa à côté de Trintignant. Ou vice-versa. La rencontre ne se fit qu'en pointillé : Jacques Doniol-Valcroze (*Le Cœur battant*, avec Françoise Brion, 1962), Claude Chabrol (*Les Biches*, 1968), Éric Rohmer (l'inoubliable *Ma nuit chez Maud*, en 1969). Mais il y eut Alain Cavalier (*Le Combat dans l'île*, 1962), Costa-Gavras avec *Compartiment tueurs* en 1965 et *Z* en 1969 dans le rôle inoubliable du « petit juge », timide et effacé mais se révélant coriace et implacable face aux nervis au service de la dictature. Et bien sûr Claude Lelouch avec *Un homme et une femme*, Palme d'or en 1966 et succès international. Ensuite *Le Voyou* et d'autres films.

La rencontre avec François Truffaut fut tardive. Doublement tardive, pourrait-on dire, car *Vivement dimanche !* fut le dernier film du cinéaste réalisé en 1983, un an avant sa mort. En 1979, Trintignant avait écrit à Truffaut : « J'aurais adoré être dans vos films, vous auriez été content et j'aurais été bien... Je me considère comme un homme qui a du temps pour faire ce qu'il aime. » Sans doute faisait-il allusion aux rôles que Truffaut avait interprétés dans ses propres films – *L'Enfant sauvage*, *La Nuit américaine* et *La Chambre verte* –, qui auraient très bien convenu à Trintignant, qui n'était d'ailleurs pas sans ressembler au cinéaste : même taille, même allure craintive, même séduction jouant sur une certaine timidité. Quelques années plus tard, Truffaut et lui trouvèrent enfin l'occasion de travailler ensemble : ce fut *Vivement dimanche !*. Dans une lettre envoyée avant le tournage, Truffaut disait à Jean-Louis Trintignant : « Si vous acceptez ce rôle, nous adopterons une démarche souple, genre mocassins. » J'aime beaucoup cette formule d'un film souple et à la démarche facile, « genre mocassins », car elle correspond parfaitement à l'acteur Jean-Louis Trintignant, et ce durant toute sa carrière. Il disait avoir été timide dans sa jeunesse, sans doute parce qu'il avait un accent du Sud, étant né dans le Vaucluse le 11 décembre 1930, un accent qu'il dut s'employer à corriger et à gommer dès lors qu'il décida de « monter à Paris » dans les années 1950 pour tenter sa chance au théâtre. Je suis convaincu qu'il se servit de cette timidité pour en faire un point fort de son jeu d'acteur : d'où une certaine retenue, un goût pour le mystère, une manière singulière de jouer en masquant son désir, tout en le maintenant à fleur de peau. Être présent tout en s'effaçant. Les grands acteurs se montrent et se cachent tout à la fois, selon un art ou un mystère qu'eux seuls connaissent.

Au fond, Jean-Louis Trintignant n'aimait pas son statut d'acteur de cinéma ; cela semblait peser sur ses épaules, il trouvait sans doute cela humiliant, préférant le théâtre et les grands textes, comme *Hamlet* de Shakespeare qu'il interpréta deux fois. Plus tard la poésie, Guillaume Apollinaire, Jacques Prévert, Boris Vian, Aragon. Il adorait plus que tout partir en tournée avec sa fille Marie pour des lectures des *Poèmes à Lou*, de Guillaume Apollinaire à Lou, sa bien-aimée. Du jour au lendemain, ce ne fut plus possible car Marie mourut dans des conditions atroces et scandaleuses. La vie ne serait plus jamais comme avant. La douleur ne le quitta jamais. Il se réfugiait dans la solitude et la contemplation de la nature.

Le cinéma, où il excella en Italie comme en France, il voyait désormais cela d'un œil amusé, goguenard. Au passé. Il prenait ses distances et fit souvent ses adieux, y revenant tantôt, convaincu par Krzysztof Kieślowski (*Rouge*, 1994), Jacques Audiard (*Regarde les hommes tomber*, 1994), ou Patrice Chéreau (*Ceux qui m'aiment prendront le train*, 1998). Trois rôles magnifiques. Et par Claude Lelouch à qui il demeurera fidèle jusqu'au bout – *Les Plus Belles Années d'une vie* étant le dernier film de l'acteur, sorti en 2019 et dans lequel il retrouvait Anouk Aimée, sa partenaire d'*Un homme et une femme*.

Mais il y eut la rencontre avec Michael Haneke. Je me souviens d'une avant-première du *Ruban blanc*, Palme d'or au Festival de Cannes en 2009, dont Trintignant avait fait une voix de doublage pour la version française. Haneke était venu présenter son film à la Cinémathèque et Trintignant était présent dans la salle Henri Langlois. Le cinéaste autrichien avait très envie de lui confier un rôle dans son prochain film, *Amour*. Margaret Menegoz, la productrice des Films du Losange, dut s'employer à deux fois pour le convaincre d'accepter le rôle principal, aux côtés d'Emmanuelle Riva et Isabelle Huppert. Trintignant refusa : « J'ai plus envie de me suicider que de faire un film. » Margaret Menegoz lui répondit : « Faites le film, vous vous suiciderez après, je vous y aiderai si vous voulez. » On connaît la suite. Le film obtint la Palme d'or au Festival de Cannes en 2012 (la deuxième pour Haneke), ainsi que l'Oscar du meilleur film étranger, tandis que l'acteur fut récompensé du César du meilleur acteur. Trintignant retrouva Haneke cinq années plus tard pour *Happy End*, dans lequel il jouait aux côtés d'Isabelle Huppert et de Mathieu Kassovitz. Il y eut sans doute un pacte secret entre Michael Haneke et lui, dont j'ignore les termes. Mais nul doute qu'ils s'étaient trouvés.

Films d'auteur, films populaires, films vus et revus, en salle ou à la télévision. Jean-Louis Trintignant appartient, avec quelques très rares acteurs, à notre paysage cinématographique intime et mental. Et il y est pour la vie.

Jean-Luc Godard, un artiste du cinéma

(1930-2022)

Ce qui frappe dans l'œuvre de Jean-Luc Godard, c'est d'abord sa longévité : elle s'étale en effet sur pas moins de soixante et quelques années, dessinant ainsi une incroyable carrière artistique, à la manière d'autres grands noms de l'art et de la culture du XXe siècle – je pense à Jean Cocteau et Pablo Picasso. Une vie entière consacrée à son art : le Cinématographe. À l'annonce ce mardi matin de sa mort, celle d'un homme au travail, dans sa quatre-vingt-douzième année, une émotion nous étreint, comme si une part essentielle, un symbole aussi du cinéma moderne s'éteignait, disparaissait. Oui, Jean-Luc Godard est mort.

Dès *À bout de souffle*, réalisé en 1960, Godard fit passer un air nouveau dans le cinéma mondial. Cela ressembla à un véritable coup de tonnerre tant le film bousculait de manière souveraine et impertinente les règles du cinéma, aussi bien dans la mise en scène que dans la narration et le jeu des acteurs. On se souvient de Jean-Paul Belmondo, alias Michel Poiccard, conduisant une voiture volée et remontant du Sud de la France vers Paris, qui s'adressait directement au spectateur : « Si vous n'aimez pas la mer, si vous n'aimez pas la montagne, si vous n'aimez pas la ville, allez vous faire foutre ! » Personne ne l'avait osé jusque-là. Seul Sacha Guitry, que Godard admirait, s'autorisait à s'adresser directement au spectateur, selon une rhétorique théâtrale et grandiloquente. L'interpellation du spectateur par Godard, via Belmondo, se fait avec le regard-caméra et une tonalité bien plus provocante. Tout cela détonnait très fortement dans le cinéma de l'époque.

Pas étonnant que de très nombreux jeunes cinéphiles, en France et dans le monde entier, aient pu faire remonter leur amour du cinéma à des films comme *À bout de souffle*, *Une femme est une femme*, *Vivre sa vie*, *Le Mépris* ou *Pierrot le Fou*. Ce fut mon cas : je me rappelle ce jour de novembre 1965 où, âgé de 16 ans, je suis allé voir *Pierrot le Fou* dans une salle de cinéma à Grenoble. Ce fut un tel choc esthétique et moral que ma vie en fut transformée. Je venais de ressentir, de manière davantage instinctive que consciente ou rationnelle, que le cinéma moderne s'incarnait à travers ces personnages merveilleux qu'étaient Ferdinand (Jean-Paul Belmondo) et Marianne (Anna Karina). Il y avait aussi le bleu du ciel, l'amour fou, la Méditerranée, la poésie, les Pieds nickelés et la guerre au Viêt-Nam… La grande beauté des plans signés Jean-Luc Godard, avec l'aide précieuse de Raoul Coutard, son directeur de la photographie.

Godard était le dernier représentant de la Nouvelle Vague française, un mouvement auquel il a appartenu dans sa jeunesse avec François Truffaut, Éric Rohmer, Claude Chabrol et Jacques Rivette, mais dont il ne tarda pas à se démarquer pour suivre un chemin plus solitaire. Plus escarpé aussi. *Nouvelle Vague* est d'ailleurs le titre d'un de ses films, réalisé en 1990 avec Alain

Delon et Domiziana Giordano, un film qu'il faudra sans doute revoir.

On peut dire de l'œuvre de JLG (plus d'une centaine de films, tous genres confondus) qu'elle se divise en périodes, comme on le dit d'un peintre ou d'un artiste (Picasso, encore lui). La période Nouvelle Vague va d'*À bout de souffle* (1960) à *Week-end* (1967), à raison de deux films par an. En moins de dix ans il réalise quinze films, dont un grand nombre avec Anna Karina. Cette période est la plus connue et souvent la plus appréciée dans le monde car ponctuée de chefs-d'œuvre – après *À bout de souffle*, *Le Mépris* en 1963 et *Pierrot le Fou* en 1965 –, souvent appelée sa « période Anna Karina », du nom de sa muse ou de son modèle. Avec Mai 68, une rupture : celle d'avec le Groupe Dziga-Vertov, collectif créé dans la période militante, jusqu'au début des années 1970, durant laquelle Godard ne signe plus les films qu'il réalise de son nom mais du label « Groupe Dziga-Vertov », qui réunit Jean-Pierre Gorin, Jean-Henri Roger et Godard, avec des films comme *Le Gai Savoir*, *British Sounds*, *Pravda*, Le *Vent d'est*, *Luttes en Italie*, *Vladimir et Rosa*, période qui se conclut avec *Tout va bien*, coréalisé en 1972 avec Jean-Pierre Gorin, un film militant avec vedettes, tentative de retour au sein de l'industrie tout en la décriant, avec Yves Montand et Jane Fonda, produit par le génial Jean-Pierre Rassam. Ce fut un échec dans la mesure où le projet de Godard-Gorin d'investir le cinéma commercial pour y loger un point de vue ou une analyse de la société marquée par les idées contestataires, tout en se démarquant de la société du spectacle, n'était guère convaincant. Ni sans doute sincère. Je me souviens du slogan publicitaire accompagnant la sortie de *Tout va bien* : « Un grand film décevant ». Hélas, la publicité ne mentait pas.

Il y eut ensuite sa période vidéo, expérimentale et féconde durant laquelle Godard, qui avait quitté Paris pour s'installer à Grenoble, avec sa société de production dénommée Sonimage, investit son talent de chercheur et d'artiste dans l'expérimentation de nouveaux outils d'enregistrement – son et image –, par exemple la Paluche de son ami Jean-Pierre Beauviala, créateur de la société Aäton à Grenoble. C'était alors un sacré pari, qui consistait à se placer à la marge du cinéma, pour réaliser des films étranges et passionnants, en vidéo, avec sa compagne Anne-Marie Miéville : *Numéro deux* (1975), *Comment ça va* et *Ici et ailleurs* (1976), des films expérimentaux portant sur le langage domestique – l'amour, le travail… –, porteurs d'un regard social et politique très critique. Comme on peut l'imaginer, ces films ne bénéficiaient pas de vraies sorties commerciales, mais ils étaient visibles par les cinéphiles curieux dont j'étais et l'on y trouvait une matière à réflexion riche et vraiment stimulante. Il est bon de rappeler, alors que les séries sont aujourd'hui très en vogue dans le monde entier, que Jean-Luc Godard innova dès les années 1970 en réalisant *Six fois deux/Sur et sous la communication*, produit par l'INA pour FR3, puis *France, tour, détour, deux enfants*, toujours produit par l'INA, cette fois pour Antenne 2. C'était avant la naissance d'Arte, la chaîne culturelle franco-allemande, et l'on peut dire que là aussi il fut un véritable précurseur, menant des expériences passionnantes sur le langage des images et des sons, en développant un sens critique très pointu sur l'origine et la transmission des images, leur portée morale et politique, pour ne pas dire éducative. Godard ou l'art du collage : comment montrer/monter deux images ensemble, faire sens ou déjouer le sens des images et des sons, etc.

En 1979 Jean-Luc Godard contacta les *Cahiers du cinéma* en leur proposant de concevoir lui-même un numéro entier de la revue, non sans sous-entendre qu'il manquait justement en France une véritable revue de cinéma capable de rendre compte de manière originale des questions esthétiques et politiques touchant au cinéma militant. Évidemment nous acceptâmes, Serge Daney et moi. La lettre qu'il nous écrivit, qui figure en ouverture de ce numéro, commençait ainsi : « Le 14 avril 1979. Comme je vous l'avais laissé entendre au téléphone, je pense cette fois vraiment qu'il est possible de faire trois ou quatre fois par an un numéro un peu spécial des *Cahiers.* » C'est ainsi qu'il conçut le numéro 300 des *Cahiers du cinéma* qui parut en mai de cette même année, dans les pages duquel il adressait diverses lettres à tel ou tel. La première était adressée à Anne-Marie Miéville, sa compagne et proche collaboratrice, les autres à Jean-Pierre Gorin, installé à San Diego, Californie, où il enseignait le cinéma, à Alain Tanner ou à Wim Wenders, à Elias Sanbar, « quelque part en Palestine », à Jean-Pierre Rassam, « quelque part sur les Champs-Élysées », à Jean-Pierre Beauviala, à la vidéaste féministe et engagée Carole Roussopoulos, et d'autres encore, pour leur faire en général la leçon. Ce numéro spécial conçu par JLG se voulait sans doute une tentative de sortir de la solitude dans laquelle le cinéaste s'était lui-même enfermé. Il y avait fort à parier que les lettres adressées à des amis ou des amis anciens, qui avaient rompu avec lui, resteraient sans réponse. Il publia dans ce même numéro une sorte de rapport d'une cinquantaine de pages sur le développement du cinéma révolutionnaire au Mozambique, intitulé : « Nord contre Sud ou Naissance (de l'image) d'une Nation » pour lequel il avait reçu une commande officielle, dont j'imagine qu'elle était rémunérée, par l'intermédiaire de son grand ami Jean-Pierre Bamberger (1926-2014), à la fois esthète et homme d'affaires. Je n'ai compris que des années plus tard l'intérêt qu'avait Godard de concevoir ce numéro spécial des *Cahiers du cinéma*, en fait pour honorer ses commanditaires et offrir une certaine visibilité à ce travail de commande. En échange de quoi il me remit à Rolle un chèque de 50 000 francs, une somme importante qui contribua à sauver la revue de la faillite économique. Godard avait promis de concevoir d'autres numéros spéciaux. Il n'y en eut qu'un. Fin de la parenthèse.

Son véritable retour au cinéma eut lieu en 1980 avec *Sauve qui peut (la vie)*, coproduit par Marin Karmitz et Alain Sarde, un film avec lequel le cinéaste renouait avec des vedettes : Isabelle Huppert, Nathalie Baye et Jacques Dutronc. Godard réinvestissait le cinéma sur pellicule en jouant sur des effets techniques et poétiques splendides, des ralentis sur des paysages, des gestes, inventant pour ainsi dire un regard neuf, libre et poétique. Godard disait que *Sauve qui peut (la vie)* était le deuxième premier film de sa carrière, le premier étant *À bout de souffle*, formule habile lui permettant de relancer sa carrière de cinéaste. D'autres films à citer comme *Passion* (1982), *Prénom Carmen* (1983), *Je vous salue, Marie* (1985), *Détective* (1985) ou *Soigne ta droite*

(1987), tous produits par son fidèle ami et producteur Alain Sarde, au sein d'une œuvre incroyablement prolifique.

D'autres périodes jalonnent sa longue carrière artistique, au cours desquelles il ne cessa de faire des allers et retours entre longs et courts-métrages, films d'art, fictions et documentaires, essais, films de commande, etc., tel un artiste solitaire installé dans son atelier à Rolle, en Suisse, au bord du lac. Il devint au fil du temps un véritable oracle du cinéma, souvent peu tendre et injuste envers ses confrères cinéastes, y compris ceux de la Nouvelle Vague (sa querelle avec François Truffaut dont il n'aimait pas les films, et son mépris pour les autres), porteur d'idées pas toujours compréhensibles, trop souvent donneur de leçons, mais que d'aucuns allaient consulter, lui-même ne se montrant jamais avare de commentaires sur le cinéma et sur l'état du monde. Pour moi comme pour d'autres, le « voyage à Rolle » relevait de l'expérience mystique : aller jusqu'à lui pour dialoguer sur le cinéma. En fait de dialogue, cela relevait essentiellement du soliloque. Il fut un temps aussi où les conférences de presse qu'il donnait au Festival de Cannes constituaient de véritables événements artistiques et médiatiques, lui sachant faire le *buzz* de manière inimitable, comme on dit dans le langage d'aujourd'hui.

Après sa mort, s'ouvre le temps désormais propice pour revisiter une œuvre abondante et diverse, souvent déconcertante, mais généreuse et inventive, absolument unique. Godard aura été tout au long de sa vie un artiste libre, un poète et un penseur des images et des sons, dont la variété et la plasticité de l'œuvre forcent notre admiration.

Georges Kiejman, avocat et cinéphile
(1932-2023)

C'était le mardi 9 mai, j'étais convié à une projection de presse du film de Cédric Kahn, *Le Procès Goldman*, intrigué qu'un cinéaste s'intéresse à un événement datant d'une période inconnue de lui, le deuxième procès de Pierre Goldman ayant eu lieu en 1976, alors que Cédric Kahn n'avait que 10 ans. Je connaissais le sujet mais j'ignorais tout du film, par exemple quels étaient les acteurs choisis par le réalisateur pour tenir les rôles principaux. Mon ignorance en la matière ne fit qu'accroître mon adhésion au film, à la mise en scène très tenue, intense, comme au cordeau, et au jeu des deux acteurs principaux, Arieh Worthalter dans le rôle de Pierre Goldman et Arthur Harari dans celui de maître Georges Kiejman, l'un de ses trois défenseurs.

J'ai rarement été aussi impressionné par la maîtrise à l'œuvre, qui fait naître une tension incroyable, digne des plus grands films sur la justice. J'ai toujours pensé que le cinéma américain était bien meilleur, en termes d'efficacité et de dramaturgie, pour filmer des procès, que le cinéma français : la mise en scène épouse la scénographie des tribunaux, le rôle de chacun est pour ainsi dire écrit par avance, selon une dramaturgie impeccablement chorégraphiée. Le président du tribunal n'hésite pas à faire des rappels à l'ordre en tapant fort avec son maillet en bois sur la table, l'avocat debout s'adresse aux jurés en les prenant à témoin dans une partie de séduction, utilisant les arguments les plus retors pour tenter d'amadouer la sentence à venir. Quant au procureur, il n'hésite pas à accabler l'accusé, mais c'est au fond le rôle qui lui est imparti. Des films américains sur la justice, nous en avons vu des dizaines, très souvent captivants. Je pense à Otto Preminger (*Autopsie d'un meurtre*, 1959) ou à Sidney Lumet (*Douze Hommes en colère*, 1957). C'est moins le cas avec les films français, souvent enfermés dans une rhétorique désuète et théâtrale, académique. Dans son film, Cédric Kahn se surpasse en faisant du tribunal une caisse de résonance de l'Histoire, avec ce personnage hors du commun qu'était Pierre Goldman, qui se servait du procès comme d'une tribune pour exposer avec véhémence ses convictions révolutionnaires et sa haine de classe, au risque d'aggraver son cas. Maître Kiejman est d'ailleurs souvent hors de lui, jugeant son client maladroit et vindicatif, ce qui est peu dire. Jusqu'à cette plaidoirie finale, au cours de laquelle il sait trouver les mots justes pour obtenir l'acquittement de son client.

La projection terminée, je remontais les marches de l'escalier menant vers la sortie, lorsqu'une journaliste s'écria : « Georges Kiejman est mort ! » Plus prompt que les autres, elle avait allumé son portable et découvert la nouvelle : la mort du célèbre avocat. Nous venions à peine de le voir triompher à la fin du film, après son impeccable plaidoirie si finement menée pour démonter ou démolir un à un les témoignages à charge de celles et ceux qui avaient cru reconnaître Pierre Goldman, ce soir de décembre 1969, à deux pas de la pharmacie du boulevard Richard-Lenoir, le suspectant d'avoir assassiné les deux pharmaciennes, et voilà que ce même homme, âgé et retiré de toute activité professionnelle, venait de disparaître. La vie, ou plutôt la mort, prenait soudainement le relais de la fiction.

J'ai eu la chance de connaître Georges Kiejman il y a longtemps, dans des circonstances liées aux *Cahiers du cinéma*. Cet homme était très proche de François Truffaut et de Jacques Doniol-Valcroze, au moment où ces derniers, avec Jacques Rivette, Jean-Luc Godard, Alain Resnais, Claude Chabrol, Jean Rouch et beaucoup d'autres personnalités du monde du cinéma avaient pris la défense d'Henri Langlois, le directeur de la Cinémathèque française, lorsque celui-ci fut évincé de son poste en février 1968 par André Malraux, ministre de la Culture. Un comité de défense s'était créé, présidé par Jean Renoir, dans lequel figuraient de très nombreux cinéastes et acteurs, dont Georges Kiejman était le conseil juridique. Marié à Marie-France Pisier, Georges aimait et fréquentait le milieu du cinéma ; il avait par exemple un lien fort avec Claude Berri, chez le père de qui il avait travaillé, alors jeune et pauvre étudiant en droit, occupé à retrousser des peaux dans l'atelier de fourrure de la famille Langmann – le vrai nom de Claude Berri –, rue du Faubourg-Poissonnière. Georges m'avait confié un jour que ses mains sentaient tellement mauvais, le soir, après sa journée de travail, qu'il n'osait pas rejoindre ses copains pour aller danser et rencontrer ainsi des jeunes femmes.

En 1969 survint un épisode-clé dans l'histoire des *Cahiers du cinéma*. La rédaction entra en conflit avec

Daniel Filipacchi, propriétaire du titre, mécontent de l'orientation que prenait la revue. Ce fut un véritable bras de fer, la revue cessa de paraître pendant quelques mois, le temps pour Georges Kiejman d'élaborer un compromis entre les deux parties qui se traduisit par le rachat du titre par la rédaction, soutenue alors par une pléiade de personnalités, François Truffaut et Jacques Doniol-Valcroze en tête, aidés par Claude Berri, Michel Piccoli, Nicole Stéphane, Pierre Braunberger, Costa-Gavras, sans oublier Jean Riboud, alors patron de Schlumberger.

Georges était aussi l'ami de Roman Polanski. Je fus témoin de l'amitié entre les deux hommes lors d'une soirée très agréable au cours d'un été à Belle-Île. C'était vers la fin des années 1990. Nous avions convié Georges à dîner dans une belle maison que nous louions chaque année, Emmanuèle et moi, qui surplombait la plage de Bangor. Georges m'avait prévenu qu'il viendrait accompagné de Roman et d'Emmanuelle Seigner, sa femme. « Mon » Emmanuèle, si j'ose dire, avait préparé un excellent dîner, Georges parlait beaucoup, il était inarrêtable tandis que Roman s'amusait à le taquiner. Après le dîner, nous sortîmes sur la terrasse pour contempler le ciel magnifiquement étoilé. La nuit était si belle que même Georges se taisait.

Pour revenir aux *Cahiers du cinéma*, je me souviens qu'en 1979 nous avions eu un rendez-vous, dans son bureau situé 29 rue de Tournon, pour évoquer avec Georges Kiejman un projet d'édition. J'étais avec Serge Daney et Jean Narboni. Après nous avoir écoutés, Georges prit son téléphone et appela Claude Gallimard, le patron des éditions du même nom. Nous étions ébahis par son audace et sa détermination :

— Allô, mon cher Claude, j'ai devant moi trois jeunes gens des *Cahiers du cinéma* qui ont le projet de créer une collection de livres de cinéma. Il serait important que vous les receviez.

Très vite nous fûmes reçus par Claude Gallimard, en présence de son fils Antoine, et le projet d'une collection coéditée par Gallimard et les *Cahiers du cinéma* fut lancé, piloté conjointement par Antoine Gallimard et Jean Narboni. Nous le devions à Georges Kiejman.

Une autre fois, c'était un dimanche, je roulais en voiture rue des Saints-Pères quand je vis Georges tenant une poussette – je crois que c'était sa fille Pauline, toute petite, qu'il promenait. Je me gare et me dirige à sa rencontre, il me propose de poursuivre à pied jusqu'au jardin du Luxembourg. Nous bavardons, il me parle avec admiration de Pierre Mendès France dont il fut très proche, et de François Mitterrand dont il espérait se rapprocher. J'avais senti comme une légère rancœur dans sa voix, comme s'il espérait du président de la République une reconnaissance qui tardait à poindre. Puis il me dit : « Que fais-tu ce soir ? » Rien. « Alors viens à la maison pour fêter l'anniversaire de Pauline, nous serons entre amis. » Le soir j'arrive chez lui, rue Jacob. À peine m'avait-il accueilli qu'il me poussa dans la cuisine et me présenta à Simone Signoret et à Yves Montand :

— Mon ami Serge Toubiana, des *Cahiers du cinéma*.

Lorsqu'elle entendit les mots *Cahiers du cinéma*, Simone Signoret, qui ne voyait plus très bien, se leva en maugréant un propos fort désagréable : « Ils n'ont pas été tendres au moment de *Casque d'or* ! » Yves Montand se leva lui aussi – je découvris alors qu'il était immense – pour accompagner sa femme et il prit ma défense : « Simone, tu vois bien que le petit n'était pas en charge des *Cahiers du cinéma* à l'époque de *Casque d'or* ! Il n'y est pour rien ! » Sauvé, je n'en menais pas large, tremblant d'être aussi soudainement confronté à ces deux monstres sacrés. Le couple quitta la cuisine tandis que je les saluais timidement.

Georges aimait beaucoup Emmanuèle dont il appréciait les romans. Lorsqu'elle écrivait *Tout s'est bien passé*[1], il lui fut d'une aide très précieuse au moment où sa sœur et elles furent dénoncées de manière anonyme, suspectées d'avoir eu l'intention d'accompagner leur père à Berne, en Suisse, pour une fin de vie programmée. Emmanuèle en parle dans son livre, le dernier qu'elle ait écrit. Dans le film qu'en a tiré François Ozon en 2021, Daniel Mesguich interprète le personnage de maître Georges Kiejman.

De lui, je dirais qu'il était un homme prestigieux et sensible, gardant toujours une certaine hauteur de vue. Par sa taille, son humour, sa courtoisie, son amour des mots et de la langue française, il était un homme que j'admirais et aimais. Sa stature indéniablement en imposait. Le vendredi 12 mai 2023, à son enterrement au cimetière du Montparnasse, il y avait la foule constituée de ses proches et amis, avocats, hommes et femmes politiques, acteurs et actrices, professionnels du cinéma. Sans compter la Garde républicaine qui rendit les honneurs à l'ancien ministre de François Mitterrand. Parmi les nombreux témoignages, celui de ses trois enfants, Pauline, Camille et Gaspard, fut bouleversant.

---

1. Emmanuèle Bernheim, *Tout s'est bien passé*, Gallimard, 2013.

Micheline Presle ou le talent de vivre

(1922-2024)

Micheline Presle est morte le 21 février 2024 à l'âge de 101 ans. Elle a passé les dernières années de sa vie à Nogent-sur-Marne, dans la Maison nationale des artistes, où elle recevait régulièrement ses amis qui lui rendaient visite. Elle avait gardé ce regard bleu si lumineux et cette douceur dans la voix qui la caractérisaient depuis toujours. Elle avait la mémoire qui flanchait, mais jaillissaient parfois de son esprit des souvenirs précis et en général joyeux, souvent liés à la nature, à un rayon de soleil, à un moment de pur bonheur saisi sur le vif. Elle gardait intacte en elle, malgré l'âge et les circonstances d'une vie cabossée, une joie de vivre éclairée de ses yeux éclatants de beauté.

J'ai eu la chance de connaître Micheline et de devenir son ami. Dans quelles circonstances ? Cela remonte à loin et mes souvenirs s'effacent déjà. C'est grâce à Tonie Marshall, sa fille unique, que je l'ai connue, au tout début des années quatre-vingt. Tonie habitait dans le même immeuble que sa mère, rue Antoine-Dubois, dans le quartier de l'Odéon. Actrice de cinéma et de théâtre, proche de la troupe du Splendid car très amie avec Anémone, Tonie cherchait sa voie, qu'elle trouva une dizaine d'années plus tard en devenant réalisatrice

– *Pentimento*, son premier film, qu'elle tourna en 1989. Il lui fallait du courage et du culot, et elle en avait. Tonie quitta la rue Antoine-Dubois pour s'installer rue du Faubourg Saint-Antoine, dans un bel appartement lumineux, sous les toits, avec Olivier Bomsel, son mari.

J'ai continué de rendre visite à Micheline, dans son appartement très original, sur deux étages. En y entrant on découvrait la cuisine, claire et confortable, et un escalier qui menait à l'étage au-dessus, où se trouvait un vaste salon doté d'une piscine intérieure. Oui, une piscine, conçue sans doute sur le modèle des appartements de stars à Los Angeles où elle avait vécu au temps où la Fox lui avait fait signer un contrat exclusif à la fin des années 1940. Outre une piscine, il y avait également une terrasse, sa grande bibliothèque et sa chambre assez vaste. C'est dans ce salon qu'elle me donnait rendez-vous lorsque nous entreprîmes plusieurs longues conversations qui devaient aboutir à un livre de souvenirs : *L'Arrière-mémoire*, publié chez Flammarion en 1994. Michel Gautier, un de nos amis communs les plus fidèles, m'aida grandement à tirer le fil de sa vie. Pour autant je n'en garde pas un souvenir exaltant, tant j'eus du mal à faire en sorte que Micheline me raconte sa vie d'actrice, pourtant passionnante. Elle n'avait aucune mémoire ou presque. Cela ne la dérangeait pas, bien au contraire. Elle qui avait connu des personnages illustres tels Jean Cocteau, Jacques Becker, Abel Gance, Gérard Philipe, Jean Grémillon, Joseph Losey, Jean Gabin ou encore Fritz Lang, n'en gardait qu'un souvenir léger, voire superficiel, comme si tout ce qu'il y avait de plus important dans son étonnante carrière d'actrice n'avait laissé sur elle qu'une empreinte fugace et vite effacée. Fernand Gravey, son illustre partenaire dans *Paradis perdu*, d'Abel Gance ? « Un excellent acteur et un homme charmant. » Cocteau ? « Un être charmant. » C'est lui qui, un soir, lui offrit le roman de son ami Radiguet, *Le Diable au corps*... Notre livre publié, Micheline fut conviée à l'émission de Bernard Pivot pour en parler, elle s'y montra souriante et séductrice. Je n'en pensais pas moins.

En réalité, j'ai mis du temps à comprendre que cette légèreté et cette absence de mémoire lui étaient indispensables pour vivre et maintenir si vive cette jeunesse d'esprit, cette insouciance, cette élégance et cette gourmandise qui la caractérisaient. Micheline Presle vivait pour l'instant, pour le film à faire, pour la rencontre artistique dont elle rêvait, avec tel ou telle jeune cinéaste – ce fut surtout Jacques Davila (*Certaines nouvelles* en 1980 et *Qui trop embrasse* en 1986), qu'elle adorait, mais aussi Gérard Frot-Coutaz (*Beau temps mais orageux en fin de journée*, 1986), ou encore Marie-Claude Treilhou (*Le Jour des rois*, 1991), et bien sûr Tonie Marshall, d'abord dans *Pas très catholique* (1994), puis dans *Vénus Beauté (Institut)* en 1999, récompensé de quatre César, dont celui de meilleur réalisateur, meilleur film, meilleur espoir féminin pour Audrey Tautou et meilleur scénario original. Comme presque toutes les actrices et tous les acteurs, Micheline Presle avait sans doute au fond d'elle-même l'angoisse du lendemain, la peur que les réalisateurs et les auteurs de théâtre l'oublient, ne pensent plus à elle pour lui confier des rôles, mais elle avait la suprême élégance de masquer cette angoisse grâce à un naturel joyeux et léger. Elle ne « gérait » pas sa carrière passée, n'entretenait jamais sa légende d'actrice, préférant vivre, aller au cinéma tout près de chez elle, carrefour de l'Odéon, chaque après-midi ou presque.

Dans cet équilibre un élément jouait très fort, le bonheur qu'elle avait de séjourner dans sa maison dans la Creuse. Je n'ai pas connu l'époque où elle possédait une maison en Corse, ce qui resta pour elle comme un très mauvais souvenir, j'ose dire un cauchemar, après que la maison fut détruite par des explosifs, opération sans doute orchestrée par le mouvement nationaliste corse. Micheline décida alors d'acheter une maison dans la région de Felletin, au lieu-dit Le Montfranc, une maison toute simple mais agréable et où il faisait bon vivre. Nous y allâmes souvent, Emmanuèle et moi, et les jours passés avec elle et chez elle étaient un pur enchantement. Je me souviens de l'hiver 1999, très rude, où des arbres secoués par la tempête s'abattaient, tandis que nous rentrions par la route dans la nuit noire, après un dîner amical chez Nathalie Baye qui avait elle aussi une maison dans la région. Micheline, qui conduisait, inconsciente et joyeuse, semblait ne pas se rendre compte du danger.

Je n'ai pas encore dit un mot de sa carrière, alors que c'est essentiel. Mais que dire ? Révélée par Pabst alors qu'elle n'avait que 16 ans pour jouer dans *Jeunes Filles en détresse*, elle connut la célébrité avec *Paradis perdu*, réalisé par Abel Gance. Le film sortit en 1940, après la défaite de l'armée française. Le succès fut énorme, les spectateurs pleuraient à chaudes larmes à chaque projection ; François Truffaut, qui n'avait que 8 ans, vit et revit le film, d'abord en cachette avec son copain Robert Lachenay, puis avec ses parents, et en garda durant toute sa vie un souvenir ému, intact. D'autres films s'enchaînent au cours de cette période faste pour la jeune Micheline Chassagne, qui avait choisi Presle comme nom d'actrice, celui du personnage qu'elle incarnait dans le film de Pabst. Au cours de nos conversations, elle me disait que le film qu'elle gardait dans son cœur était *Félicie Nanteuil*, réalisé par Marc Allégret en 1942. Comment ne pas évoquer *Falbalas*, qu'elle tourna sous la direction de Jacques Becker, alors que Paris était encore occupé ? Le film sortit en 1944, la France tout juste libérée. *Boule de suif* de Christian-Jaque et puis *Le Diable au corps*, de Claude Autant-Lara, d'après le roman de Raymond Radiguet, où elle avait Gérard Philipe comme partenaire. Au cours de nos conversations, elle évoquait le choix de Gérard Philipe : « Quand il a fallu se décider pour le rôle de François, j'ai dit à Graetz[1] que je ne pouvais faire le film qu'avec Gérard Philipe. Nous avons donc fait des essais avec Gérard. Un détail amusant me revient : Autant-Lara trouvait, je ne sais pourquoi, que Gérard avait les oreilles décollées. Il lui avait fait mettre du collodion – ce qu'avait fait mon père à mon scotch-terrier quand j'étais petite. Au moment où Autant-Lara a dit "Moteur !", Gérard – clac ! – a passé deux doigts derrière ses oreilles... » À sa sortie, *Le Diable au corps* déclencha un véritable scandale, on reprocha au film d'inciter « à l'exaltation de l'adultère et de prôner l'antimilitarisme ». Micheline me raconta l'épisode de la projection au Festival de Bruxelles, où le film obtint le prix de la critique cinématographique et Gérard Philipe celui d'interprétation.

1. Paul Graetz, le producteur du film.

Elle est assise dans une loge voisine de celle de l'ambassadeur de France : « En plein milieu de la projection, l'ambassadeur s'est levé en s'exclamant : "Ce film est un scandale !" et a quitté la salle. Cela n'a pas empêché le film d'être un énorme succès commercial. »

Au cours de la décennie 1940, la carrière de Micheline Presle est fulgurante, une quinzaine de films s'enchaînent, réalisés par des cinéastes importants à l'époque tels Marcel L'Herbier, Marc Allégret, Jean Delannoy, Claude Autant-Lara et bien sûr Jacques Becker, la propulsant parmi les trois ou quatre actrices parmi les plus populaires et les plus demandées du cinéma français, aux côtés de Danielle Darrieux et Michèle Morgan. Puis survient l'épisode américain, un premier voyage en 1948, en compagnie de Paul Graetz, le producteur avec qui elle était sous contrat pour trois films, le deuxième pour suivre Bill Marshall, l'homme dont elle était tombée amoureuse et sur le conseil duquel elle signa avec la Fox un contrat la liant pour sept films. Cette expérience américaine ne dura que deux ou trois ans, ponctuée de films vite oubliés, incluant celui réalisé en 1950 par Fritz Lang, *American Guerrilla in the Philippines*, qui n'est pas, et de loin, son meilleur film. Micheline, lassée de végéter à Hollywood en attendant des rôles à sa mesure, décida de rompre son contrat et de revenir en France, alors qu'elle était enceinte de sa fille Tonie. On l'avait déjà oubliée, le cinéma est souvent cruel ; ce retour fut difficile, elle mit du temps, beaucoup de temps, à remonter la pente et à retrouver des rôles à la mesure de son talent. Mais, par tempérament, elle ne se plaignait jamais, alors elle endura, en gardant son charme et son sourire, travaillant tout à la fois au théâtre, pour la télévision – la série des *Saintes Chéries*, de 1965 à 1970, où elle incarnait Ève Lagarde, une femme française moderne, connut un énorme succès populaire –, et bien sûr au cinéma. Micheline Presle était dotée d'une réelle intelligence du métier, avec une manière très personnelle de se montrer disponible et gaie. Ces qualités faisaient aussi partie de son talent. Le talent de vivre, tout simplement.

Alain Delon, soleil noir

(1935-2024)

La première fois que j'ai vu Alain Delon en vrai, c'était aux Studios de Boulogne-Billancourt, il y a très longtemps. Bien que mythiques, ces studios ont plus tard été détruits pour laisser place à des immeubles modernes abritant des sociétés audiovisuelles, signe du déclin économique du cinéma. Je ne me souviens guère des circonstances dans lesquelles je me trouvais là. D'assez loin, j'ai vu un homme de dos, grand, les mains croisées derrière lui et qui agitait nerveusement un trousseau de clés. Cet homme bougeait comme personne, au point qu'on aurait dit un félin dans une cage. J'étais intrigué mais ce détail m'a fait reconnaître Alain Delon, de dos, tel un animal solitaire très à l'aise dans son territoire.

La deuxième fois, c'était le 14 février 1996. Avec Thierry Jousse, nous venions l'interviewer pour les *Cahiers du cinéma*, à l'occasion d'une rétrospective qui lui était consacrée à la Cinémathèque française. Alain Delon nous avait donné rendez-vous le matin à dix heures dans un salon du Fouquet's, le célèbre restaurant des Champs-Élysées. Arrivés timidement au premier étage, nous avons frappé à la porte et reconnu sa voix : « Entrez ! » À peine ouvris-je la porte qu'un molosse se précipita pour mettre sa gueule à hauteur de mes parties. Je n'en menais pas large. Alain Delon était de dos – cette fois encore ! –, il s'est retourné avec un sourire éclatant, en rappelant son chien à ses pieds. Tout était *déjà* mis en scène. Il nous recevait en gardant la maîtrise du temps et de l'espace. C'était lui le patron. Il nous invita à nous asseoir à ses côtés et la conversation commença. Elle dura trois heures, passionnante, amicale, et surtout sincère. J'en garde un excellent souvenir car je rêvais de rencontrer la star du cinéma français. Souvent, au cours de notre entretien, Alain Delon me touchait le bras ou la cuisse, comme pour me tester et vérifier que nous étions en parfaite connivence lui et moi, comme des animaux amis. Cela ne me déplaisait pas.

Il était assez fier de cette rétrospective à Chaillot qui allait retracer l'un des parcours parmi les plus étranges et les plus sinueux du cinéma, celui d'une star, avec tout ce que cela implique de mystère, d'étrangeté, de solitude et de grandeur, d'incompréhension, de malentendus, aussi bien entre l'acteur et la profession qu'entre l'acteur et son public. S'il y a une chose que l'on doit reconnaître à Alain Delon, c'est d'avoir toujours dit la vérité sur l'origine de sa carrière, qu'il doit aux autres beaucoup plus qu'à lui-même, au regard de celles et ceux qui ont décelé très tôt et très vite en lui cette graine de star, avec cette belle gueule, l'aura d'une jeunesse tumultueuse et au passé trouble, au sortir de la guerre en Indochine. Impossible à son sujet de parler d'une vocation, car il s'agit bien davantage d'un accident de parcours. Un véritable signe du destin. « Je suis tombé dans le cinéma, nous disait-il au cours de cet entretien. J'ai mis ma nature et ma personnalité au service du cinéma, j'aurais pu faire du sport ou autre chose de très différent… » Élevé dans une famille d'accueil dès l'âge de 4 ans, après que ses parents eurent divorcé, son beau-père charcutier le pousse à obtenir un CAP de boucher ; renvoyé des écoles, il s'engage dans la marine à l'âge de 17 ans, puis part en Indochine. Il y apprend la discipline – qu'il ne respecte guère – et le sens de l'honneur. C'est toujours ça de pris. Delon dit avoir vu dans un cinéma de Saïgon *Touchez pas au grisbi*, le chef-d'œuvre de Jacques Becker avec Jean Gabin, Lino Ventura, René Dary et Jeanne Moreau. Ce film l'avait marqué. Débarqué à Paris après son séjour militaire, il est remarqué par Yves Allégret qui l'engage pour un rôle dans *Quand la femme s'en mêle* en 1957. Alain Delon devint très vite le prince du cinéma français alors à la recherche de nouvelles gueules pouvant assurer la relève des Jean Gabin, Jean Marais, Fernandel et autres vedettes populaires des années quarante et cinquante. Ce furent Jean-Paul Belmondo et Alain Delon, véritables têtes de série, mais également Jean-Claude Brialy, Claude Brasseur, Jean-Louis Trintignant, Jean-Pierre Cassel, Laurent Terzieff, Jacques Charrier et d'autres, qui connurent également de belles carrières artistiques. La différence entre Delon et les autres, y compris Belmondo, c'est qu'il fut un pur acteur arrivant sans aucune formation, n'ayant suivi aucune école, mais tout de suite pris en main et façonné par le regard et les exigences de grands réalisateurs : René Clément avec *Plein Soleil* en 1960, *Quelle joie de vivre* en 1961 – film que Delon avait choisi pour ouvrir la rétrospective à la Cinémathèque le 28 mars 1996 – et plus tard *Les Félins* (1964) ; Luchino Visconti avec *Rocco et ses frères* (1960), puis avec *Le Guépard* (1963), Michelangelo Antonioni avec *L'Éclipse* (1962), plus tard Jean-Pierre Melville avec *Le Samouraï* (1967). Il y eut aussi *L'Insoumis* d'Alain Cavalier en 1964, un film audacieux abordant le thème de la guerre en Algérie, produit par Alain Delon – le film connut à sa sortie de graves difficultés liées à la censure. Et d'autres films à succès, comme *Mélodie en sous-sol* réalisé en 1963 par Henri Verneuil, dialogues de Michel Audiard, dans lequel Delon était confronté à Gabin, « le patron ».

Dans ces films gravés dans l'histoire moderne du cinéma, Alain Delon est unique dans sa manière de bouger à l'intérieur du cadre, d'occuper l'espace et de prendre la lumière, de parler ou de se taire, en résumé d'avoir la grâce. Il y avait d'abord sa beauté sauvage et son tempérament indomptable, aptes à faire tourner toutes les têtes, féminines et masculines. Et quelque chose en plus d'indéfinissable chez ce jeune homme flamboyant, qui semblait côtoyer la mort avec le sourire. Cela apparaît aujourd'hui comme une évidence, mais l'Italie, avec sa beauté, sa lumière et sa douceur, fut le cadre idéal de l'épanouissement de sa jeune carrière, en l'accueillant triomphalement telle une star. Tout cela est allé très vite : en trois ou quatre ans, le cinéma, la lumière et l'amour de Romy ont masqué pour un temps les blessures de l'enfance et de l'adolescence de l'homme Delon.

Qui d'autre, côté acteurs, aurait pu prétendre à un tel statut de star dans le cinéma français ? Ces personnages aussi marquants, Ripley de *Plein Soleil*, Rocco dans *Rocco et ses frères*, Tancrède dans *Le Guépard*, puis Jef Costello dans *Le Samouraï*, ont définitivement gravé la silhouette et la gestuelle d'Alain Delon, inimitables et fascinantes, dans notre imaginaire de spectateur. Quant à cet étrange *M. Klein*, on imagine qu'il aura demandé à Delon de faire preuve d'une incroyable humilité, en même temps qu'un orgueil démesuré, pour se couler à l'intérieur de ce personnage anonyme, dessiné par Joseph Losey, double d'un homme invisible et qui connaîtra un destin tragique lors de la rafle du Vel' d'Hiv en juillet 1942.

Lorsque nous lui avions demandé s'il ne regrettait pas de ne pas avoir pris de cours de théâtre dans sa jeunesse, il nous avait répondu : « Non. Ma carrière aurait suivi une autre direction, j'aurais pris conscience, je ne sais pas, de mon talent, j'aurais fait du théâtre... Vous croyez que Lino aurait fait la carrière qu'il a faite s'il avait suivi le cours Florent ou le cours Simon, au lieu de venir du catch ? Il n'aurait jamais fait cette carrière si Gabin ne l'avait pas repéré : "Il est pas mal le môme, là, qui c'est ?" » Suivre une magnifique carrière d'acteur sans en avoir conscience, jusqu'à quand cela peut-il durer ? C'est la question que l'on se pose à propos d'Alain Delon, à qui l'on a souvent reproché d'avoir un ego démesuré, de parler de lui à la troisième personne, d'avoir eu de mauvaises fréquentations, et pas mal d'autres choses encore, alors qu'il affirme lui-même n'avoir jamais été conscient de ses rôles ni de sa place dans le cinéma. C'est là tout le paradoxe de l'homme et de l'acteur. La réalité, me semble-t-il, c'est qu'à un moment le cinéma français n'a plus été assez grand ou assez vaste, assez puissant pour y loger une star comme Delon. Une source s'est tarie, la relation justement inconsciente entre un acteur doté d'une incomparable aura et le public s'est détériorée. Après Visconti, Clément, Losey et Melville, il n'y avait plus de cinéastes à même d'offrir à Alain Delon des rôles à sa mesure. Bien sûr Bertrand Blier dans *Notre histoire* (1984), Jean-Luc Godard dans *Nouvelle Vague* (1990). Mais ces deux films étaient comme des soubresauts dans une carrière déjà déclinante. Dans *Un flic*, le dernier film de Melville qui date de 1972, on voit déjà le crépuscule qui pointe : Delon y est formidable et le film a de très beaux moments de pure mise en scène, mais l'ensemble sent légèrement la naphtaline. Le polar, genre de prédilection du cinéaste, devient exsangue, la virtuosité de la mise en scène ne cache pas l'usage trop visible des maquettes (je pense à la longue séquence de cambriolage dans le train Bordeaux-Paris avec Richard Crenna). Le côté fabriqué, si l'on peut dire. Melville meurt subitement l'année suivante, il n'a alors que cinquante-cinq ans. Alain Delon est orphelin.

Par un curieux hasard, il tourne la même année dans un film étrange réalisé par Valerio Zurlini, *Le Professeur*, qu'il produit également. Le titre italien est autrement plus beau et poétique : *La prima notte di quiete* – La première nuit de tranquillité ou de quiétude. L'acteur y est à la fois méconnaissable et tel qu'en lui-même, défait, tragiquement défait, mal rasé, portant durant à peu près tout le film un long manteau marron – comme Marlon Brando, la même année, dans *Le Dernier Tango à Paris* réalisé par Bernardo Bertolucci. Il y joue le rôle d'un professeur venu à Rimini pour en remplacer un autre en cours d'année, il ne croit plus à grand-chose, cohabite avec une femme (Lea Massari) pour laquelle il n'éprouve plus de sentiments amoureux, est séduit par une de ses élèves, Vanina (Sonia Petrovna), sous l'emprise d'un petit patron local. Le film de Zurlini ressemble à un roman-photo italien au parfum dostoïevskien dans lequel règnent le désespoir et la mélancolie, où les vies des personnages semblent n'avoir aucune issue. Rimini en hiver n'est pas une ville très gaie, mais c'est là que Daniele, le professeur, a perdu toute joie de vivre et trimballe avec lui ses blessures et sa mélancolie. Fin tragique.

Quatre ans tard il y aura donc *M. Klein*, le chef-d'œuvre de Joseph Losey, qui n'aurait pas existé sans la volonté et le désir d'Alain Delon, producteur et acteur principal. Là encore il joue le rôle d'un homme sans identité, ou à la double identité, ce qui revient au même, et il le joue à merveille. Le super ego de l'acteur Alain Delon ? Invisible dans un tel rôle et un tel personnage, inoubliable et fascinant, qui s'en va vers la mort, les yeux ouverts. Sélectionné en compétition officielle au Festival de Cannes, le film de Joseph Losey revint bredouille. Nul prix pour la mise en scène, nul prix d'interprétation pour l'acteur. Dans le jury présidé par Tennessee Williams figuraient pourtant des hommes de talent tels Costa-Gavras et Mario Vargas Llosa. C'était l'année de *Taxi Driver*, de Martin Scorsese qui obtint la Palme d'or, mais il aurait pu y avoir une place pour Alain Delon. Avec ce film Delon incarnait une certaine idée du cinéma, de l'art du cinéma, avec une haute exigence esthétique et morale. N'ayant obtenu aucune mention au palmarès, on peut comprendre qu'il en ait été profondément affecté. Blessure. Une de plus.

Revenons à Melville. Chacun connaît l'histoire : Melville, reçu chez Delon, vient lire le scénario du

Samouraï, en espérant obtenir l'accord de l'acteur pour interpréter le personnage de Jef Costello, un tueur à gages. Melville commence à lire, Delon écoute, remarque qu'il n'y a aucun dialogue et au bout de dix minutes interrompt Melville pour lui dire qu'il fera le film. Il a tout compris : *Le Samouraï* sera un grand film de gestes, où porter son trench, faire glisser une main sur son chapeau, manier avec dextérité le trousseau de clés permettant de voler une voiture en plein Paris, fumer au lit seul et prendre le métro en déjouant les filatures des flics contribueront à dessiner une figure solitaire et cinégénique qui fera légende. En France et partout dans le monde, mais surtout au Japon ou en Corée, cette figure de samouraï fera des émules. Mythologie d'Alain Delon, *for ever*.

Après, vint le temps de l'incompréhension et de l'aigreur, de l'amertume et de la mélancolie. L'immense Delon devint la caricature de lui-même, tout en gardant les traces de son passé glorieux. Alors il se lamentait jour et nuit de ne plus trouver de maître à qui confier son talent et sa dégaine d'acteur. Sa beauté et sa grâce. Nombreux furent les cinéastes, hommes ou femmes, à ne pas oser l'approcher pour lui proposer des rôles. C'en était donc fini avec le cinéma. Blessure, encore et toujours. Sans compter celle de vieillir. Le temps a passé, montrant de plus en plus et à vif les meurtrissures.

Alain Delon est mort dimanche 18 août, enterré auprès de ses chiens qu'il adorait, dans sa demeure à Douchy, trois jours après la fête de la Vierge Marie, l'une des femmes pour qui l'acteur nourrissait une passion folle et à qui il s'adressait souvent, disait-il, mais en secret. Dans sa vie, il y aura eu Romy, Nathalie,

Mireille et d'autres, mais peut-être surtout Marie dont il espérait peut-être qu'elle le réconcilie avec sa mère. On ne guérit pas des blessures de l'enfance. C'était à n'en pas douter sa part maudite, son espace intime fait de croyance et de sauvagerie, la part la plus pure aussi de ce personnage controversé, tout à la fois adulé et haï, mais qui n'a laissé personne indifférent. Un soleil noir.

David Lynch ou les délices du cinéma sous hypnose

(1946-2025)

Il est presque devenu coutumier, à l'heure des réseaux sociaux, d'apprendre les plus tristes nouvelles de la pire des manières : un SMS vous conviant à venir parler de David Lynch à la radio le lendemain de sa disparition. Mauvais coup double car : 1. on vous apprend que David Lynch est mort – ce que vous ignoriez ; et 2. vous êtes convié *illico* au micro pour faire les louanges de l'artiste disparu. Aucun *temps mort*, passez-moi l'expression, pour faire le deuil.

La mort de David Lynch, survenue le 15 janvier des suites d'une maladie respiratoire, à Los Angeles où il vivait, une métropole en proie à un gigantesque incendie durant plusieurs jours, m'a plongé dans une profonde tristesse. Je suis persuadé que c'est aussi le cas pour un très grand nombre d'amoureux du cinéma, mais pas seulement les cinéphiles, tant ce cinéaste avait acquis une place exceptionnelle à travers le monde. À la fois celle d'un artiste, d'un inventeur de formes, d'un gourou peut-être, d'un visionnaire sans doute ; se montrant toujours disponible et courtois, souriant et affable, répondant aux nombreuses sollicitations sans jamais camper sur des hauteurs inatteignables. David

Lynch était un maître, sans pour autant se comporter comme tel.

Avant de me rendre à la Maison de la Radio, le lendemain très tôt, je n'ai pas eu le temps de « réviser », c'est-à-dire de relire des textes concernant son œuvre. J'ai juste revu très vite sa filmographie pour me rappeler l'ordre d'apparition de ses films : *Eraserhead* (1977), *Elephant Man* (1980), *Dune* (1984), *Blue Velvet* (1986), *Sailor & Lula* (Palme d'or au Festival de Cannes en 1990), *Twin Peaks : Fire Walk with Me* (saisons 1 et 2 en 1992), *Lost Highway* (1997), le génial *Mulholland Drive* (2001), *Inland Empire* (2006), puis *Twin Peaks : The Return* (saison 3 en 2014). Sans compter une multitude de courts-métrages, de vidéos, de clips musicaux, de mini-séries, d'esquisses et d'expérimentations sonores et visuelles, qui dessinent un itinéraire artistique unique au monde. Si ses films de cinéma, au sens classique du terme, sont relativement peu nombreux – une dizaine en tout – ils ont été si souvent revus par chaque spectateur, tant ils sont mystérieux et fascinants, profonds et obscurs, que l'on serait tenté de dire qu'ils comptent chacun pour trois ou quatre films classiques. C'est pour cette raison que Lynch est un réalisateur *culte*. Son œuvre en tout point exceptionnelle est digne des plus grands cinéastes. Elle influence aussi, à un degré d'intensité rare, l'univers des arts plastiques, mais aussi celui de la musique et de la littérature, partout dans le monde.

Pourtant, ma relation avec son cinéma a mal commencé : je n'avais pas aimé *Sailor & Lula*, découvert au Festival de Cannes en 1990. Dans mon compte rendu critique je jugeais sévèrement le film : « Trop kitsch, habile et montrant des personnages filmés comme des pantins, à l'intérieur d'une farce frisant la bêtise à force d'être au second degré[1]. » En novembre de la même année, pas très sûr de mon premier jugement critique à chaud, j'ai revu *Sailor & Lula* au moment de sa diffusion en salles. Sorti groggy de ce deuxième visionnage, je tentai de « théoriser » mes impressions physiques et esthétiques, disons plutôt sensorielles, impuissant devant « le matraquage ininterrompu de sensations fortes », tout en demeurant profondément dubitatif. Je n'ai pas aimé *Sailor & Lula* et n'ai jamais, depuis, ressenti le désir de revoir le film. Peut-être ai-je tort...

Ma « vraie » rencontre avec le cinéma de David Lynch s'est faite avec *Lost Highway*, qui m'avait littéralement envoûté. Cela s'est confirmé avec *Mulholland Drive*, vu et revu comme sous hypnose. J'ai été subjugué par la beauté sombre et quasi maléfique du film et de ses deux héroïnes, interprétées par Naomie Watts et Laura Harring, la blonde et la brune, hyperséduisantes, telles les deux faces du rêve devenu cauchemar, avec une vision hallucinatoire de Hollywood dont le mystère se noue à l'intérieur d'une boîte fermée à clé. Tout le cinéma de David Lynch est dans cette petite clé bleue, objet banal qui ouvre sur d'autres mondes, tout à la fois féériques et maléfiques, qu'il semblait si bien connaître et dans lesquels il entraînait le spectateur. *Mulholland Drive* était porté par cette fantasmagorie, ce regard onirique et surnaturel de Lynch, si bien que le charme et la séduction opéraient de manière profonde, totale.

1. *Cahiers du cinéma*, n° 433, juin 1990.

Entretemps David Lynch avait réalisé un film étrange et doux, méditatif : *The Straight Story* – traduit en français par *Une histoire vraie*. C'est l'histoire vraie d'un vieil homme, Alvin Straight (interprété par Richard Farnsworth) qui entreprend un long voyage, entre les États de l'Iowa et du Wisconsin, sur sa tondeuse à gazon, pour aller rendre visite à son frère Lyle (Harry Dean Stanton), victime d'une attaque. Les deux frères ne se sont pas parlé depuis des lustres, Alvin veut se réconcilier pendant qu'il est encore temps. Comme on peut l'imaginer, le voyage sera lent et long, à la fois mouvant et contemplatif, le film épousant le rythme de vie d'Alvin Straight, mais également les aléas liés à la route, au climat, à la nature et aux rencontres. Conte philosophique doux et subtil, *The Straight Story* est aux antipodes de *Sailor & Lula*, un film sous amphétamines et comme dopé à la violence.

Automne 1999 : Nicolas Saada et moi sommes à Los Angeles pour rencontrer David Lynch et l'interroger sur ce film dont le scénario a été coécrit par Mary Sweeney, sa compagne – elle en est également la monteuse – et John Roach, ami d'enfance de Mary. Pierre Edelman avait beaucoup facilité notre entrevue car, après avoir travaillé pour Ciby 2000, la société de production créée par Francis Bouygues, le géant du béton et propriétaire de TF1 qui avait produit *Twin Peaks : Fire Walk with Me* en 1992 et *Lost Highway* en 1997, il avait convaincu StudioCanal de coproduire avec Alain Sarde *The Straight Story*. Il en fera de même, deux ans plus tard, avec *Mulholland Drive*. Nous étions très excités, Nicolas et moi, à l'idée de rencontrer David Lynch. C'était pour nous une première. Et, pour moi, une occasion de me faire une vraie idée d'un cinéaste dont je ne savais pas trop quoi penser en réalité. Le rendez-vous était fixé le vendredi 8 octobre à 10h30, chez Lynch qui vivait sur les hauteurs de Hollywood. Il n'y avait pas de GPS à l'époque et, tandis que je conduisais notre voiture de location, Nicolas suivait la route en se servant d'une carte de Los Angeles. Heureusement, Mary Sweeney nous avait transmis des indications par fax : « Prenez La Brea vers le nord, tournez à gauche sur Franklin. » David Lynch était installé dans une gigantesque maison située dans le quartier de Outpost, au 7029 Senalda Road. Avant qu'un de ses assistants, Jason – je me souviens de son prénom –, nous ouvre le large portail, Nicolas et moi avions très vite reconnu la façade de la maison inquiétante de *Lost Highway*.

Fumant cigarette sur cigarette, le cinéaste répondit à nos questions de sa voix étrange et légèrement nasillarde, le sourire aux lèvres, avec beaucoup de douceur. Nicolas et moi avons pu vérifier, cette fois encore, combien les cinéastes américains se montrent curieux et intéressés par les questions de critiques venus d'Europe, de France tout particulièrement, pour la qualité de leur regard permettant d'aborder des sujets très variés, d'ordre esthétique et narratif, quand eux-mêmes sont, la plupart du temps, cantonnés dans une approche strictement économique de leurs films, liée au box-office. Nous avions pris le temps de déjeuner dans une immense cuisine lumineuse avant de reprendre la conversation. « En fait, j'ai trois maisons, nous a-t-il dit. La première pour y vivre, et les deux autres pour y travailler. J'aime bien avoir ce qu'on appelle mon organisation : un endroit pour peindre, qui doit répondre à certains impératifs pour que je sois tranquille, un studio pour bidouiller des sons, un bureau pour écrire. J'ai aussi un atelier de menuiserie[1]. » Pour Lynch, ces différentes maisons constituaient autant de cases à l'intérieur d'un cerveau où se connectaient les éléments visuels et sonores les plus divers, selon une logique poétique relevant du rêve et parfois de la réalité. Ce lieu labyrinthique représentait en fait pour David Lynch sa « Factory », véritable espace de création, de vie et de méditation, comme celle d'Andy Warhol à New York dans les années 1980 ou d'autres grands artistes de notre temps. Je retiens ce propos de Lynch lors de notre rencontre en 1999 : « Tout cinéaste éprouve des doutes un jour ou l'autre ; on peut prendre conseil ici ou là, mais finalement tout se passe à l'intérieur d'un processus dont on ne connaît pas l'issue à l'avance. Et c'est grâce à cela que le film a des chances de ressembler à quelque chose, car s'il fallait en passer par plusieurs personnes, ce serait impossible. Ce n'est pas un exercice intellectuel, parce qu'on est au plus profond du film, c'est une intuition... Il faut prendre des décisions, petites ou grandes, et finalement ça prend forme. Je ne cherche jamais à trop préparer un plan : il y a les personnages et le monde dans lequel ils vivent, et il faut que le rapport soit juste. Si on en montre trop, ça pourrait induire une idée qui ruinerait l'ensemble. Mais si l'on montre un détail à un instant précis, on donne le sentiment que tout est en place[2]. » Belle manière de définir le cinéma.

1. Nicolas Saada et Serge Toubiana, *Entretien avec David Lynch, le 8 octobre 1999, chez lui, à Los Angeles, Cahiers du cinéma n° 540*, novembre 1999.

2. *Ibid.*

Vers 16 heures, Pierre Edelman vint nous chercher. L'entretien avec David Lynch avait été long et amical, passionnant. Pierre prit la route en direction des studios Warner situés à Burbank, dans une des vallées de Los Angeles. Nous le suivions dans notre voiture sur le *highway*. Grâce à lui, nous avions rendez-vous avec Clint Eastwood dans un des studios où il tournait *Space Cowboys*. Intronisés comme rédacteurs des *Cahiers du cinéma*, nous avons eu le privilège de pénétrer sur le vaste plateau en principe interdit à toute personne étrangère au tournage. Clint Eastwood nous accueillit avec son éternel sourire de gentleman, calme et détendu, alors qu'il réalisait un film bourré d'effets spéciaux, et nous invita à attendre qu'il ait terminé une scène avant de nous convier à déjeuner à sa table durant la pause. *It made my day !*

Trois semaines plus tard, alors que David Lynch et Mary Sweeney étaient à Paris pour accompagner la sortie de *The Straight Story*, nous les invitâmes à dîner au Voltaire, entourés de Pierre Edelman, Nicolas Saada et Charles Tesson. C'était la fin d'une période importante de ma vie car j'allais quitter la direction des *Cahiers du cinéma* quelques mois plus tard. Pour honorer David Lynch et le remercier de son accueil chaleureux à Los Angeles, j'avais commandé une bouteille de Château Lynch-Bages – ce qui l'avait beaucoup amusé. C'était la moindre des choses ! Et nous avions ri.

Table des matières

Le roman de François Truffaut
Cahiers du cinéma, numéro spécial
François Truffaut, décembre 1984. 17

Pierre Kast ou la mort de Marat
Cahiers du cinéma, n° 366, décembre 1984. 25

Pascale Ogier, un elfe a disparu
Cahiers du cinéma, n° 366, décembre 1984. 29

Simone Signoret, sacrée monstre
Cahiers du cinéma, n° 377, novembre 1985. 31

Orson Welles, la mort d'un géant
Cahiers du cinéma, n° 377, novembre 1985. 35

Jean Riboud, un ami du cinéma
Cahiers du cinéma, n° 377, novembre 1985. 39

Helen Scott l'intrépide
Cahiers du cinéma, n° 402, décembre 1987. 41

L'esprit John Cassavetes
Cahiers du cinéma, n° 417, mars 1989. 45

Les secrets de Sergio Leone
Cahiers du cinéma, n° 422, juillet-août 1989. 49

Joris Ivens s'est assis dans le désert
et il a attendu le vent
Cahiers du cinéma, n° 422, juillet-août 1989. 53

Jacques Doniol-Valcroze, salut Bibi !
Cahiers du cinéma, n° 425, novembre 1989. 55
Farewell Juliet Berto
Cahiers du cinéma, n° 428, février 1990. 63
Jacques Demy ou le bel entêtement
Cahiers du cinéma, n° 438, décembre 1990. 67
Pierre Braunberger ou la mémoire du cinéma
Cahiers du cinéma, n° 438, décembre 1990. 73
Serge Daney, parce que l'amitié !
Cahiers du cinéma, n° 458, juillet-août 1992. 77
Cyril Collard, oiseau rare
Cahiers du cinéma, n° 466, avril 1993. 85
Le cinéma est deleuzien
Cahiers du cinéma, n° 497, décembre 1995. 89
Marguerite Duras, la fiancée du cinéma
Cahiers du cinéma, n° 501, avril 1996. 97
Marcello Mastroianni le Magnifique
Cahiers du cinéma, n° 510, février 1997. 99
Marco Ferreri, l'homme bleu
Cahiers du cinéma, n° 515, juillet-août 1997. 103
Alain Philippon ou l'art d'aimer
Cahiers du cinéma, n° 528, octobre 1998. 107
La passion selon Johan van der Keuken
Cahiers du cinéma, n° 554, février 2001. 111
Maurice Pialat, autoportrait de l'artiste solitaire
L'Avant-scène Cinéma, n° 524, septembre 2003......... 115
Humbert Balsan ou le panache
Soirée d'hommage à la Cinémathèque française,
février 2005. 125

Christian Bourgois, éditeur et cinéphile
Blog de la Cinémathèque française,
20 décembre 2007 129

Daniel Toscan du Plantier, dix ans après
Discours lors de la soirée d'ouverture
du 10è Festival de Marrakech,
3 décembre 2010 133

L'ami Pierre-André Boutang
Blog de la Cinémathèque française, août 2008. 137

Adieu à Youssef Chahine
Blog de la Cinémathèque française, août 2008. 141

Manoel de Oliveira, vaillant centenaire
Blog de la Cinémathèque française, 30 août 2008. 145

Adieu à Marc Raynal, alias Maud Molyneux,
alias Louella Intérim
Blog de la Cinémathèque française, septembre 2008. 149

Un souvenir inoubliable avec Alain Renoir
Blog de la Cinémathèque française, décembre 2008. 151

Notre amie Catherine Putman
In Memoriam, Arles, Vieux Cimetière,
24 janvier 2009. 157

Claude Berri, l'homme pressé
Blog de la Cinémathèque française, janvier 2009. 159

Ce cher Alain Crombecque
Blog de la Cinémathèque française,
14 octobre 2009. 165

La clarté d'Éric Rohmer
Soirée d'hommage à la Cinémathèque française,
8 février 2010. 169

Dennis Hopper, une vie de fureur et d'éclats
Blog de la Cinémathèque française, mai 2010........... 175

Roger Diamantis, montreur de films
Blog de la Cinémathèque française, juin 2010.......... 179

Véronique Silver était Madame Jouve
Blog de la Cinémathèque française, juillet 2010. 183

Gentleman Bernard Giraudeau
Blog de la Cinémathèque française, 17 juillet 2010. ... 185

Pierre Guffroy, décorateur de films et poète
Texte écrit en hommage, septembre 2010................ 187

La cérémonie autour de Claude Chabrol
Texte lu lors de l'hommage devant la Cinémathèque française, 17 septembre 2010. 193

Blake Edward, fin de Party
Blog de la Cinémathèque française, décembre 2010. ... 199

On se lève pour Annie Girardot !
Blog de la Cinémathèque française, 5 mars 2011...... 203

Marie-France Pisier a illuminé notre jeunesse !
Soirée d'hommage, 24 avril 2011............................ 207

Dans la famille Garrel, je demande le père
Blog de la Cinémathèque française, juin 2011.......... 211

Claudine Paquot, une amie de trente ans
Blog de la Cinémathèque française, 8 juin 2011....... 213

Werner Schroeter ou le souci de la passion
Blog de la Cinémathèque française, novembre 2011. ... 219

Raoul Ruiz, pirate et magicien
Blog de la Cinémathèque française, 24 août 2011. ... 227

Ben Gazarra, acteur suave et lucide
Blog de la Cinémathèque française, 6 février 2012.... 233

Laurent Perrin et ses passages secrets
Blog de la Cinémathèque française, février 2012....... 237

Antonio Tabucchi laisse un vide immense
Blog de la Cinémathèque française, mars 2012......... 241

Pierre Schoendoerffer sur son lit de mort
Blog de la Cinémathèque française, mars 2012......... 245

Jean-Henri Roger, éternel jeune homme fougueux et bavard
Blog de la Cinémathèque française, 3 janvier 2013... 249

Le dernier film de Christine Pascal
Blog de la Cinémathèque française, mars 2013......... 251

Jean-Claude Biette me manque
Trafic, 85, Printemps 2013.. 255

Edouard Molinaro ou l'élégance désenchantée
Blog de la Cinémathèque française, décembre 2013.... 263

Alain Resnais, crinière blanche, chemise rouge et baskets assorties
Hommage à la Cinémathèque française, 31 mars 2014.. 267

Abdelwahab Meddeb, un esprit libre
Blog de la Cinémathèque française, novembre 2014. 273

Lia van Leer, éloge d'une pionnière
Blog de la Cinémathèque française, 15 mars 2015.... 277

Je n'irai plus au Parc des Princes avec Marc Habib
Blog de la Cinémathèque française, avril 2015.......... 281

Jean Gruault l'irrévérencieux
Blog de la Cinémathèque française, 10 juin 2015..... 285

Marc Nicolas ou le goût du service public
Blog de la Cinémathèque française, 21 décembre 2016.. 287

Hervé le Roux, électron libre
Soirée d'hommage à la Cinémathèque française,
19 septembre 2017 289

Claude Lanzmann et l'amitié
Texte lu lors de la cérémonie au cimetière
du Montparnasse, le 12 juillet 2018. 293

Tonie Marshall, généreuse et opiniâtre
Unifrance, 12 mars 2020 297

Immense Michel Piccoli
Unifrance, 12 mai 2020. 301

Nour-Eddine Saïl, mon ami marocain
17 décembre 2020. 305

Jean-Claude Carrière, génial touche-à-tout
Unifrance, 9 février 2021. 309

Bertrand Tavernier, un homme complet de cinéma
Unifrance, 25 mars 2021 311

Jean-Paul Belmondo, dit Bébel
Unifrance, 6 septembre 2021. 315

Jean-Pierre Bacri ou l'art de faire la tronche
Unifrance, 30 novembre 2021 319

L'intelligence de David Kessler
18 novembre 2021, témoignage paru
dans un ouvrage collectif consacré
à David Kessler, *La culture en partage*,
CNC/Calmann-Lévy, 2022. 321

Gaspard Ulliel, Gueule d'ange
Unifrance, 19 janvier 2022 325

Michel Bouquet, une incroyable vie d'acteur
et de comédien
Unifrance, 13 avril 2022. 327

Jacques Perrin, acteur, producteur et bourlingueur
Unifrance, 21 avril 2022. 331

Jean-Louis Trintignant, timidité longue durée
Unifrance, 18 juin 2022. 335

Jean-Luc Godard, un artiste du cinéma
Unifrance, 13 septembre 2022. 341

Georges Kiejman, avocat et cinéphile
Texte inédit, 2023. 349

Micheline Presle ou le talent de vivre
Texte inédit, 2024. 355

Alain Delon, soleil noir
Texte inédit, 2024. 363

David Lynch ou les délices du cinéma sous hypnose
Texte inédit, 2025 373

Composé et mis en page par Nord Compo à Villeneuve-d'Ascq

Achevé d'imprimer en avril 2025
par CPI BUSSIÈRE (18200 Saint-Amand-Montrond)
pour le compte des Éditions Calmann-Lévy
21, rue du Montparnasse, 75006 Paris
commercial@calmann-levy.fr

PAPIER CERTIFIÉ

CALMANN LEVY s'engage
pour l'environnement en réduisant
l'empreinte carbone de ses livres.
Celle de cet exemplaire est de :
800 g éq. CO_2
Rendez-vous sur
www.calmann-levy-durable.fr

N° d'éditeur : 3661368/01
N° d'imprimeur : 2082979
Dépôt légal : avril 2025
Imprimé en France.